KATRIN KLEWITZ

So sehen Siegerinnen aus

Katrin Klewitz

SO SEHEN SIEGERINNEN AUS

Konflikte souverän meistern
mit den Waffen einer Frau

lübbe life

Dieser Titel ist auch als E-Book erschienen.

FSC
www.fsc.org
MIX
Papier aus verantwortungsvollen Quellen
FSC® C014496

Originalausgabe

Textredaktion: Valérie Thieme, Düsseldorf
Illustrationen: Mira Schmidt, Köln
Umschlaggestaltung: ZERO Werbeagentur, München
Unter Verwendung von Motiven von © Michele Paccione/shutterstock.com; Karthikeyan_Ravichandran/shutterstock.com
Satz: two-up, Düsseldorf
Gesetzt aus der Source
Druck und Einband: GGP Media GmbH, Pößneck

Printed in Germany
ISBN 978-3-431-07001-9

1 3 5 4 2

Sie finden uns im Internet unter www.luebbe-life.de
Bitte beachten Sie auch: www.lesejury.de

Inhalt

Für alle starken Frauen da draußen,
die für sich und ihre Sache kämpfen,
und für alle Männer, die das Gleiche tun.
Und für Papa und Babsi.

Vorwort

»Geht's noch ein bisschen langsamer?«
»Du weißt wie immer alles besser.«
»Dein Leben möchte ich haben!«

Im Alltag werden wir ständig mit Provokationen konfrontiert, sei es von Wildfremden, Arbeitskollegen oder uns nahestehenden Personen. Manchmal sind diese Provokationen gar nicht böse gemeint oder eher als Witz gedacht – und manchmal verfolgen sie ganz eindeutig das Ziel, uns aus der Reserve zu locken und zu einer impulsiven, unbedachten Reaktion zu verleiten, die unsere Position schwächt und die unseres Gegenübers stärkt. Egal, ob beabsichtigt oder nicht, Provokationen bringen uns schneller aus dem Gleichgewicht, als uns lieb ist, und sorgen dafür, dass wir uns unwohl fühlen. Vor allem wenn uns die Mittel fehlen, den Kampfansagen souverän und entspannt zu begegnen.

Wir Frauen haben oft ein Problem damit, gelassen auf Einladungen zur Auseinandersetzung zu reagieren. Das hat viel mit unserer kulturellen Prägung zu tun. Mädchen sollen brav, Frauen nachsichtig sein. Was jahrzehntelang eingeübt wurde, legt man nicht binnen Sekunden ab. Wir wurden zur Sprachlosigkeit erzogen, das artige Betragen haben wir bereits im Kindesalter erlernt. Während sich Jungen auf dem Pausenhof rauften, jagten und mit Dreck bewarfen, standen die Mädchen, zumindest in meiner Schulzeit, in der Ecke und spielten Gummitwist, tauschten Sammelkarten oder tratschten über die Mitschüler. Sie verpassten nicht nur die Gelegenheit, ihre körperliche Stärke in spielerischen Auseinandersetzungen kennenzulernen, sondern versäumten auch, diese zu trainieren. Blöd, denn mit Gummitwist lässt sich beim besten Willen kein Streit gewinnen.

Doch es gibt Mittel und vor allem viele unterschiedliche Wege, wie Frauen lernen können, souverän und selbstsicher auf Angriffe zu reagieren, und zwar ohne sich verstellen zu müssen oder maskuline Verhaltensweisen zu adaptieren. Im Gegensatz zu Männern, die viele Konflikte allein durch ihre körperliche Präsenz und ihr Auftreten gewinnen, müssen Frauen ohnehin etwas mehr tun, um sich durchzusetzen. In der Kulturgeschichte wimmelt es nur so von starken Frauenfiguren, die für sich und die Sache einstehen, an die sie glauben, wenn auch mit ganz unterschiedlichen Mitteln. Da wäre zum Beispiel die Menschenfrau Éowyn aus dem *Herr der Ringe,* die am Kampf teilnimmt, obwohl es ihr verboten wurde, und am Ende sogar den übermächtigen Gegner tötet. Oder die Bogenschützin Katniss aus *Die Tribute von Panem,* die wenig Worte und noch viel weniger Pfeile verliert, um zu überleben. Egal ob Schwert schwingende Kriegerin, sich leise anpirschende Jägerin, Kampfelfe, die auf die Macht der Wirkung setzt, zielgenaue Schützin oder edle Ritterin mit Heldenmut: Es gibt sie, die wehrhaften Frauen, die sich nicht alles gefallen lassen. Sie greifen zum Schwert, zu Pfeil und Bogen oder zum Degen, wenn sie sich verteidigen oder ihre Rechte einfordern müssen. Auch in jeder Leserin wartet eine Kämpferin darauf, an die Oberfläche zu gelangen.

Ziel dieses Buches ist, Ihre eigenen Kräfte und Energien kennenzulernen, zu verstehen und so anzuwenden, sodass Sie in Zukunft mit mehr Gelassenheit und vielleicht sogar Neugier in Konfliktsituationen handeln und diese meistern. Das Buch will Ihnen als Leserin dazu verhelfen, einen für Sie geeigneten Weg zu finden, der zu Ihrem Naturell, Ihren Talenten und Ihren Begabungen passt, um sich zukünftig gegen die Konfrontationen der Welt »zur Wehr zu setzen«.

Starke weibliche Archetypen bedienen sich ihrer eigenen Waffen – und die haben oft nichts mit den richtigen Worten oder besonderer verbaler Schlagfertigkeit zu tun. Meistens sind vorgefertigte Antworten nicht das, was wir brauchen, wenn wir in einen Konflikt gehen.

Dieses Buch richtet sich an all jene Frauen, die mit Verstand, Herz und Kraft für sich selbst und für ihre Sache einstehen wollen. Mir ist bewusst, dass für sich selbst einzustehen kein Sonntagsspaziergang, sondern ein anstrengender Weg ist. Und liebend gern würde ich Ihnen eine schlichte Formel präsentieren, die Sie zukünftig in allen (unangenehmen) Situationen Ihres Lebens anwenden können. Doch die meisten guten Dinge brauchen Zeit. Es wäre schön, wenn wir uns am Abend hinlegen könnten und am nächsten Morgen aufwachten, und mit dem ersten Augenaufschlag wären wir genau die, die wir sein wollen. Wie gern würden wir in unser Idealbild einfach so hineinwachsen – und wie oft scheitern wir an Vorstellungen, unseren eigenen oder denen, die uns andere aufdrängen.

Seitdem ich denken kann, musste ich mich immer wieder von landläufigen Meinungen distanzieren, in mich hören und versuchen, meinen eigenen Weg zu gehen – und dabei eckte ich nicht nur einmal an. »Das geht nicht, Katrin!«, hörte ich, bis es mir aus den Ohren heraushing. Es ist schwer, den ersten Schritt zu tun, vor allem dann, wenn man hört, dass etwas nicht möglich ist. Folglich musste auch ich mich zuerst freikämpfen, bevor ich meinen Weg gehen konnte, und oft genug trat ich dabei auf diverse Zehenspitzen.

Seinen eigenen Weg zu finden und zu gehen kann einsam machen. Es birgt Schmerzen und Unverständnis, denn man bewegt sich jenseits der eingestampften Pfade, macht Dinge anders und trifft Entscheidungen, die nicht jedem gefallen. Zum Beispiel: einer verbalen Provokation etwas entgegensetzen. Den nervigen Kollegen ein für alle Mal in die Schranken verweisen. Eine Konkurrentin zur Freundin zu machen, statt auf ihre Angriffe einzugehen.

Wie aber bringt man einen Gedanken oder Glauben, den man selbst ganz tief in sich spürt, in die Welt?

Wie steht man für eine Sache ein, wenn diese utopisch erscheint und alle anderen das auch noch sagen?

Wie setzt man sich durch?

Wie ficht man die hierfür nötigen Konflikte aus, boxt seine Meinung durch und steht am Ende siegreich da?

Mithilfe unserer Schattenkämpferinnen. Das sind die Teile, die verborgen in uns vor sich hin schlummern und nur darauf warten, aus dem Dunkeln heraustreten zu dürfen.

In neun aufeinander aufbauenden Kapiteln präsentiere ich Ihnen verschiedene Konzepte der Kampfchoreografie, die dabei helfen, Konflikte von der eigenen Person zu trennen und Handlungsoptionen zu entwickeln, die zu mehr Souveränität und Gelassenheit führen. Indem Sie verstehen, nach welcher Logik Kämpfe funktionieren, wird Ihnen klar, nach welchem Prinzip ein Konflikt ablaufen kann. So sind Sie zukünftig in der Lage, proaktiv, deeskalierend und in jeder Sekunde selbstbewusst zu handeln. Oder es eben richtig drauf ankommen zu lassen, wenn es sein muss.

Methoden aus dem Darstellenden Spiel unterstützen Sie dabei, mehr körperliche Präsenz und selbstbewusstes Auftreten zu entwickeln. Einfache Körperübungen, die sich spielend leicht in den Alltag integrieren lassen, laden Sie dazu ein, sich mit der eigenen Präsenz, Gestik und Mimik zu befassen und auch nonverbale Handlungsoptionen einzusetzen.

Ich wünsche viel Spaß beim Lesen – und Kämpfen!
Katrin Klewitz

Kapitel 1

Das Standing oder die High-Heel-Formel

Im Alter von vier Jahren bekam ich meine erste große Rolle. Ich wurde auserwählt, beim jährlichen Kindergartenfest den Sankt Martin zu spielen. Während der Vorstellung ritt ich auf meinem Holzsteckenpferd über die Bühne – glücklicherweise konnte ich mir nicht nur gut Texte merken, sondern auch Abläufe.

Es kam zur entscheidenden Szene: der Durchtrennung des Mantels, um ihn mit dem Bettler zu teilen. Das Kleidungsstück war durch ein Klettband zusammengehalten, und eigentlich hätte ich nichts weiter tun müssen, als den Mantel mit meinem Plastikschwert entzweizuschlagen. Also schlug ich zu. Doch der Klettverschluss bewegte sich kein bisschen. Ich schlug erneut, aber der Klett hielt bombenfest. Ein weiteres Mal hieb ich auf den Stoff ein. Der Bettler musste jedoch weiter frieren, und das Publikum begann zu lachen.

Ich fühlte mich grauenhaft. Wie peinlich! Da stand ich auf der Bühne, prügelte auf den Mantel ein und war zu schwach, um ihn zu zerteilen. Ich dachte: *Menno! Ich bin sowieso schon die Kleinste hier, noch dazu ein Mädchen und kein Junge*. Doch der Gedanke, einfach auf meinem Steckenpferd davonzureiten und den Bettler sitzen zu lassen, kam mir komischerweise nicht in den Sinn. Denn obwohl ich erst vier Jahre alt war, wusste ich intuitiv, dass es wichtiger war, die Geschichte zu Ende zu erzählen, als mich aus der unangenehmen Situation zu befreien.

Also blieb ich stehen und prügelte weiter auf den Mantel ein. Und bekam prompt Hilfe. Denn der Bettler erhob sich und ergriff den Mantel. Er hielt die eine Seite, ich die andere, und gemeinsam rissen wir den störrischen Stoff mit bloßen Händen entzwei. Das Publikum amüsierte sich königlich, und wir bekamen Szenenapplaus für unsere Teamarbeit.

Trotz dieses etwas holprigen Starts auf den Brettern, die die Welt bedeuten, ließ mich die Schauspielerei nicht wieder los. In der Bühnentruppe meines Vaters verkörperte ich zahlreiche Mädchen- und Frauenfiguren und entschied mich später dazu, die Schauspielschule zu besuchen. Ich begann, am Theater zu arbeiten – auf und neben der Bühne. Egal ob ich Stücke schrieb, inszenierte, choreografierte oder als Darstellerin mitwirkte, das Theater war meine Welt, eine Spielwiese, auf der ich mich ausprobieren konnte und fürs Leben lernte.

Vor allem aber stellte ich fest, dass mich die Darstellung ohne Worte begeisterte. Mich fasziniert bis heute, welche Ausdruckskraft dem menschlichen Körper innewohnt – wie viel ein Schweigen sagen kann, ein einziger Blick, eine gezielte Geste.

Mit Mitte zwanzig nahm ich an einem Workshop des Kampfchoreografen Bret Yount teil. Er hatte unter anderem bei dem Blockbuster *Troja* mitgewirkt und begeisterte mich mit seinem Können. So sehr, dass ich mich kurz darauf von ihm zur Kampfchoreografin ausbilden ließ. Ich lernte, dass hinter einem dargestellten Kampf auf Bühne oder Leinwand viel mehr steckt als das, was man auf den ersten Blick sieht. An der Oberfläche choreografiert man als *Fight Director* den Ablauf des Kampfes, die Provokation, die Eröffnung, die Erwiderung, die Abfolge und den Ausgang – aber darunter verbirgt sich noch viel mehr. Im ersten Schritt geht es um das richtige Standing.

Mit dem Stehen verbinden wir in unserer Welt eine Menge. Es gibt den *Stand,* der viel über unsere soziale Position in der Gesellschaft verrät. Wir sind *imstande,* etwas zu tun, oder halten einer Sache *stand* oder können *aus dem Stand* etwas Beachtliches leisten. Auch Ausdrücke wie die *Stellung halten* oder gut mit jemandem oder hinter jemandem *stehen* sind mit dem Wort verwandt.

Das aus dem Englischen kommende »Standing« wird mittlerweile auch im Deutschen ganz selbstverständlich verwendet. Es bedeutet Stehvermögen, aber auch Reputation, Rang, Achtung und Ansehen, Bedeutung, Geltung, Prestige und Renommee, um nur ein paar Begriffe zu nennen. Wer also gut dasteht, der hat das Wichtigste schon einmal geschafft – damit (ha!) steht und fällt der Rest.

Was bedeutet »Standing«, und wie erwerbe ich es?

Oft heißt es, dass man ein Standing von Natur aus besitze – als wäre es eine Charaktereigenschaft, deren Anlage man von der Geburt an in sich trägt und im Laufe seines Lebens ausbildet. Verfügt man nicht über diese Eigenschaft, hat man Pech gehabt, dann bleibt man für immer das arme Würstchen ohne Durchsetzungskraft und Einfluss.

Glücklicherweise ist dem nicht so. Standing kann man sich, genau wie vieles andere auch, erarbeiten. Manche Menschen brauchen das nicht, ihnen ist eine gewisse Autorität und Stärke in die Wiege gelegt worden. Andere können etwas dafür tun.

Richtiges Stehen ist die Grundlage von allem. Der erste Satz meines Fechtlehrers lautete deswegen: »Bevor du gehen lernst, musst du erst mal stehen können.« Ehe ich also auch nur einen einzigen Angriff abwehrte, kümmerten wir uns um die Beinarbeit, wie es beim Fechten so schön heißt.

Ist man nämlich noch nicht in der Lage, einen Schlag abzuwehren, indem man eine Parade setzt, oder gar fähig, einen eigenen Angriff zu fahren, erlauben die Beine, auszuweichen oder Reißaus zu nehmen. Das ist vielleicht keine große Kampfkunst, aber zu Beginn zumindest ein adäquates Mittel, um nicht binnen Sekunden in ein Nadelkissen verwandelt zu werden.

Nach dem Ausweichen kommt also das Stehen – die Grundlage, um sich für Konflikte zu wappnen und ihnen nicht mehr aus dem Weg zu gehen. Beim Stehen kommt es vor allem auf die Balance an, die Verteilung des Gewichts zu gleichen Teilen auf beide Beine. Ein sicherer Stand ermöglicht es, uns schnell zu bewegen und in jede Richtung fliehen zu können.

Leider ist ein gutes Standing im Supermarkt nicht neben den Wattepads oder Abschminktüchern zu finden. Wir müssen es wohl oder übel selbst aus uns herauskitzeln. Die gute Nachricht lautet: Es gibt nicht die eine richtige Form von Standing – und wer die nicht hat, muss leider draußen bleiben. Standing ist individuell und höchst verschieden. Wer beispielsweise eine gute Balance hat, legt sich vielleicht ein Standing auf nur einem Bein zu. Eine robustere Natur braucht sich lediglich schulterbreit aufzustellen und Präsenz zu zeigen. Standing hat nichts mit Lautstärke, Schlagfertigkeit oder Eloquenz zu tun, sondern kann leise und wortlos genauso wirken.

Standing bedeutet, wie das Wort sagt, Stehen. Nicht mehr, aber eben auch nicht weniger. Denn wir stehen mit uns selbst und mit dem, was wir sind. Hört sich simpel an, aber wie oft hadern wir genau damit: unserem Selbst und unserem Sein?

Wichtig ist, dass wir im Hier und Jetzt stehen. Hinter uns liegt die Vergangenheit, vor uns die Zukunft. Und genau das ist bereits der erste Knackpunkt. Denn die Vergangenheit beeinflusst unsere Fähigkeit des Standings, sie bringt uns ins Wanken. Oft haben wir nämlich folgende Gedanken: *Wenn ich gestern kein Standing hatte, habe ich heute auch keines. Meine Kollegen kennen mich als zurückhaltenden Menschen, deshalb darf und kann ich mich heute nicht anders verhalten als gestern. Was sollen die denn von mir denken?* Oder wir erinnern uns an Situationen, in denen wir gern für uns eingestanden wären, es aber nicht »zustande« gebracht haben. Und schon knicken wir ein ... Dieser Mechanismus greift übrigens auch, wenn wir an das denken, was vor uns liegt, und es mit Ängsten und Befürchtungen garnieren. Et voilà, fertig ist die Dysbalance.

DER AUFSTAND

Ein-Stehen für sich selbst

Stellen Sie sich hin, wo auch immer Sie gerade sind, und schließen Sie die Augen. Spüren Sie, wie gerade Sie stehen und welche Teile Ihres Fußes belastet werden. Lassen Sie Ihr Gewicht auf den Fußsohlen kreisen. Spielen Sie damit, indem Sie den Schwerpunkt nach vorn auf Ihre Zehen oder nach hinten auf die Ferse verlagern.

Möglicherweise fühlt es sich merkwürdig an, so herumzustehen, vielleicht schämen Sie sich sogar ein bisschen. Aber bevor Sie sich ein Standing vor anderen erwerben, sollten Sie erst einmal für sich selbst stehen können.

Werfen Sie einen Blick auf Ihre Vergangenheit. Wie sind Sie zu der geworden, die Sie sind? Welche Erfahrungen haben Sie gemacht? Welche Situationen haben Sie gestärkt, welche Ihnen das Gefühl von Angst oder Hoffnungslosigkeit vermittelt?

Nun werfen Sie einen Blick auf Ihre Zukunft. Auf die Person, die Sie sein möchten. Stehen Sie jetzt und hier für sie ein! Versprechen Sie ihr, sich selbst mehr zu stärken, um genau die zu werden, die Sie sein wollen. Betrachten und erkennen Sie: Zwischen dieser Person und Ihnen wird ein Weg liegen. Sie werden straucheln, einmal, zweimal. Na und? Wenn Sie hinfallen, wissen Sie, was zu tun ist: aufstehen, mehr muss es zu Beginn gar nicht sein. Somit wäre Runde eins im Boxring geschafft. Denn eines ist klar: Es ist nur diejenige k.o., die liegen bleibt.

Diese Übung können Sie so oft wiederholen, wie Sie wollen, auch in Situationen, in denen Sie sich unsicher fühlen. Stehen Sie auf, schließen Sie die Augen und bestätigen Sie sich, wo Sie hinwollen, wer Sie sein möchten. Betrachten Sie Ihre Vergangenheit und Ihre Zukunft, und erkennen Sie, dass Sie für Ihre Sache einstehen können, unabhängig davon, was war oder sein wird.

Standing Ovations: Welche positiven Auswirkungen hat Standing?

Menschen gehen zu Boden – im metaphorischen Sinn oder tatsächlich körperlich. Besonders diejenigen, die immer wieder für sich oder eine Sache aufstehen, hinterlassen Eindruck bei uns. Denn diese Personen widersetzen sich der Schwerkraft, der äußeren und vor allem der inneren. Sie sind unerschütterlich und frei in ihrem Willen. Sie holen sich ihr Standing wieder und richten sich ein ums andere Mal auf, egal wie schwer es ist. Dem zollen wir intuitiv Respekt. Denn es gibt Momente, da will man am liebsten einfach liegen bleiben, und diese Momente kennen wir alle.

Aber: Wenn wir uns erheben, immer wieder, egal für was, verändern wir etwas. Was also zeigen wir mit unserem einfachen Aufstehen, mit unserer Standhaftigkeit?

Stellen wir uns ein großartiges Konzert oder einen tollen Theaterbesuch vor. Wir sind, aus welchem Grund auch immer, von der Darbietung bewegt und werden sprichwörtlich vom Hocker gehauen. Beim Schlussapplaus haben wir das Gefühl, unsere Begeisterung ausdrücken zu wollen, aber das Klatschen wird nicht ausreichen. Was tun wir? Genau, wir stehen auf!

Viele Standing Ovations beginnen mit Klatschen. Der letzte Ton ist verklungen, der Saal wird dunkel. Das Geräusch von aufeinanderschlagenden Handinnenflächen dringt durch den Raum, die Füße setzen zu einem Getrampel ein, einer steht schließlich auf und viele weitere folgen.

Es gibt auch Momente, in denen fünf Sekunden nach dem letzten Satz, dem letzten klingenden Ton, nichts geschieht. In diese Stille hinein steht ein Zuschauer auf, dann ein weiterer, bis alle stehen, dann erst setzt nach und nach das Klatschen ein. Nur durch den Körper wird etwas klar und deutlich ausgedrückt – universal, weltweit für jeden verständlich.

Trotzdem kostet es Überwindung, aus einer großen Menge für jemanden aufzustehen. Bleiben wir allein? Vielleicht finden nur wir gut, was wir hören, und blamieren uns, wenn die Allgemeinheit es gar nicht so großartig fand und wir (man stelle sich vor) mutterseelenallein dastehen mit unserer Meinung! Folglich stehen wir oftmals nicht auf, wenn wir berührt oder überwältigt (aber auch: gegen etwas) sind. Denn dass wir unsere Gefühle zeigen, macht uns auch angreifbar.

Also verzichten wir auf den Auf-Stand, gehen hinaus aus dem Konzertsaal und bedauern. Wir haben die Chance vorbeistreichen lassen, dem Künstler unseren Respekt zu zollen. Unser Gegenüber weiß nicht, wie begeistert wir von der Darbietung waren, ob sie eventuell sogar einen Unterschied in unserem Leben macht, etwas in uns verändert. Wäre das nicht auch wichtig für die Person, die uns so bewegt hat? Möglicherweise hat sie ihr ganzes Herzblut hineingelegt, wollte uns etwas mitgeben. Aber wir zucken mit den Schultern, fügen ein »Schade« im Kopf hinzu und vergessen den Moment.

KOMPLIMENT! DEN »AUF-STAND« IN UNSEREN ALLTAG BRINGEN

Übung 1: Standing Ovations

Gehen Sie in Konzerte oder besuchen Sie eine Vorstellung im Theater. Manchmal sind es kleine Veranstaltungen in irgendeiner Bar oder Theaterstücke im Hinterhofgebäude, die uns von den Socken hauen. Wenn Sie ehrlich bewegt sind, stehen Sie dafür auf!

Auf den ersten Blick haben Komplimente nicht viel mit unserem Standing zu tun – bei näherer Betrachtung jedoch eine ganze Menge. Wenn ich in meinem Leben sattelfest bin und mich wohlfühle, kann ich dieses Gefühl an andere weitergeben. Bei den folgenden Übungen geht es nicht darum, wahllos mit wohlwollenden Worten um sich zu werfen, ohne dass wir die Bewunderung empfinden. Aber untersuchen Sie genau, was Ihnen Positives an einer anderen Person auffällt, und sprechen Sie es aus. Es kann sein, dass Sie eine verhaltene Gegenreaktion bekommen und Ihr Gegenüber irritiert ist – das ist okay, denn wir haben in unserer Kultur nicht gelernt, auf ein nettes Kompliment einfach »Danke« zu sagen. Stattdessen schmettern wir es mit einem schönen Volleyschlag zurück: »Ach, das alte Teil …«, oder: »War keine große Sache.« Bereiten Sie sich auf diese Reaktionen vor. Sie lernen mit den Übungen, sich davon unabhängig zu machen und einzustehen für das, was Sie sagen und denken.

Übung 2: Kompliment an einen Freund

Machen Sie einer Ihnen nahestehenden, bekannten Person (Familie, Freund) ein Kompliment.

Übung 3: Kompliment an Bekannte
Machen Sie einer Person ein Kompliment, die Sie kennen und interessant finden, zu der Sie aber ein neutrales Verhältnis haben.

Übung 4: Kompliment an Unbekannte
Machen Sie einer fremden Person ein Kompliment, zum Beispiel: In einem Café sehen Sie eine Frau in einem Mantel, der ihr umwerfend gut steht. Sagen Sie es ihr.

Übung 5: Kompliment an den Feind
Machen Sie einem Menschen ein Kompliment, mit dem Sie eine Auseinandersetzung haben oder hatten oder den Sie nicht besonders gut leiden können. Tun Sie dies aufrecht und mit fester Stimme. Sie können auch dazu sagen, dass Sie sich ja nicht besonders gut verstehen, Sie diese eine Sache dennoch toll an dieser Person finden.

Schuh(waffen)schrank: Was haben Schuhe und richtiges Standing miteinander zu tun?

Es mag vielleicht überraschen, aber im Prinzip hat jede Frau in ihrer Wohnung einen Waffentresor. Die wenigsten wissen jedoch darum. Und weshalb? Weil kaum jemand für möglich hält, dass der erste Schritt in Richtung körperliche Präsenz im Schuhschrank beginnt. Ja, genau. Im Schuhschrank! Nicht umsonst sagte einmal Marilyn Monroe: »Gib einem Mädchen die richtigen Schuhe, und sie kann die ganze Welt erobern.«

Wir Frauen wissen es schon lange: Man kann gar nicht genug Schuhe haben. Und warum? Weil sie einen Großteil unserer Probleme im Alltag lösen – wenn wir sie richtig einsetzen. Balancierend auf Pfennigabsätzen, breitbeinig marschierend in schweren Boots, dynamisch im Sportschuh und tänzelnd in Ballerinas. Jeder Schuh verschafft uns eine eigene Art, in ihm zu gehen.

Vor allem in hohen Absätzen. Das habe ich als Kampfchoreografin sowieso noch nie verstanden: Da steh ich am Flughafen und soll meine Bergstiefel ausziehen, damit sie durch den Scanner geschickt werden, um auszuschließen, dass in meiner Sohle irgendwelche Waffen oder Drogen verborgen sind. Die Frau hinter mir mit ihren Zehn-Zentimeter-Stilettos wird lächelnd durchgewunken. Was, bitte schön, ist denn ein Stöckelschuh, wenn nicht eine Waffe? Welche tätlichen Möglichkeiten bietet er mir? Der High Heel, oder sagen wir es doch gleich: *High Hell*, ist nicht nur irgendeine Waffe, er ist die nahezu perfekte. Einerseits betörend, verführend, bestechend, wenn sich jemand gut darin bewegt. Andererseits ein furchtbarer »pain in the ass«. Man kann damit hervorragend kicken, treten und ins Auge stechen. Aus Sicht der Kampfchoreografin fallen mir sehr viele Nutzungsmöglichkeiten eines herkömmlichen Stilettos ein.

Es erfordert jedoch Übung, diese »Waffe« einzusetzen. Ich erinnere mich an die Schauspielschule, wie ich, naive siebzehn Jahre alt, Runde um Runde auf der Bühne drehte – in elf Zentimetern. Meine Lehrerin saß im Zuschauerraum und rief herauf: »So nicht, Katrin! Es knallt zu laut, du musst lernen, die Fußspitze mehr aufzusetzen. Geh noch mal zurück.« Und nach einem weiteren Versuch: »Das ist zu nuttig, die Frau, die du verkörperst, ist elegant.«

Eine Stunde ging das so. Meine Füße schmerzten, und mit dem Monolog hatten wir noch nicht mal angefangen.

Irgendwann war mein Gang so weit in Ordnung, dass ich den Text aufsagen sollte. Aber mein Kopf war leer. Blackout. Ich stand stammelnd auf der Bühne, unfähig, mich in irgendeine Richtung zu bewegen. Die Füße hingen unkoordiniert an meinem Körper, mein Mund klappte auf wie bei einem Fisch. Es war schlicht zu viel in diesem Moment: schön reden *und* schön laufen.

Meine Karriere als Choreografin hat wahrscheinlich genau in diesem Moment Fuß gefasst. Denn das mit dem Steckenpferd und dem Mantel an St. Martin war mir irgendwie leichter gefallen als der Catwalk.

Ein Schuh ist nicht nur ein Schuh. Er ist die Grundlage, auf die alles aufbaut. Haben wir einen sicheren Stand? Passt sich das Fußbett an unseren Fuß an, oder ist es umgekehrt? Können wir schnell die Richtung wechseln? Oder brauchen wir einen starken Arm, der uns hilft, im Gleichgewicht zu bleiben? Ohne es zu wissen, entscheiden wir jeden Morgen mit der Wahl des Schuhwerks, welches Standing wir für diesen Tag aussuchen.

Und die Auswahl ist groß. Zu groß. Es gibt Theorien, dass Frauen deswegen eine so enge Beziehung zu Schuhen und Handtaschen haben, weil die immer passen – selbst wenn man fünfzehn Pfund mehr auf den Rippen hat als vor einem Jahr. Schuhe sind für viele die allseits sichere Bank – und dennoch werden die meisten Schuhe nicht getragen, sondern fristen ein Leben im Dornröschenschlaf, übereinandergestapelt, vergessen, aus der Mode gekommen, nicht kombinierbar oder einfach nur verdammt unbequem. Genau deswegen ist es auch so schwer, sich für ein Modell – und damit das Standing – zu entscheiden: Es sind so viele Nieten unter den Gewinnen, dass man eine Menge (an)ziehen muss, um das Richtige zu erwischen.

Dabei ist es doch eigentlich ganz einfach. Die Schranktür aufzuschieben, hinter der sich unsere gesammelten Schätze verbergen, ist im Prinzip dasselbe, wie den Waffenkoffer zu öffnen und sich zu fragen: *Welche Waffe brauche ich für den heutigen Tag? Den schweren Säbel, den ich nur mit Schwung durch die Luft sausen lassen kann? Die Pistole, mit der ich auch rücklings und aus der Entfernung Treffer erziele? Oder das Rasiermesser, das ich an der empfindlichsten Stelle ansetzen und im richtigen Winkel führen muss? Wonach ist mir heute?*

Und vor allem: *Welchen Stand werde ich brauchen? Möchte ich für das schwierige Gespräch mit der Büronachbarin auf Pfennigabsätzen um Balance ringen? Oder robust wie ein Bauarbeiter durch die Fußgängerzone pflügen?*

Ruckedigu, Blut ist im Schuh: Wie man einen Abend auf zehn Zentimetern übersteht und was man daraus lernen kann

Vor Jahren war ich auf der Hochzeit einer meiner besten Freundinnen eingeladen – in einer katholischen Kirche. Bei den Katholiken ist eine Trauung immer mit körperlicher Ertüchtigung verbunden. Kaum hat man auf der harten Holzbank eine einigermaßen erträgliche Position gefunden, soll man aufstehen, sich dann wieder hinsetzen, knien, stehen, sitzen, knien, sitzen ... Bis auf das Knien machte ich bei allem mit, wenn auch in Gedanken ganz woanders. Denn keine drei Tage vorher hatte mir mein Freund Moritz den Laufpass gegeben, weshalb er auch nicht mitgekommen war zur Hochzeit und mich allein meine Übungen in der Büßerbank machen ließ.

Nach der knapp zweistündigen Trauung stakste ich in meinen viel zu hohen Hacken über den Kies des Friedhofs und blieb natürlich prompt auf der Wiese stecken, auf der das Auto geparkt war. Das Auto war mein Fluchtpunkt, meine Insel der Glückseligkeit, denn im Kofferraum befand sich ein Paar flacher Ersatzschuhe. Doch zu denen kam ich erst gar nicht, denn eine Freundin passte mich ab, hängte sich bei mir ein und zog mich zu einer Spaziergangrunde mit. Sophia war nach sechsmonatiger Trennung von ihrem

Gatten mit ihrem neuen Freund hier aufgeschlagen und sah besser aus als je zuvor. Bezeichnenderweise trug sie keine hohen Absätze, sondern bequeme und zugleich schicke Sandalen.

Später dann, am Abend, brannten meine Füße lichterloh – doch der Wagen war in weiter, ja unerreichbarer Ferne. Und immerhin gab es jetzt Alkohol, welcher den Schmerz zumindest ein wenig betäubte. Während des Abendessens, welches dankbarerweise sitzend absolviert wurde, fragten mich die Leute, wo denn Moritz sei, und immer lächelte ich nur und faselte etwas von »verhindert«.

Irgendwann fand ich mich elegant-verzweifelt an einem Tresen lehnend wieder, mit Blasen an den Füßen, so groß wie meine Handflächen. Ich lächelte trotz der Schmerzen. Diesmal aber für den Barkeeper. Meine Füße waren zu diesem Zeitpunkt nur noch ein Klumpen, ein toter, gefühlloser Fleischhaufen, nur noch in der Lage, Schmerz zu verursachen und in regelmäßigen Abständen in Richtung Hirn zu entsenden. Die Tauben schrien es von den Dächern: »Ruckedigu, ruckedigu, Blut ist im Schuh!«

Und doch blieb ich stehen. Selbst wenn ich innerlich flehend aus der Situation und den zugehörigen Schuhen herauswollte, ich hielt tapfer durch, solange es eben sein musste. Bis zum bitteren Ende. Ich »durchstand« den Abend, die nervigen Fragen und die blutenden Füße.

Zwei Tage später, als ich auf dem Weg in die Schauspielschule war, zerbrach ich mir den Kopf darüber, wie ich das Gespräch mit den beiden anstrengenden Leiterinnen der Schule führen sollte. Seit Wochen drückte ich mich schon davor, da ich wusste, es würde Diskussionen geben.

Plötzlich hielt ich inne. *Echt jetzt? Im Ernst?* Ich war eine Stunde mit Sophia am Arm durch den Park geeiert, hatte humpelnd das Fest überstanden und für den Walzer mit Elvira meine Qualen ignoriert, hatte möglichst allgemein alle Nachfragen in Moritz' Richtung beantwortet und sogar darauf verzichtet, ihm eine herzzerreißende SMS zu schreiben – und jetzt machte ich mir wegen eines lächerlichen Gesprächs mit zwei Leuten ins Hemd, die ich noch nicht einmal besonders gut leiden konnte? Es war verrückt: Wenn ich nur an die Auseinandersetzung dachte, wurde mir schon ganz anders, und ich wollte weglaufen.

Flucht ist ein Reflex, der tief in uns verankert ist. Wir brauchen einen Grund, um stehen zu bleiben – und müssen erst lernen, wie es sich anfühlt, konfliktreiche Situationen auszuhalten. Unser Instinkt schreit uns an: »Lauf! Bring dich in Sicherheit, hier kannst du nur verletzt werden!« Dagegen können wir nichts tun – das Handlungsmuster *Flight* (deutsch: Flucht) hat in früheren Zeiten dafür gesorgt, dass wir nicht von anderen Clans und deren Mitgliedern zu Schaschlik verarbeitet wurden.

Doch alte oder erlernte Muster müssen nicht für immer die einzige Handlungsoption bleiben. Wir sind in der Lage, Muster zu durchbrechen und neue Reaktionen anzutrainieren. Das erfordert Überwindung und jede Menge Übung, und nicht nur einmal werden wir dabei scheitern. Doch irgendwann werden wir unseren Instinkt überlistet haben und selbst entscheiden können, welche Handlungsoption hilfreich in der Situation ist.

Meine Freundin Heike hat einen tollen Trick, wie sie sich selbst zum Innehalten zwingt. Heike ist eine absolut umwerfende Frau. Sie ist stets perfekt geschminkt, ihre Frisur sitzt einfach immer. Selbst wenn sie mal einen Bad-Hair-Day hat, schüttelt sie nur kurz die blonden Haare durch, und schon sieht sie aus, als wäre sie gerade vom Friseur gekommen. Heike ist der Typ Frau, der sagt: »Bis acht Zentimeter Höhe ist alles gut, ab da muss ich mich ein bisschen konzentrieren.«

Ich traf sie in einem Café und erzählte ihr von meinem bevorstehenden Gespräch mit den Schauspielleiterinnen, das mir unangenehm im Magen lag. »Das wird richtig knallen, glaube ich«, sagte ich. »Ich spüre jetzt schon alle Fluchtreflexe, wenn ich nur an das Gespräch denke.«

Heike zuckte mit der Schulter, blickte an mir hinab und meinte: »Deine Schuhe sind das Problem.«

Ich folgte ihrem Blick, der auf meinen schweren Bergstiefeln hängen geblieben war. Heute trug ich ein Paar mit tiefem, rilligem Profil, ideal für unebene Hänge und lange Märsche über Stock und Stein.

»Schätzchen, zieh zu dem Gespräch Stilettos an, das löst dein Dilemma.«

Entsetzt starrte ich Heike an. »Warum das denn? Auf den Hacken breche ich mir doch nur die Knöchel! Du weißt, wie es um meine Fähigkeit steht, mit den Dingern zu gehen.«

»Eben. Deswegen ist Weglaufen auch keine Option«, war ihre lapidare Antwort, während sie sich eine Martini-Olive auf einem kleinen Spießchen in den Mund schob.

Was soll man dazu sagen? Sie hatte verdammt recht. Wie sehr, hatte ich höchstpersönlich auf der Hochzeit meiner Freundin bewiesen. An Flucht war in diesen Killerhacken gar nicht zu denken gewesen – deswegen hatte ich den Abend so bravourös gemeistert und war nicht einmal den unangenehmen Fragen nach Moritz ausgewichen.

Es gibt Schuhe, die uns helfen, die Flucht zu verhindern. Und natürlich Schuhe, die uns noch flotter werden lassen, wenn wir die Beine in die Hand nehmen und uns so schnell wie möglich vom Acker machen. Etwa, wenn ein Hund zähnefletschend auf uns zurennt. Oder der Chef diese Ader auf der Stirn bekommt, die immer so pulsiert, wenn er sauer wird. Oder wenn die zickige Nachbarin von unten sich schon wieder beschwert, weil wir angeblich so laut durch die Wohnung trampeln.

In Situationen, in denen ich dazu neige, die Flucht zu ergreifen, lasse ich seit meinem Gespräch mit Heike die Bergstiefel zu Hause und ziehe die High Heels an. Ich muss die Sache im wahrsten Sinne des Wortes »durchstehen«, kann mich nur langsam bewegen, aufrecht gehen und mich aufs Wesentliche konzentrieren. Überlegt und bedacht, weil der Schuh es einfach verlangt. Mit fünf Zentimetern. Heike macht das mit zehn. Jede, wie sie kann.

Selbst wenn ich mich in letzter Sekunde doch noch dazu entscheiden sollte, den Stiefel anzuziehen, hab ich die Idee des High Heels im Kopf und bin mental besser darauf vorbereitet, in einer Situation Stand zu halten.

Merke

Wenn Sie zur kopflosen Flucht neigen, geben Sie sich selbst einen Grund, damit Sie bleiben müssen. Bei mir ist es der hohe Schuh, der mich an das innere Stehenbleiben erinnert – oder dafür sorgt, dass ich nicht einfach auf dem Absatz kehrtmache und türme. Indem ich mich auf meine Balance, die innere wie die äußere, konzentriere, bin ich von meiner Angst abgelenkt. Das Wissen, dass das Standing in mir liegt und ich es nur mit dem richtigen Schuh herauskitzeln muss, gibt mir Kraft.

Halte Stand! Wie erarbeitet man sich Standing, ohne dass es erzwungen oder aufgesetzt wirkt?

Eine deutsche Hochschule bat mich vor ein paar Jahren darum, das weibliche Lehrpersonal mit meinem Wissen aus dem Bühnenkampf zu unterstützen. Und so kam es, dass ich all das, was ich von der Kampfchoreografie über richtiges Standing, Provokationen, Eröffnungen und Schlagabtausche wusste, in die Kommunikation übertrug und Hochschulunterrichtenden beibrachte, wie sie sich nonverbal, allein durch ihre Körperpräsenz, gegen Angriffe aufmüpfiger Studenten zur Wehr setzen können. In diesen Kursen zeigte ich, wie sich Techniken aus dem Kampf in die zwischenmenschliche Konfrontation übertragen lassen und zu mehr Gelassenheit verhelfen. Denn wer die »Seitenhiebe« und »Angriffe« seines Gegenübers kennt, ist in der Lage, nicht mehr nur zu reagieren, sondern die Situation aufzulösen. Das richtige Standing ist hier der Anfang von allem.

Haben Sie mal Ballettunterricht genommen? Das Erste, was man lernt, ist richtiges Stehen. Auch in Rhetorikkursen legt man Wert auf ordentliches Stehen. Aber was bedeutet »ordentlich dastehen« eigentlich genau?

In meinen Seminaren lasse ich die Teilnehmerinnen zu Beginn erst einmal so vortragen, wie sie es natürlicherweise täten. Dabei fühlen sie sich oft unwohl. Sie wissen nicht, wohin mit Händen und Füßen und wie sie stehen sollen. Im Anschluss wiederholen wir das Ganze, aber diesmal durchleben sie die Vortragssituation mit verschiedenen Fußpositionen, ganz ähnlich denen aus dem Ballett. Erst bitte ich die Teilnehmerinnen, dies mit geschlossenen, nach vorn ausgerichteten Füßen zu probieren. Eine Variante dieser Position ist, die Beine, ähnlich wie bei der dritten oder fünften Position beim Ballett, miteinander zu verknoten. Als Nächstes stellen sie die Füße ein kleines Stück auseinander. Anschließend werden die Füße etwa schulterbreit positioniert – vergleichbar mit der zweiten Position beim Ballett, nur dass die Fußspitzen nach vorn und nicht nach außen zeigen. Und zuletzt bitte ich die Vortragenden, die Beine unnatürlich weit auseinanderzustellen und so ihre Rede zu halten.

Die Wirkung ist enorm. Dadurch, dass wir erst in die Extreme gehen, finden sie ihre natürliche Haltung plötz-

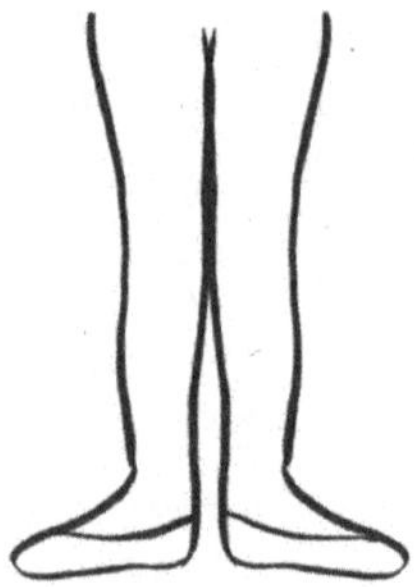

1. Position

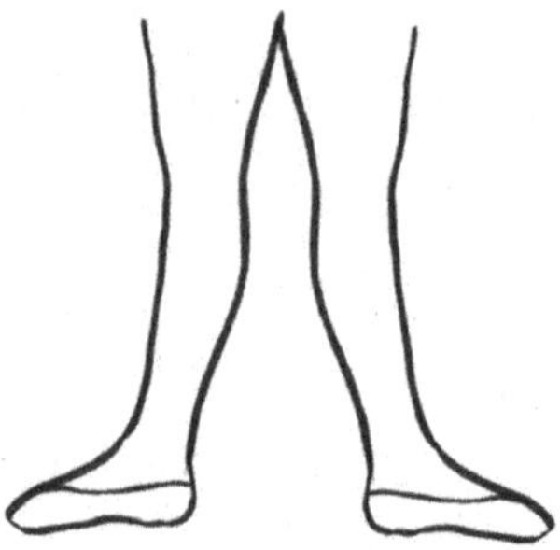

2. Position

3. Position

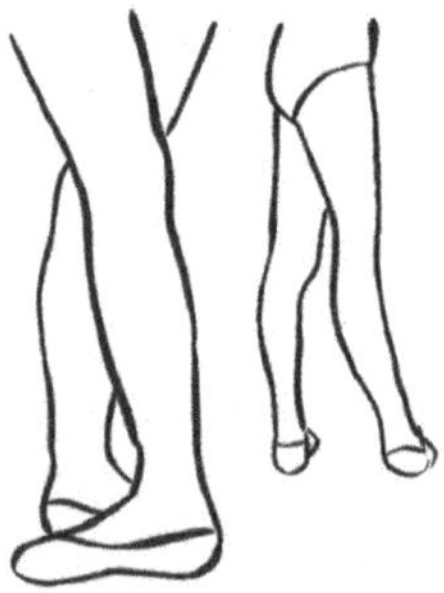

4. Position

5. Position

6. Position

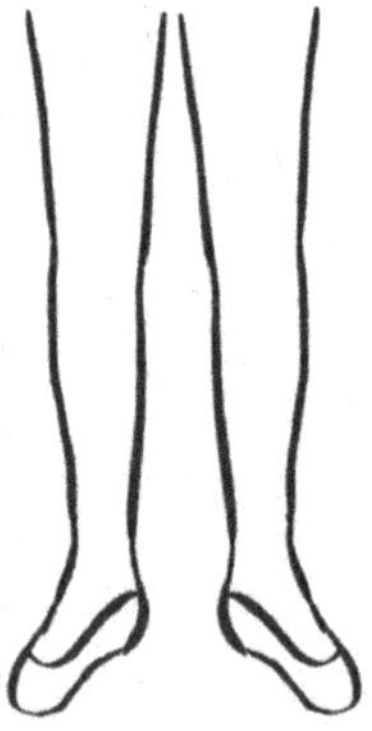

Setzen Sie auf Ihren individuellen Stand

lich äußerst angenehm und haben nicht das Gefühl, diese erst einmal ändern zu müssen, um für die Vorträge dieser Welt gerüstet zu sein. Denn, wie zu Beginn erwähnt, jeder Mensch hat sein ureigenes Standing, damit fühlt er sich wohl und stark, genauso, wie er seine Arme frei und natürlich bewegen kann. Oft wird uns gesagt, wir müssten zwei Handbreit Platz zwischen den Füßen lassen beziehungsweise die Füße schulterbreit voneinander entfernt aufstellen, denn das wäre das richtige Standing. Doch für viele fühlt sich dieser Abstand zu weit an. Und wer bitte schön nimmt den Meterstab mit auf die Bühne, um sich exakt zu positionieren – und dann bitte diese Haltung möglichst nicht groß verändern. Wir würden dastehen wie Bauarbeiter, unsere Haltung würde unnatürlich und nicht authentisch wirken – zumindest für uns Frauen. Man denke nur an all die Westernfilme, in denen sich die Kontrahenten gegenüberstehen, schweigend, breitbeinig und selbstsicher. Wollen wir in dieser Haltung einen Vortrag halten? Es ist ja eine Einladung zum Zuhören, nicht zum Duell.

Wobei diese Fußposition in einem anderen Kontext durchaus interessant sein kann. In der Kampfchoreografie nennen wir die Stellung »Enguard Position«. Der Begriff kommt vom französischen »en garde«. Er wird auch in der Kampfchoreografie mit Fechtwaffen verwendet und ist das Kommando, mit dem die Fechter aufgefordert werden, sich bereit zu machen. Wenn sich zwei Gegner in dieser Position gegenüberstehen, ist noch nichts entschieden. Jeder kann gewinnen, denn jeder verfügt über die Mittel und Möglichkeiten. Die Ruhe vor dem Sturm. Es ist vollkommen unklar, wer zuerst angreift, wer verteidigt, wer stirbt und wer lebt, wer verliert, wer gewinnt. Selbst jene, die schwächer erscheinen, haben in diesem Moment eine reelle Chance – wenn sie nicht nervös herumhampeln oder sich umdrehen und wegrennen. Denn dann sind sie nur von hinten angreifbar.

Manager und Sportler, aber auch geübte Film- und Theaterrezipienten wissen: Der Großteil des Kampfes wird mit dem Kopf entschieden, nicht mit dem Körper. Die Selbstsicherheit, der Überlegene zu sein, hat schon manchem vermeintlich Schwächeren zum Sieg verholfen.

Nun passiert es vermutlich selten, dass Sie sich einem Westernhelden mit Munitionsgürtel und Colt im Anschlag gegenübersehen, der Sie zum Duell auffordert. Doch das alltägliche Leben bietet genug Möglichkeiten, sich zu behaupten. Und die richtige Körpersprache verhilft Ihnen dazu, souverän zu reagieren.

Ein Beispiel aus der Arbeitswelt: Stellen Sie sich vor, Sie gehen an einem unliebsamen Arbeitskollegen vorbei. Während Sie ihn und seine Begleiterin passieren, ruft er Ihnen irgendeinen flapsigen Kommentar hinterher. Die andere Frau lacht, der Kollege fühlt sich überlegen. Wie reagieren Sie?

Möglichkeit 1: Sie ziehen die Schultern hoch und gehen schnell weg.

Möglichkeit 2: Sie bleiben stehen, richten sich auf, ohne sich umzusehen, atmen bewusst einmal ein und aus und gehen weiter.

Möglichkeit 3: Sie bleiben stehen, drehen sich um und sehen Ihren verhassten Kollegen direkt an. Dann nicken Sie einmal kurz und gehen weiter.

Möglichkeit 4: Sie bleiben stehen, drehen sich um, stellen sich stabil hin und sehen Ihren verhassten Kollegen direkt an. Lächelnd verschränken Sie die Arme vor der Brust und warten einfach ab, ohne den Blickkontakt abzubrechen. Sie atmen ein und aus und bleiben so lange stehen, bis es ihm unangenehm wird. Egal, was er sagt, Sie reagieren nicht darauf, sondern schweigen und blicken. Sie mustern auch die Begleiterin Ihres Kollegen – und gehen dann gemächlich davon.

Überlegen Sie mal. Wie nimmt Ihr Angreifer Sie im zuletzt beschriebenen Szenario wahr? Wie seine Begleiterin? Wie ein unbeteiligtes Publikum? Wie nehmen Sie sich selbst wahr? Nicht vergessen, alle vier denkbaren Reaktionen kommen ohne ein einziges Wort aus. Sie müssen also kein schlagfertiger oder rhetorisch besonders versierter Mensch sein, um dafür zu sorgen, dass den anderen seltsam zumute wird.

Werfen wir einen Blick auf die erste Variante. Sie ist geradezu eine Herausforderung für Menschen, die gerne piesacken und mit ihrem unmöglichen Verhalten von allein nicht aufzuhören. Intuitiv erkennt unser Gegenüber: Von einem Menschen, der die Schultern nach oben zieht, um den Nacken vor seinem Angriff zu schützen, hat er nicht viel Gegenwehr zu erwarten. Also kann er getrost weitermachen.

In Möglichkeit 2 machen Sie mit Ihrem Stehenbleiben deutlich, dass Sie den Angriff wahrgenommen haben. Mit dem Atmen drücken Sie aus, dass die Provokation angekommen ist und Sie sich für eine Reaktion bereit machen – und Luft holen, für all das, was kommen mag. Das Weitergehen zeigt, dass Sie sich sehr bewusst dafür entschieden haben, die Einladung zum Kampf nicht anzunehmen. Vielleicht, weil Sie sich diese Form der Zeitverschwendung gerade nicht leisten wollen, da Sie den Trottel im nächsten Meeting mit Ihrer Idee sowieso an die Wand fahren. Oder weil Sie jetzt Ihre Mittagspause genießen möchten.

Die dritte Reaktion ist eine Steigerung der zweiten. Ihr Gegenüber und seine Begleiterin spüren Ihren Kampfgeist. Durch das Umdrehen und Ansehen werfen Sie ihnen den Fehdehandschuh vor die Füße. Das ist nicht angenehm für die gegnerische Partei.

Zur vierten Möglichkeit: Wenn sie kommt, kommt sie vollkommen unerwartet. Selten reagieren Menschen ausschließlich mit ihrem Körper. Ihr Verhalten ist nicht einzuordnen, wird vermutlich sogar als bedrohlich empfunden. Dabei haben Sie kein einziges Wort gesagt! Nur Ihr Körper, Ihr Gestus und Ihre Präsenz haben gesprochen. Darüber hinaus haben Sie das Gefühl vermittelt, abzuwarten, was der andere noch so auf dem Kasten hat, und ihn währenddessen trotzdem gekonnt ins Leere laufen zu lassen. Genau deshalb funktioniert der Trick auch so gut. Egal, welcher Provokation Sie sich ausgesetzt fühlen, die beste Entgegnung ist erst einmal: keine. Bleiben Sie stehen und halten Sie den Blickkontakt. Halten Sie stand.

Jede Provokation ist eine Einladung zum Konflikt. Sie allein entscheiden, ob Sie die Einladung annehmen oder nicht. Die Variante »Stehen und blicken« verschafft Ihnen Zeit, eine Haltung zu entwickeln, die Sie auf die Schnelle möglicherweise gar nicht haben. Weil Ihnen der Kollege schon seit Monaten auf den Keks geht. Weil Sie noch nie spontan waren. Oder einfach, weil man Ihnen jahrelang gesagt hat, dass Sie ein nettes Mädchen sein sollen.

Sie müssen aber gar nicht spontan und schlagfertig, angriffslustig und konfliktfreudig sein. Ein langer Blick und eine entschiedene Haltung sagen mehr als tausend Worte. Jeder spürt, was Sie denken – Ihr Körper macht es mehr als deutlich. Und dennoch nehmen Sie die Einladung nicht an. Sie begegnen ihr mit Ruhe und einem Lächeln, schlagen sie aus, ohne die Flucht zu ergreifen. Und das nur durch eine einzige Sache: Ihr Standing.

Damit wären wir wieder am Anfang: »Bevor du gehen lernst, musst du erst mal stehen können.«

BALANCE UND MUSKELAUFBAU – TRAINING FÜR DAS EIGENE STANDING IM ALLTAG

Übung 1: Die Wahl der Waffen

Auf geht's zum Kleiderschrank! Lernen Sie Ihre Standhaftigkeit in unterschiedlichem Schuhwerk kennen. Welcher Schuh gibt Ihnen welches Gefühl? Wie steht es sich darin? Wie läuft es sich darin?

Versuchen Sie, jeweils eine halbe Stunde in drei verschiedenen Schuhen zu bleiben und Ihren gewohnten Tätigkeiten nachzugehen. Wie verändern die Schuhe Ihre Haltung, Ihr Körpergefühl und Ihre Handlungen?

Übung 2: Laufen Sie los – in falschen Schuhen

Ziehen Sie bewusst einen der Situation unpassenden Schuh an und spüren Sie, wie Sie sich fühlen. Was verändert sich, wenn Sie in High Heels zum Altpapiercontainer gehen? Oder in Sneakern in die Oper? Wie wirkt sich der Schuh auf Ihre innere und äußere Haltung aus? Was nimmt, was verleiht er Ihnen? In welchen zukünftigen Situationen könnten Ihnen diese neuen Eigenschaften helfen?

Übung 3: Der große Auftritt

Wählen Sie einen öffentlichen Ort mit Besuchern, zum Beispiel ein Café. Treten Sie ein und bleiben Sie mindestens fünf Sekunden ganz bewusst im Eingangsbereich stehen. Sondieren Sie, nehmen Sie wahr, und sehen Sie, was da ist, und vor allem: Lassen Sie sich wahrnehmen!

Erweitern Sie die Übung auf zehn Sekunden, fünfzehn Sekunden, und so weiter.

Übung 4: Kalte Schulter zeigen

In der nächsten Situation, in der Sie provoziert oder angegriffen werden, entscheiden Sie sich bewusst für folgendes

Vorgehen: Sie halten inne, richten sich auf und atmen bewusst einmal ein und aus, ohne ein Wort zu sagen – dann machen Sie mit dem weiter, was Sie gerade getan haben. Das funktioniert überall, an der Supermarktkasse, im Büro oder im Fitnessstudio.
Steigerung: Sie bleiben stehen, drehen sich um und sehen Ihren Angreifer direkt an. Dann nicken Sie einmal kurz und gehen weiter.

Kapitel 2

Von Dancing Queens und Tanzbereichen

Die meisten von uns wünschen sich, um offene Konfrontationen irgendwie herumzukommen. Das ist im Prinzip nichts Schlechtes, denn Auseinandersetzungen kosten Kraft. Und so wie jedes Tier versucht auch der Mensch instinktiv, seine Energie nicht zu verschwenden. Die Vermeidungsstrategie ist deshalb bis zu einem bestimmten Punkt sogar sinnvoll. Denn manchmal lösen sich unangenehme Situationen ganz von allein auf – ohne dass wir uns auf die Hinterbeine stellen und auf den Brustkorb trommeln müssten. Jemand stolpert unbewusst in unser Revier, ohne es böse gemeint zu haben. Oder es ist einfach einer dieser ganz besonderen Tage, die mit dem falschen Bein anfangen und auch wieder aufhören.

Doch es gibt diese feine Grenze, ab der die Vermeidung mehr kostet als eine offene Konfrontation. Plötzlich verbrauchen wir Energie, wenn wir nur an den Konflikt denken. Er fordert unsere Aufmerksamkeit, weil jemand in unserem Territorium herumsteigt beziehungsweise an unserer Grenze auf und ab läuft und uns damit provoziert. Und selbst wenn wir den schwelenden Konflikt nicht klar und deutlich vor uns sehen: Wir spüren ihn, sogar durch Wände hindurch.

Spätestens, wenn uns die Sache den Schlaf raubt, besteht Handlungsbedarf. Wir können nicht länger weggucken, uns ducken, ignorieren oder drüber hinweglächeln. Wir müssen handeln! Aber wie? Man kann ja so vieles falsch machen.

Nicht die richtigen Worte finden oder das falsche Medium wählen. Oder wir vergreifen uns im Ton. Dann entscheidet sich der Konflikt womöglich nicht zu unseren Gunsten, und damit – Worst Case! – stehen wir als Verliererinnen da.

Als Kampfchoreografin kann ich dazu nur eines sagen: Lieber mit dem Schwert im Bauch als mit dem Pfeil im Rücken! Selbst wenn wir scheitern, haben wir uns doch zumindest geschlagen – und uns nicht aus Feigheit vor der Auseinandersetzung versteckt.

Ich hätte niemals gedacht, dass ich mich einmal in einem echten Nachbarschaftsstreit wiederfinden würde. Wohnhaft bin ich ja in Niederbayern. Ohne verallgemeinern zu wollen, hat sich das Konzept der Emanzipation noch nicht bis in alle Winkel dieser Region herumgesprochen. Männer bestimmen und reden, Frauen stehen daneben und halten ihre Handtasche fest.

Zu Beginn unserer Beziehung besuchte ich meinen jetzigen Ehemann in seiner niederbayerischen Heimat. Wir gingen zu einem Volksfest, wo wir einem entfernten Bekannten von ihm begegneten, der ihn jovial und freundlich begrüßte – mich aber gekonnt fünf Minuten lang ignorierte. Und fünf Minuten können sehr lang sein, wenn man nichts anderes zu tun hat, als seine Handtasche festzuhalten. In der Welt, aus der ich komme (auch Bayern übrigens), stellt sich die Person zumindest vor und fragt nach der Begleitung. Na ja, dachte ich mir, was soll's. Andere Länder, andere Sitten.

Nachdem der Fremde meinen Damals-noch-nicht-Mann fünf Minuten nach der Anhängelast seines neuen SUVs ausgequetscht hatte, zog er von dannen. Ich warf ihm ein freundlich gemeintes »Servus, hat mich gefreut!« hinterher, worauf ich allerdings keine Antwort bekam. Ich war sichtlich irritiert.

Trotz dieser Begegnung zog ich nach Niederbayern. Wunderschöne Landschaft, grundsätzlich freundliche Menschen – ein wenig kantig halt.

Eines Sonntags, kurz nachdem ich eingezogen war, hörte ich morgens Krawall vor der Haustür. Der Bäcker von nebenan schrie meinen Mann an: »Stell gefälligst dein Auto woanders ab!«

Vor unserem Haus befinden sich öffentliche Parkplätze. Montag bis Freitag zwischen neun und achtzehn Uhr beträgt die maximale Parkdauer zwei Stunden mit Parkscheibe. Die Bedeutung von Schildern im Straßenverkehr ist mir durchaus geläufig, ebenso meinem Mann, er ist nämlich zufällig Inhaber einer Fahrschule, und ich arbeitete nebenberuflich als Fahrschullehrerin bei ihm.

Heute war Sonntag. Das heißt, wir durften auf den öffentlichen Parkplätzen stehen, so lang wir wollten. Aber unser Nachbar hatte wohl etwas dagegen.

Ich verstand nicht alles, da sich der gute Mann etwas im Ton vergriff und mehr *grantelte* als sprach, aber so viel kapierte ich doch: dass wir irgendetwas Gravierendes falsch gemacht hatten.

Kurz darauf kam mein Mann nach oben und wirkte vollkommen verdattert.

»Was ist passiert?«, wollte ich wissen.

»Der hat mich einfach so angebrüllt«, erklärte mein Mann kopfschüttelnd. »Dass wir seine Kundschaft vergraulen, weil die nur wegen uns zehn Meter vom öffentlichen Parkplatz zur Bäckerei laufen müssen.«

Ich war sprachlos. »Was hast du ihm denn an den Kopf geworfen, dass der Typ so schreien musste?«

»Gar nichts. Er kam direkt aus dem Laden auf mich zugeschossen und hat losgelegt. Ich hab gesagt, wir könnten das gern in Ruhe besprechen, aber ich jetzt gerade keine Zeit hätte. Daraufhin meinte er, ich wäre ein Arschloch.«

»Wie bitte?« Ich riss die Augen auf. »Und dann?«

»Dann hab ich gesagt, er hätte keinen Anstand und offenbar auch keine Bildung.«

»Ich verstehe das Problem nicht«, entgegnete ich. »Es ist doch kein Ding, dass wir das Auto woanders parken, wenn wir das jetzt wissen. Aber wie können wir es wissen, wenn er es uns nicht sagt?«

Meinem Mann und mir war nicht klar gewesen, dass der Bäcker sonntags am meisten Kundschaft hatte. Ihm jetzt den »Gefallen« zu tun, das Auto an diesem Tag woanders zu parken, fiel zugegebenermaßen schwer. Dennoch gaben wir uns in den kommenden Monaten Mühe, so gut es ging, Rücksicht zu nehmen. Der Nachbar zeigte jedoch keine Regung. Kein Dankeschön, kein freundliches Nicken, nichts. Im Gegenteil, hintenherum wütete er über uns.

Eines Sonntags quälte ich mich wieder einmal früh aus dem Bett, um das Auto woanders zu parken, damit die Kundschaft nur zwei Meter statt zehn laufen musste. Gesagt, getan, doch auf dem Rückweg, spürte ich plötzlich ein sehr deutliches Gefühl in mir aufsteigen. Es sagte mir klar und unmissverständlich: »Es reicht.«

Ich kehrte um und marschierte in die Bäckerei. Ein wenig mulmig war mir ja schon zumute, wusste ich doch, dass unser Herr Nachbar zu cholerischen Ausbrüchen neigte.

Geduldig wartete ich, bis ich an der Reihe war. Der Chef bediente am Sonntagmorgen persönlich. Als er mich sah, kniff er den Mund zusammen. »Bittschön?!«

»Guten Morgen. Wir kennen uns, ich bin die Nachbarin von nebenan. Und ich wollte nur mal sagen, dass wir jeden Sonntag unser Auto umparken. Leider scheint das bei Ihnen nicht anzukommen, denn wir hören immer noch Beschwerden über uns, dass aber durch Dritte. Warum sprechen Sie nicht mit uns? Das ist schade.«

So, jetzt war es raus. Ich sah dem Mann fest in die Augen und bemerkte, dass sein Gesicht die Farbe einer Aubergine annahm.

»Jetzt pass amal auf, Mädel!«, spie er aus, kam um den Tresen herum und baute sich vor mir auf. Obwohl anderthalb Köpfe kleiner, wich ich nicht zurück, stellte mich stattdessen breitbeinig hin und schob den Kopf ein wenig nach vorn, um maximale Kampfbereitschaft zu signalisieren.

Alles in mir schrie: *Verschwinde!* Aber nun war ich schon so weit gekommen – da gab ich doch kein Fersengeld. Stattdessen tat ich etwas, was mich bis heute beeindruckt. Ich machte noch einen Schritt auf den Mann zu, drang also ganz bewusst in seine intime Distanzzone ein und senkte den Kopf. »›Mädel‹ sowieso schon mal gar nicht, ich kann mich nicht erinnern, Ihnen das Du angeboten zu haben.«

Der Bäcker stand mit hochrotem Kopf da, eine dicke Ader auf seiner Stirn pochte. Er schnaufte vor Zorn. Dann sagte er: »Kommen Sie mal mit, ich zeig Ihnen was.«

Immerhin, das mit der Höflichkeitsfloskel klappte.

Ich ging vor ihm her, hinaus aus dem Laden, und kaum hatte ich einen Fuß vor die Tür gesetzt, knallte der Bäcker selbige hinter mir zu – besser gesagt, er versuchte es. Mit der Schuhsohle war ich nämlich ganz unglücklich auf der Türschwelle hängen geblieben und steckte nun fest.

Ich drehte mich zum Bäcker um. »Ist es tatsächlich nicht möglich, dass wir uns über diesen Umstand unterhalten? Oder geht es Ihnen am Ende gar nicht darum, einen Konsens zu finden?«

Anstelle einer Antwort schob mich der Nachbar aus seinem Ladenlokal, ich riss an meinem Schuh herum, das Material gab endlich nach. Als ich die zwei Stufen hinuntersprang und mich noch einmal umdrehte, sah ich das wutentbrannte Gesicht des Bäckers hinter der Glasscheibe. Er rief mir noch irgendeine Beleidigung zu.

Ich straffte meine Schultern. Das mulmige Gefühl im Bauch war weg. Zugegeben, von Einigung konnte beim besten Willen keine Rede sein. Aber ich hatte zu dem gestanden, was ich fühlte und dachte. Seit diesem Tag habe ich kein schlechtes Gewissen mehr, wenn ich unser Auto in den zwei kostenfreien Stunden werktags oder am Sonntag vor unserer Haustür parke. Einen klaren Sieg hatte ich nicht errungen, aber zumindest eines erwirkt: Seit meinem Auftritt in der Bäckerei ist der Nachbar auf keinen von uns mehr losgegangen. Ich weiß, dass er in Zukunft zumindest an meinen Auftritt in der Bäckerei denkt, wenn er über uns herzieht. Das ist manchmal mehr als Ignoranz oder Gleichgültigkeit. Mehr muss es manchmal gar nicht sein. Und wenigstens hatte ich einen Fuß in der Tür.

Grenzwächter: Was ist (d)eine Distanzzone?

»Jetzt ist meine Grenze aber erreicht!« Jeder kennt diesen Ausspruch. Und dabei geht es nicht nur um die undurchdringliche Thujenhecke, die uns vom Nachbarn trennt. Es geht um innere Grenzen.

Bereits als Kleinkind entwickeln wir ein Gefühl für unsere Distanzzone, und das ganz ohne Zutun von anderen. Eine Freundin erzählte mir kürzlich, dass sie auf einem Stuhl mit Lehnen saß, ihren einjährigen Sohn auf dem Schoß. Seine vierjährige Schwester sei an die beiden herangetreten, habe der Mutter etwas erzählt und sich währenddessen auf der Lehne abgestützt. Lautstark habe der Kleine seinen Protest kundgetan und ihre Ärmchen von der Lehne hinuntergeschoben. Ich finde das faszinierend. Er bringt zwar noch keinen einzigen Satz zustande, aber er hat instinktiv begriffen, dass der Stuhl, seine Mutter und er in diesem Moment eine Einheit bilden – folglich war seine Schwester ein Eindringling. Ein ziemlich komplexer Gedankenvorgang für einen Einjährigen.

Eine Distanzzone ist kein antrainiertes Gefühl, sondern ein natürlich vorhandenes. In verschiedenen Kulturen sind Distanzzonen unterschiedlich groß, so haben Menschen aus Ländern mit hoher Bevölkerungsdichte einen sehr viel kleineren Radius um sich herum, den sie für sich beanspruchen, als Menschen aus spärlich bevölkerten Ländern. Ein Inder und ein Kanadier zum Beispiel.

Aber schauen wir uns erst einmal genauer an, was eine Distanzzone überhaupt ist. Es handelt sich dabei um den definierten Bereich eines Menschen rund um ihn herum, in dem er sich wohl und sicher fühlt. Man unterscheidet vier Distanzzonen: Komfortzone (*Comfort Zone*), gesellschaftliche Distanzzone (*Alert Zone*), persönliche Distanzzone (*Warning Zone*) und die intime Distanzzone (*Critical Zone*).

Die Komfortzone liegt außerhalb des persönlichen Bereichs. Die Gegenwart oder Präsenz einer anderen Person innerhalb dieser Zone löst bei uns nichts aus.

Die gesellschaftliche Distanzzone beträgt einen Abstand bis zu zwei Metern um unseren Körper. Diese Zone kann auch als äußerer Grenzbereich unserer Persönlichkeit wahrgenommen werden. Gerade wenn wir die Menschen um uns herum nicht kennen, sollte der »Sicherheitsabstand« eingehalten werden. Ausnahmen bestätigen jedoch die Regel, denn in öffentlichen Verkehrsmitteln oder Aufzügen akzeptieren wir, dass Fremde von der gesellschaftlichen in die persönliche Distanzzone vorrücken. Deswegen versuchen wir in diesen Situationen, Blickkontakt zu vermeiden. Wir wünschen keine Kontaktaufnahme – denn das empfinden wir, gerade in Aufzügen, als besonders unangenehm. Dringt jemand in unsere *Alert Zone* ein, reagieren wir, oft mit einem kurzen Einfrieren und dem bewussten Wahrnehmen des Eindringlings. Danach setzen wir jedoch das fort, mit

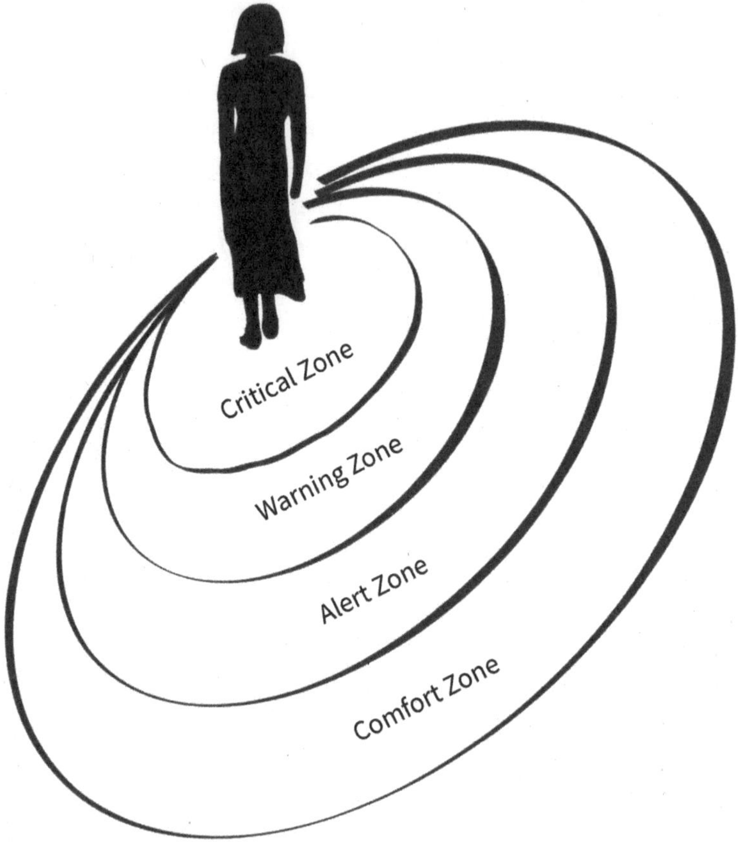

dem wir beschäftigt waren: die Hecke schneiden, Einkäufe in den Wagen räumen, auf einem Kleiderständer nach einer besonders hübschen Bluse suchen. Das Gegenüber nimmt unsere Reaktion oft unbewusst wahr und macht einen Schritt zurück, um die Zone wiederherzustellen.

Die *Warning Zone* hat einen Umkreis von einem Meter rund um die eigene Person. Wenn wir die Arme rechts und links ausstrecken und uns einmal um uns selbst drehen, ist dieser Bereich unsere persönliche Distanzzone. Hier schütteln wir Hände und lassen Gespräche stattfinden, ohne dass wir uns bedroht fühlen. Ganz im Gegenteil, die räumliche

Nähe führt dazu, dass wir uns einander mehr verbunden fühlen. Unwohlsein empfinden wir erst, wenn eine uns fremde Person frontal in unsere persönliche Distanzzone eindringt. Bewusst oder unbewusst setzen wir dann ein Zeichen, indem wir reagieren: mit Zurückweichen, Wegdrehen zur Seite oder einem klaren Stoppsignal an unser Gegenüber.

Die intime Distanzzone beträgt etwa fünfzig Zentimeter rund um uns. In diese Zone lassen wir in der Regel nur Familienmitglieder, Freunde oder vertraute Personen – hier umarmen und küssen wir uns und sorgen für den Austausch von Bazillen. Sobald eine Person, die uns fremd ist oder nicht nahesteht, in unsere intime Distanzzone eindringt, nehmen wir das als Bedrohung wahr – und schalten unbemerkt in den Modus *Fight, Freeze or Flight*, also Angriff, Einfrieren oder Flucht. Diese Reflexe sind nicht kontrollierbar, es sei denn, man trainiert sich absichtlich ein anderes Verhalten an.

Distanzzonen

- werden auch durch die Kultur, in der wir leben, und die Bevölkerungsdichte definiert;
- variieren von Mensch zu Mensch;
- sind oft situations- und stimmungsabhängig;
- fallen uns vor allem dann auf, wenn sie verletzt werden.

Stellen Sie sich folgende Situation einmal vor: Sie stehen an der Supermarktkasse, und der Typ hinter Ihnen atmet in Ihren Nacken. Nicht mal eine Armlänge Abstand hält er zu Ihnen ein. Offensichtlich hat er eine sehr viel geringere persönliche Distanzzone als Sie, denn er dringt, ohne mit der Wimper zu zucken, in Ihre *Critical Zone* ein. Da Sie aber an der Supermarktkasse stehen und an Supermarktkassen nun einmal Leute in geringem Abstand zueinander warten, nehmen Sie die Situation so hin, wie sie ist.

Denken wir das Beispiel einmal weiter. Stellen Sie sich vor, Sie sind auf einen Berg gestiegen. Um Sie herum liegen die Alpen, die Sonne scheint, in der Ferne schreit ein Greifvogel. Ein Mann tritt hinter Sie – genauso nah wie der Typ an der Supermarktkasse. Was empfinden Sie? Vermutlich nichts als Bedrohung.

Grenzgänger: Wie verhalten sich Freund und Feind in der eigenen Komfortzone?

Unter einer Komfortzone versteht man nicht nur einen bestimmten Radius rund um die eigene Person, sondern auch die eigenen Gewohnheiten. Territorial wird damit aber auch der persönliche Verfügungsbereich gemeint. Das können das eigene Haus oder die Wohnung oder der Ort sein, an dem man arbeitet.

Ein guter Freund oder eine nahestehende Person wird unsere Komfortzone stets berücksichtigen. Mir selbst ist das einmal mit einer Freundin passiert. Wir fuhren in der Nacht bei strömendem Regen nach Hause, und ihr war mein Fahrstil zu rasant. Sie bat mich mehrmals darum, langsamer zu fahren, aber ich wollte endlich ankommen und kannte Fahrzeug und Strecke aus dem Effeff. Also begannen wir mit einer schlecht gelaunten, übermüdeten Diskussion, die auch dann nicht endete, als ich den Wagen endlich in unsere Einfahrt steuerte.

Was dann passierte, war unbeschreiblich komisch und rührend zugleich. Meine Freundin stieg aus, aber anstatt nach drinnen zu gehen, blieb sie an der Grundstücksgrenze stehen und marschierte dort heftig mit den Armen wedelnd auf und ab und lamentierte: »Meine Grenze ist hier erreicht!« Währenddessen drang sie nicht auf unser Grundstück vor – meine Komfortzone. Ich fand das so liebenswert und beachtlich, dass ich vor Verwunderung nichts mehr herausbekam. Auch wenn sie sich in meiner Komfortzone gerade nicht wohlfühlte, respektierte sie sie, sogar so weit, dass sie körperlich an die Grundstücksgrenze ging, um dies zu verdeutlichen. Es war so offensichtlich, dass wir beide zu lachen begannen und sich der Streit in Luft auflöste.

Die Szene aus der Bäckerei zeigt im Gegensatz dazu, wie man das Eindringen in die Komfortzone auffasst, wenn man einander nicht freundlich gestimmt ist. Durch den Angriff des Nachbarn fühlten mein Mann und ich uns in unserer Komfortzone bedrängt – denn unser Auto durfte in seinen Augen nicht parken, wo wir es parkten: direkt vor unserem Haus. Sein Angriff auf meinen Mann war ein weiterer Schritt in unsere Komfortzone, zumal sich die Szene direkt vor dem Haus abgespielt hatte. Dieses Eindringen blieb von uns nicht unbemerkt, denn auch, wenn wir den Wagen sonntags umparkten, spürten wir doch, dass die Wände unserer Wohnung Tag für Tag in Richtung Raummitte wanderten.

Dann drehte ich den Spieß um. Ich betrat die Bäckerei – und im nächsten Schritt drang ich in die persönliche Distanzzone des Nachbarn ein. Bewusst und absichtlich verletzte ich die unsichtbaren Grenzen, um meinen Standpunkt zu verdeutlichen und die Einmischung des Nachbarn in meine Komfortzone rückgängig zu machen.

Einer Person, der wir neutral gegenüberstehen, begegnen wir unbewusst mit dem Respekt, nicht in ihre Komfortzone einzudringen, solange wir nicht dazu eingeladen werden. Menschen, die wir nicht kennen, nicht mögen oder die uns ungeheuer sind, begegnen wir mit räumlicher Distanz.

Und hier kommt der Schwertkampf ins Spiel. Denn in

Komfortzonen

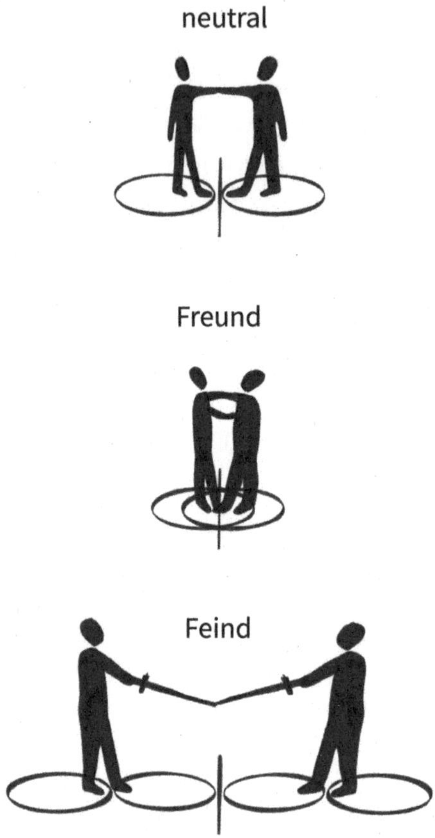

der Vergangenheit, als wir alle nicht mit Smartphones in der Tasche, sondern mit einem Schwert an der Hüfte unterwegs waren, war es überaus wichtig, die Distanz zu wahren. Diese betrug ziemlich genau die Länge zweier aufeinander gerichteter Schwerter, denn es war von großer Bedeutung, in einer Auseinandersetzung den Raum zu haben, seine Waffe zu ziehen.

WER STEHT WO?
In dieser kleinen Wahrnehmungsübung möchte ich Sie bitten, Ihr Umfeld genau zu beobachten. Welche Personen kommen Ihnen wie nahe? Welchen natürlichen Abstand halten sie? Entspricht die räumliche Distanz zwischen Ihnen und der Person dem tatsächlichen Verhältnis, in dem Sie zueinander stehen? Also: Bleibt jemand, den Sie gern mögen, immer ein wenig »zu weit weg« von Ihnen stehen, jedenfalls nach Ihrem Empfinden? Und wann dringt jemand, von dem Sie es nicht wünschen, in Ihre Komfort- oder Distanzzone ein?
Sie können auf diese Art wichtige Erkenntnisse über Ihr Gegenüber erlangen – und erleben vielleicht sogar die eine oder andere Überraschung.

Mein Tanzbereich, dein Tanzbereich: Wie halte ich jemanden auf Abstand?

Wann kommt mir jemand zu nahe? Schlichtweg ab dem Moment, indem ich es empfinde. Frauen neigen häufig dazu, dies abzutun und zu sagen: *Ach, nicht so wild. Ich bin heute mal wieder empfindlich. Der meint das nicht so, und ich will ihn nicht verletzen.* Gerade in Bezug auf Männer erleben wir das häufig. Ein Grund für dieses Verhalten hat mit den gesellschaftlichen Konventionen und alteingeübten Verhaltensmustern zu tun. Leider lassen sich die nicht binnen weniger Momente abschaffen. Sie sind ein Teil unserer Matrix.

Tänzer wissen jedoch: Eine gewisse Distanz zu wahren, verleiht uns Halt und Übersicht. Denken wir an *Dirty Dancing*. Kommen wir uns zu nahe, treten wir uns auf die Füße. Auch brauchen wir eine gewisse Distanz, um eine gesunde Anspannung zu halten – diese ist wichtig, um einander respektvoll zu begegnen. Sind wir uns zu nah, können wir diese Spannung nicht aufrechterhalten, sie bricht in sich zusammen, oder wir zerstören sie, indem wir dem anderen auf den Fuß stapfen. Stehen wir hingegen zu weit voneinander entfernt, können wir keine Verbindung eingehen. Das sieht man immer wieder recht eindrucksvoll in der ersten Tanzstunde.

Dass wir jemanden als zu nahe empfinden, kann schnell passieren. Oft geht es dabei nur um einen einzigen Schritt. Gerade größere Menschen, die ihre Wirkung unterschätzen, tappen oft unbewusst in die Distanzzone eines anderen hinein. Kleine Menschen haben dann oft das Gefühl, als würde der Größere ihren Raum nicht respektieren. Tatsächlich suchen aber auch große Menschen einfach nur Nähe – oder sind sich ihrer Präsenz nicht bewusst, die den Raum schon füllt, bevor der erste Kontakt überhaupt stattgefunden hat.

SCHLANGESTEHEN LEICHT GEMACHT

Bestimmt kennen Sie das: Sie sind irgendwohin geflogen, die Maschine ist sicher gelandet. Kaum hat das Flugzeug die Parkposition erreicht (manchmal sogar schon eher) und sind die Anschnalllichter erloschen, springen fast alle wie von der Tarantel gestochen auf und stürzen sich in den Mittelgang. Spätestens, wenn die Türen des Fliegers aufgehen, geht dann das große Drängeln los. Dabei sieht man selbst, nach wie vor gemütlich auf seinem Fensterplatz sitzend, dass draußen ein Shuttlebus wartet, der alle gemeinsam ins Terminal bringen wird, und zwar erst, wenn das Flugzeug komplett geräumt ist. In unserer Szene verhält es sich nun so, dass Sie irgendwann aufstehen und sich ebenfalls durch den viel zu eng konzipierten Gang nach vorn in Richtung Rolltreppe schieben. Von hinten wird gedrückt, was das Zeug hält. Sie wurden schon mehrfach angerempelt oder im Rücken berührt, was Sie als unangenehm empfinden. Sie fänden es aber auch unhöflich, den anderen gleich in die Schranken zu verweisen. Was also tun?

Möglichkeit 1: Bleiben Sie einfach einen Moment länger stehen, als es notwendig wäre. Wiederholen Sie gegebenenfalls die kurze Zäsur im allgemeinen Drängeln.
Möglichkeit 2: Drehen Sie sich zu der Person hinter Ihnen um und blicken Sie diese einen Moment lang an. Dann drehen Sie sich wieder um und gehen in Ihrem Tempo weiter.
Möglichkeit 3: Gehen Sie unvermittelt einen Schritt nach hinten und verschaffen Sie sich auf diese Art Platz.
Möglichkeit 4: Finden Sie die richtigen Worte! Das kann sein: »Haben Sie es eilig? Soll ich Sie vorbeilassen?« Aber auch: »Wenn Sie bitte ein Stück nach hinten gehen könnten? Ich brauche hier mehr Platz.«

Push & Pull: Wie kann ich die Kraft des Gegners zu meinem Vorteil nutzen?

Wer Fahrrad fährt, tut es automatisch: Bevor er in eine Kurve lenkt, zieht er am Lenkrad leicht in die entgegengesetzte Richtung und legt dann sein Körpergewicht nach. In einer Linkskurve zieht man mikromuskulär rechts am Lenker, in einer Rechtskurve dementsprechend umgekehrt. Normalerweise fällt einem nicht auf, dass man es tut. Beim Motorradfahren ist das schon etwas anderes. Es ist eine Bewegung, die in der Fahrschule bewusst trainiert wird, damit sich die Schüler richtig in die Kurve legen.

Im Kampfsport gibt es Techniken, die nach einem ähnlichen Prinzip funktionieren. Ich habe am eigenen Leib erfahren, wie wirkungsvoll es sein kann, sich die Energie des anderen zu eigen zu machen.

Mein Kampflehrer sagte mir einst: »Katrin, du bist zierlich und klein. Du wirst es von der Kraft her nicht schaffen, einem größeren Menschen etwas entgegenzusetzen. Lass dich deswegen mitreißen, wenn er dich packt.«

Ich rebellierte. »Aber dann überlass ich dem Gegner doch alles!«

»Halt, ich bin noch nicht fertig«, meinte er schmunzelnd. »Mit der Kraft, die er dir gibt, reißt du ihn mit, und zwar so, dass es ihn von den Socken haut. Sei wie eine Steinschleuder! Zieh dagegen, und dann presch nach vorn, wenn der andere seine maximale Zugkraft erreicht hat.«

Zugegeben, am Anfang verstand ich nur Bahnhof. Doch zum Glück servierte mir das Leben bald schon eine Situation, in der ich meine Künste als menschliche Steinschleuder trainieren konnte.

In der Theaterwelt (wie wahrscheinlich überall sonst auch) gibt es diese Begegnungen: Älterer Herr trifft auf junge Kollegin. Mit Vorliebe begegnet man sich auf irgendwelchen Premieren. Die Begrüßung ist der ideale Zeitpunkt, die liebe Kollegin an sich heranzuziehen und ihr eine Umarmung oder sogar einen Kuss auf die Wange angedeihen zu lassen. Fällt in der heutigen Bussi-Bussi-Gesellschaft auch nicht weiter auf, denn jeder tut das.

Besonders ein Kollege hatte es auf »die Jungen« abgesehen. Er liebte es, die weiblichen Ensemblemitglieder innig zu umarmen. Grundsätzlich ist eine gewisse Nähe am Theater durchaus erwünscht, und es gab Kollegen, bei denen mich das nicht störte. Bei ihm hatte ich aber immer das Gefühl, ich *müsste* es tun. Ausgerechnet von ihm wollte ich jedoch nicht abgeschlabbert werden. Zweimal war es mir schon so ergangen, dass ich mich gedrückt und geküsst an seiner Wange wiederfand, ohne überhaupt eine Chance gehabt zu haben, in den Widerstand zu gehen. Der Alte war ein Fuchs und gewieft in seinem Vorgehen. Außerdem blitzschnell.

Eigentlich hätte ich mich in diesen zwei Situationen am liebsten lautstark aus der Umarmung gewunden und ihn gefragt, was ihm einfalle. Ich wollte ihn jedoch nicht verletzen, auch dachte ich, es wäre vielleicht unhöflich von mir, mich so anzustellen. Schließlich war es »nur« eine Umarmung.

Als ich eine Kollegin fragte, wie sie mit der Sache umgehe, antwortete sie: »Ich schlucke das runter, es ist ja zum Glück immer schnell vorbei.«

Also dachte ich: *Gut, dann mache ich das jetzt einfach nach dem Prinzip ›Augen zu und durch‹.*

Nur blöderweise kam mir sein Aftershave dazwischen. Denn den ganzen Abend trug ich den Geruch des älteren Kollegen an mir herum. Diese Duftmarke wies mich über Stunden freundlich-subtil darauf hin, dass ich mal wieder meine Eigenverantwortung in die Tonne getreten hatte.

Ich nahm mir vor, ihn mir beim nächsten Mal vorzuknöpfen. Und vielleicht, so sagte ich mir, wusste er es auch nicht besser. Eigentlich gemein von mir, es ihm dann nicht zu sagen. Oder?

Zwei Monate später bekam ich meine Chance. Ich nutzte die Gelegenheit, als er am Buffet stand, und druckste herum: »Du, Gunther, ganz ehrlich, ich bin nicht so der Bussi-Bussi-Typ. Es wäre schön, wenn wir die Umarmung bei der Begrüßung weglassen könnten. Ich mag dich, aber du stehst mir nicht so nah, und es wäre mir lieb, wenn wir uns anders begrüßen.«

Mit dem Teller in der Hand blickte er mich an. »Klar, wenn dir das lieber ist.«

Wunderbar, dachte ich erleichtert. *Warum hast du es nicht früher angesprochen? War ja gar kein Problem.*

Einen Premierenabend später: Gunther kam mit großen Schritten auf mich zu, ergriff meine Hand. Ich erwiderte den Händedruck zögerlich und versuchte, den Älteren auf Abstand zu halten, denn ganz trauen wollte ich dem Frieden nicht. Er schüttelte höflich meine Hand, ich entspannte mich, wollte gerade loslassen, und während ich noch dachte: *Super, er hat es kapiert!*, flog ich in einem großen Bogen auf ihn zu. Ich versuchte noch mit aller Gewalt, meine Hand zurück in meine Richtung zu ziehen, hatte ich ihm förmlich den Haken hingehalten, an dem er jetzt zappelte. Jeglicher Widerstand war jedoch zwecklos, und – *zack!* – landete ich wieder an seiner Wange.

Ich war stinksauer. Von wegen »freundlicher älterer Herr« – der *wollte* nicht kapieren, dass ich diese Zutraulichkeiten nicht mochte! Ich hatte mich meiner Ansicht nach klar positioniert. Man spürt, wenn der andere in die entgegengesetzte Richtung zieht. Außerdem hatte ich es ihm gesagt.

Ich versuchte, den Abend zu genießen, ging dem Kollegen aus dem Weg und verließ irgendwann die Party, ohne irgendjemandem auf Wiedersehen zu sagen, damit ich nicht wieder Gefahr lief, irgendwo zu landen, wo ich nicht hinwollte.

Auf dem Weg nach Hause grübelte ich. Da fiel mir wieder ein, was mein Kampflehrer gesagt hatte. Wie blöd ich doch war! Ich wusste, wie man eine solche Situation im Kampfsport löst.

Auf der nächsten Feier stand Gunther da, blickte rüber und lächelte. In meinem Kopf wiederholte ich mein Mantra: *Maximiere deine Zugkraft, sei eine Steinschleuder!* Ich ging auf ihn zu. Wie nicht anders zu erwarten, ergriff er meine Hand und begann, mich in seine Richtung zu ziehen. Ich hielt anfänglich dagegen, dann nutzte ich seine Energie, um mich an seiner linken Schulter vorbeizuschnellen und ihm, während er an mir vorbeiflog, kräftig auf die Schulter zu klopfen.

»Servus, Gunther!«, rief ich ihm zu, als er verdattert einen Meter hinter mir zum Stehen kam.

Ich blickte ihm tief in die Augen und dachte: *Mach das nie wieder mit mir!*

Was zeigt diese kleine Anekdote? Zunächst einmal etwas Grundsätzliches. Oft stellen wir unsere eigenen Grenzen infrage beziehungsweise fragen uns, ob es in Ordnung ist, sie zu ziehen. Und ja, das ist es! Es gibt Menschen, die benötigen einen größeren Radius um sich herum, um sich wohlzufühlen, und andere, die das nicht brauchen. Auf beide sollte Rücksicht genommen werden.

Aus meinen Seminaren weiß ich, dass Frauen dazu neigen, den Fehler bei sich zu suchen. Auch ich tappte in diese Falle. Denn ich dachte: *Es liegt wohl an mir, wenn Gunther es immer wieder versucht.* Und als er meiner Bitte nicht entsprach, suchte ich den Fehler wieder bei mir.

Absoluter Blödsinn - manche wollen es einfach nicht begreifen oder brauchen die Botschaft mit dem Vorschlaghammer. Anscheinend ist es immer noch nicht selbstverständlich, respektvolle Verhaltensweisen gegenüber Frauen an den Tag zu legen. Dass wir längst noch nicht bei einem gleichberechtigten Umgang miteinander angekommen sind, zeigt auch die ganze Debatte um #metoo. Schade, dass es so ist - aber dann hilft eben nichts anderes.

45 Grad, und es wird noch heißer: Wo muss ich stehen, um gar nicht zu kämpfen? Positionierung am richtigen Ort

Bei einer meiner ersten Kampfchoreografien arbeitete ich mit einer Regisseurin zusammen, die äußerst bestimmend war. Sie erteilte mir eine wichtige Lektion, wofür ich ihr heute noch dankbar bin.

Wir hatten einen relativ straffen Probenplan, da wir die Bühne nur sehr eingeschränkt nutzen konnten. In dem Klassiker, der inszeniert wurde, gab es einige Kampfsequenzen, darunter Massenkampfszenen und Einzelkämpfe, die eines hohen Probenaufwands bedurften. Grundsätzlich war der Plan, wann wer mit wem auf der Bühne zugange war, ausgeklügelt. Ich kam gerade aus England von meiner Ausbildung. Auf der Insel leben die pünktlichsten Menschen der Welt – bei den Proben kam nie auch nur ein Schauspieler zu spät. Auch passierte es nicht, dass irgendein Akteur mit einem Coffee-to-go-Becher in den Probensaal schlurfte, erst einmal umständlich Mantel und Schal ablegte und »ankam«. Wenn eine Probe auf zehn Uhr angesetzt war, ging es um Punkt zehn Uhr los – und endete pünktlich.

Nun war ich bei einer Produktion in Deutschland engagiert worden und wunderte mich. Denn die Schauspieler kamen entweder nicht zu den passenden Zeiten, also eigentlich immer mit Verspätung, oder aber die Probebühne war noch besetzt, und zwar meistens von der Regisseurin höchstpersönlich.

Die ersten ein, zwei Male dachte ich mir nicht viel dabei. Als sich das Verhalten nach einigen Tagen jedoch nicht änderte, fasste ich den Plan, die Regisseurin in einem ruhigen Moment zur Seite zu nehmen und ihr zu sagen, dass ich gern pünktlich anfangen wolle. Sie entschuldigte sich bei mir und versprach, zeitiger die Proben zu beenden. Doch es blieb eine leere Versprechung, die mir zusehends auf die Nerven ging.

Was konnte ich tun? Hierarchisch stand ich als Choreografin unter der Regisseurin. Ich war noch dazu sehr jung und scheute mich, selbstsicher und stark aufzutreten. Als weibliche Kampfchoreografin hatte ich darüber hinaus den Eindruck, mich unter Beweis stellen zu müssen. Außerdem entsprach es noch nie meinem Naturell, lauter als die anderen »Hier!« zu rufen, bin ich doch von meinem Wesen her eher der beobachtende Typ und manchmal sogar schüchtern. Ich wartete ab, was als Nächstes passierte – denn dass etwas passieren würde, war absolut klar.

Eines Tages sagte die Regisseurin zu mir: »In der Entwicklung der Szenen müsstest du schon viel weiter sein!«

Ich erwiderte: »Du hast recht. Aber mir hat die Zeit in den Proben gefehlt, auch weil du mir immer mal wieder ein paar Minuten bis eine halbe Stunde abgezwackt hast.«

»Wieso hast du denn nichts gesagt?«

»Aber das habe ich doch.«

Sie seufzte genervt. »Ich werde versuchen, morgen die Probenzeit einzuhalten. Wenn mir das aber nicht gelingt, musst du dir die Zeit nehmen.«

Ich war ein wenig eingeschnappt. Sie spielte den Ball einfach zu mir zurück. Tief in meinem Inneren wusste ich: Es ist meine Aufgabe, mir mehr Platz zu verschaffen. Dennoch traf mich ihre Äußerung, da ich mich von ihr nicht ernstgenommen fühlte.

Am folgenden Tag war es dann mal wieder so weit. Es ging auf vier Uhr nachmittags zu, und ich beobachtete die laufende Probe von der Seitenbühne aus. Die Regisseurin war bei der zweiten Szene von vieren, die sie heute proben wollte. Meine Probenzeit rückte näher. Die Schauspieler, die ich für die Szene brauchte, waren schon da. Aber die Regisseurin machte keine Anstalten, ihre Probe abzubrechen.

Sollte ich einfach auf die Bühne gehen und sagen: »So, Leute, das war's, jetzt sind wir dran!«? Es ist ein ungeschriebenes Gesetz, dass man eine laufende Szene nicht unterbricht.

Also wartete ich. Drei Minuten nach vier unterbrach die Regisseurin die Szene, lief in Richtung Bühne und begann, mit einem der Schauspieler zu sprechen.

Okay, das war meine Chance. Jetzt oder nie. Mein Adrenalinspiegel stieg. Ich wusste, wenn ich jetzt auf die Bühne ging, noch dazu meine Schauspieler im Schlepptau, konnte es sein, dass ich richtig Ärger bekam. Doch es half nichts. Ich hatte ebenfalls Verantwortung für meine Szenen. In

England hatte ich gelernt, nach Stechuhr zu arbeiten. Und jetzt war ich dran.

Zu den Kollegen sagte ich betont ruhig: »Super Timing, legen wir los!«

Dann setzte ich einen Fuß vor den anderen und lief auf die Bühne, hinein in das Reich der Regisseurin. Mir folgten zwei meiner Schauspieler. Diese positionierte ich in der Bühnenmitte und stellte mich dann in einiger Entfernung neben sie.

Was war meine nonverbale Botschaft? Einerseits hatte ich die Schauspieler nicht vor mir hergetrieben, sondern war vorneweg gelaufen. Ich sollte und musste zuerst sichtbar sein, denn ich war der Anführer dieser kleinen Meuterei.

Andererseits ließ ich sie mitten auf fremdem Territorium Stellung beziehen – wie Fußsoldaten, die der Front entgegenrücken. Durch meine Position am Rand gab ich ihnen Rückendeckung.

Mein strategisches Vorgehen erfüllte zwei Aufgaben: Erstens hatte ich das Gefühl, endlich die Kontrolle zu haben. Zweitens war es für die Regisseurin verdammt schwierig, gleich drei Leute wieder von der Bühne zu schicken.

Wie ging es jetzt weiter? Die Regisseurin war immer noch im Gespräch mit ihrem Schauspieler. Sollte ich warten, bis sie damit fertig war? Nein.

Ich drehte mich ein wenig zur Seite, wandte ihr jedoch weiterhin den Rücken zu und erklärte meinen Schauspielern laut, was wir heute machen würden. Als das Gespräch am Bühnenrand verstummte, schaute ich die Regisseurin an, nickte ihr freundlich zu und grüßte.

Natürlich erwartete ich, dass sie zu toben anfing. Es passierte jedoch nichts dergleichen. Sie nickte mir stattdessen ebenfalls zu, winkte ihre Leute von der Bühne und sagte: »Probenwechsel, wir machen morgen an der Stelle weiter.«

Sie war fair. Das läuft nicht immer so. Dieses Mal war es gut gegangen, und ich fühlte mich innerlich schon ein wenig erwachsener und gewappneter.

Konfrontationen, wir haben es bereits am Anfang des Kapitels angesprochen, sind oft unangenehm. Vor allem dann, wenn man voreinander steht, gefühlt »nackt« und der anderen Person schutzlos ausgeliefert. Aber das muss nicht sein, denn durch die richtige Positionierung im Raum können wir einen enormen Effekt ausüben – ohne dass wir auch nur ein einziges Wort verlieren.

Es ist nicht schlimm, wenn uns erst einmal die Worte fehlen, denn unser Körper kann reagieren und sich bewegen, auch wenn eine verbale Reaktion vor lauter Stress noch nicht möglich ist. In der Zeichnung sehen Sie eine Person, die den Blick nach vorn richtet. Ohne dass sie den Kopf verdrehen muss, nimmt sie ganz entspannt 45 Grad rechts und links von ihr wahr, aber auch Personen, die im 90-Grad-Winkel neben ihr stehen, würde sie bemerken.

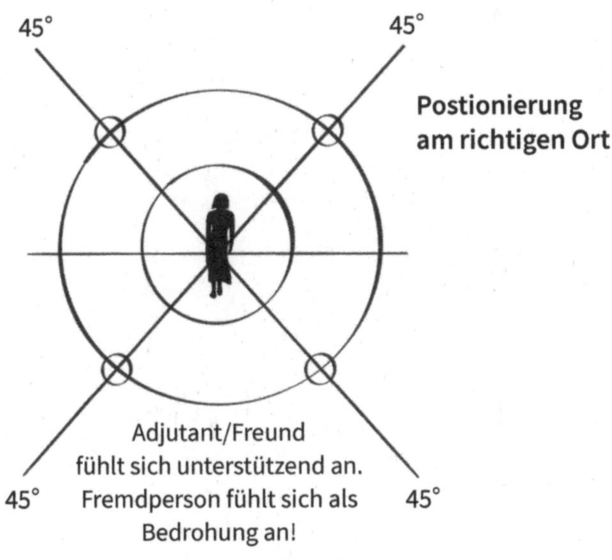

Alles, was sich hinter ihrem Rücken abspielt, wird sie jedoch als Bedrohung wahrnehmen. Wer sich von hinten in den unsichtbaren Bereich »anschleicht«, hat oft nichts Gutes im Sinn – es sei denn, es ist ein Freund, der sich unterstützend hinter uns stellt, also hinter uns steht.

Die Wirkungen der Positionen können wir uns zunutze machen. Stellen wir uns folgende Situation vor: Ihre Kollegin tritt in Ihr Büro und fängt an, sich über etwas zu beschweren, das Sie angeblich getan oder nicht getan haben. Sie steht vor Ihnen und lässt ihrer Wut freien Lauf. Sie fühlen sich vor den Kopf gestoßen. Außerdem können Sie auf die Schnelle nicht so reagieren, wie Sie es sich wünschen. Nämlich schlagfertig, besonnen, nachsichtig oder was auch immer Sie sich in den stillen Stunden zu Hause vornehmen, dann aber doch nie umsetzen.

Sie haben verschiedene Möglichkeiten, wie Sie sich rund um die meckernde Kollegin positionieren.

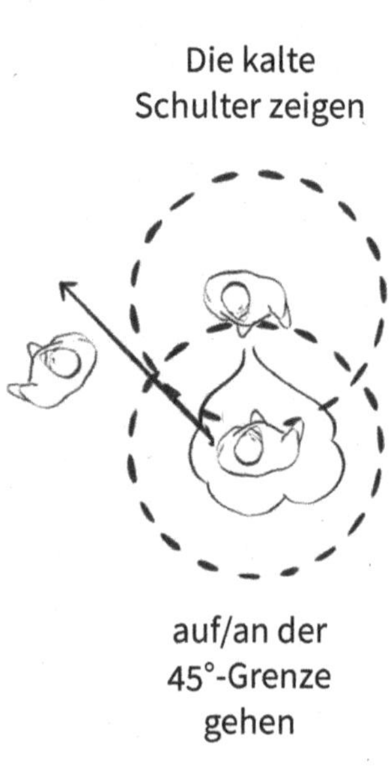

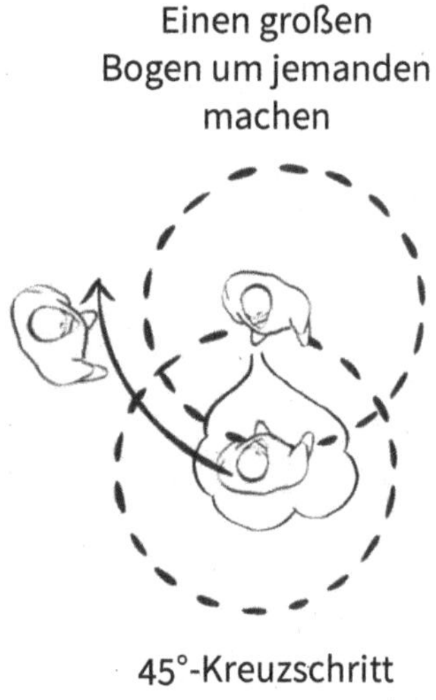

Möglichkeit 1: Sie treten aus der frontalen Konfrontation heraus und verändern Ihre Position um 45 Grad auf gerader Linie an ihr vorbei. Damit signalisieren Sie deutlich, dass Sie sich Ihrer Kollegin noch zuwenden, aber nicht so mit sich reden lassen. Sie zeigen ihr wortwörtlich die kalte Schulter. Wenn Sie noch einen Schritt weitergehen, muss sich Ihr Gegenüber mitdrehen, wenn sie sich mit Ihnen weiter »unterhalten« will.
Möglichkeit 2: Sie machen einen großen Bogen um Ihre Kollegin und stellen sich seitlich neben sie. Ihr Körper bleibt ihr zugewandt – und Sie beobachten, was sie als Nächstes tut. So können Sie, gerade höhergestellten Personen gegenüber, übrigens auch Respekt signalisieren. Gehen Sie seitlich an der Person vorbei und betrachten Sie sie im Profil. Wie auch bei Möglichkeit 1 muss sich Ihr Gegenüber in Ihre Richtung drehen, wenn es weiterhin mit Ihnen kommunizieren möchte.

Den Angriff ins Leere laufen lassen

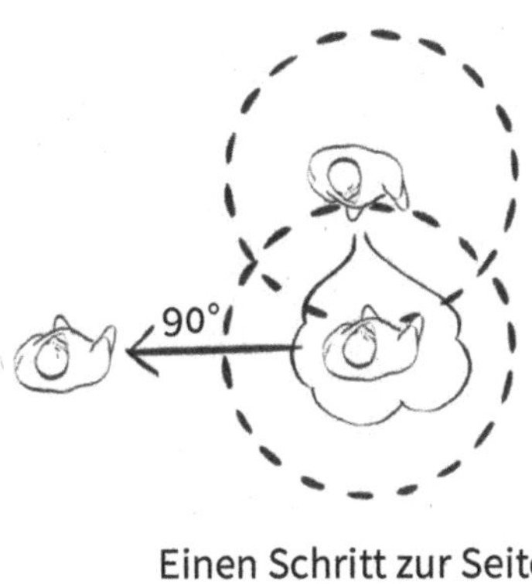

Einen Schritt zur Seite, den Angriff ins Leere laufen lassen

Ausweichen ohne zurückzuweichen

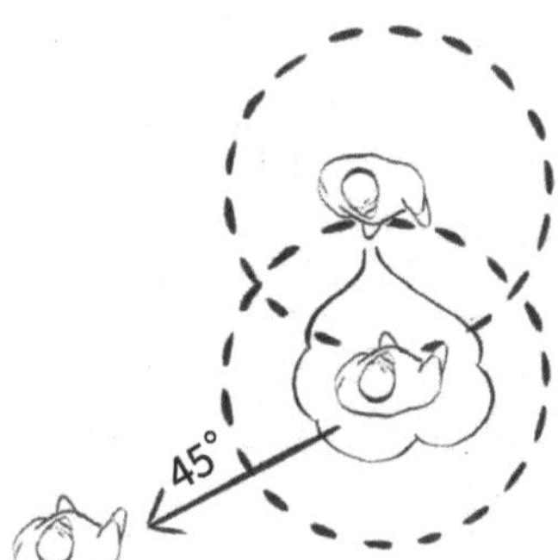

45°-Kreuzschritt

Möglichkeit 3: Lassen Sie den Angriff ins Leere laufen. Dafür müssen Sie nichts weiter tun, als einen großen Schritt nach rechts oder links zu machen, ohne Ihre Kollegin aus den Augen zu lassen.
Möglichkeit 4: Auch ist es möglich, der Konfrontation auszuweichen, ohne zurückzuweichen. Hierfür bewegen Sie sich 45 Grad nach hinten rechts oder links, wobei Sie sich Ihrer Kollegin immer noch frontal zuwenden.
Möglichkeit 5: Wenn Ihre Kollegin deutlich größer ist als Sie, können Sie auch versuchen, »unter ihrer Achsel durchzutauchen«. Machen Sie dafür zwei Schritte mehr auf die Kollegin zu, als Sie es normalerweise tun würden, und treten Sie ihr ein wenig »zu nahe«.

Wichtig bei allen fünf Möglichkeiten ist, immer in den offenen Raum zu agieren und sich alle Fluchtwege freizuhalten. Manchmal suchen wir Schutz in der Nähe von Gegenständen, aber im Ernst: Hat Ihnen ein Gummibaum jemals in einer solchen Situation geholfen?

Oft nutzen wir nicht die Fläche, die uns zur Verfügung steht, sondern bleiben wie eine Salzsäule an Ort und Stelle stehen. Damit sperren wir uns selbst ein, was eine automatische Nachricht an unser Unterbewusstsein sendet: *Du kannst hier nicht raus. Du steckst in der Falle!* Wissen Sie, was Tiere tun, die in der Falle stecken? Richtig, sie fangen entweder an zu bellen/fauchen/kreischen, zu beißen oder stellen sich tot. Überlegen Sie mal, wie Ihre Kollegin reagiert, wenn Sie einen ebenso unfreundlichen Ton anschlagen. Oder anfangen, ihre Verfehlungen aufzuzählen. Oder wenn Sie so tun, als wären Sie gar nicht mehr da. Denken Sie, der Konflikt wird sich lösen? Vermutlich nicht. Indem Sie selbst in die Verantwortung gehen und sich aus der räumlichen Situation lösen, sind Sie in der Lage, andere Handlungsoptionen zu eröffnen. Darüber hinaus wird Ihre Kollegin nicht damit rechnen. Zumindest wird Ihr Verhalten sie kurzfristig irritieren und Ihnen die Chance geben, etwas zu der Sache zu sagen oder ihr den Wind aus den Segeln nehmen.

Die 45-Grad-Regel gilt für fast jede Situation im zwischenmenschlichen Miteinander. Oft fühlt es sich einfach nicht richtig an, direkt voreinander zu stehen. Das passt beim Standesamt und am Postschalter, kann aber in der falschen Situation bedrohlich wirken. Stellen Sie sich vor, man stünde gemeinsam, zu zweit, vor einem anderen und stellte ihm Fragen. Kommen Ihnen da nicht auch Vertreter gewisser Religionen in den Sinn, die es in regelmäßigen Abständen an der Haustür versuchen?

Wie anders wirkt die Situation, wenn sich zwei Personen gegenüberstehen, der Dritte im Bunde aber leicht versetzt, etwa 45 Grad dahinter. So ist er für alle Beteiligten sicht- und spürbar, nimmt aber keinen Raum ein – dennoch ist er da, nicht wegzudiskutieren oder gar zu ignorieren.

Auf der Bühne stellen Regisseure mit diesem Kniff gern subtil-bedrohliche Situationen dar. Eigentlich hat Person A (allein gekommen, leider) keine Chance gegen Personen B und C. Die treten oft im Doppelpack auf, aber nicht wie die Schulze-Zwillinge aus den Tim-und-Struppi-Comics, sondern eher wie Doktor Faustus und sein im Hintergrund die Strippen ziehender Freund Mephisto.

Apropos Schulze-Zwillinge: Wie oft stellen Sie sich, wenn Sie von der Idee einer Person überzeugt sind, tatsächlich an deren Seite oder setzen sich im Meeting neben sie? Wann beziehen Sie Stellung? Oder nehmen in einer Auseinandersetzung körperlich den Blickwinkel des anderen ein, wenn er sagt: »Du verstehst mich nicht!«? Bewegen Sie sich vom Fleck! Das Schlimmste, was Ihnen widerfahren kann, ist, dass Sie eine neue Perspektive einnehmen.

DARF ICH BITTEN? WORTLOSE KONFRONTATIONEN UND HALTUNGSWECHSEL IM BÜROALLTAG

In der folgenden Übung geht es darum, Distanzen zwischen Freund, Feind und neutralen Personen zu erkennen und sich richtig zu positionieren.

Stellen Sie sich vor, Sie sitzen an Ihrem Arbeitsplatz.

1. Ein Kollege aus der Nachbarabteilung kommt herein und will einen kleinen Schwatz mit Ihnen halten. Sie mögen ihn gern und fühlen sich nach einer Weile komisch, weil Sie immer noch sitzen, er aber im Türrahmen lehnt. Was würden Sie intuitiv am liebsten tun? Richtig, ihm a) einen Sitzplatz anbieten oder, wenn es selbigen nicht gibt, ihn b) fragen, ob er Sie zum Kaffeeautomaten begleitet. Und warum? Sie befinden sich dann auf einer Höhe – körperlich, aber auch territorial. Sie laufen nebeneinander zur Kaffeeküche oder sitzen sich auf Augenhöhe gegenüber. Das schafft Nähe und Vertrauen, und der Kaffee schmeckt auch besser.
2. Ihre Vorgesetzte kommt in Ihr Büro und fängt sofort an, Sie zusammenzustauchen. Sie haben folgende Möglichkeiten:
   a) Sie bleiben sitzen und lassen die Wut der Vorgesetzten über sich abregnen.
   b) Sie bleiben sitzen, rollen jedoch den Schreibtischstuhl ein wenig zurück.
   c) Sie stehen auf und stellen sich hinter Ihren Schreibtischstuhl.
   d) Sie stehen auf und stellen sich neben Ihren Schreibtisch.
   e) Sie stehen auf und öffnen ein Fenster. Dann bleiben Sie im 45-Grad-Winkel im Rücken zu Ihrer Chefin stehen. Sie bringen sie dazu, sich zu Ihnen herumzudrehen, wenn sie weiter mit Ihnen sprechen will.

3. Sie haben ein Problem mit Ihrem Rechner. Der komische Typ aus der IT kommt vorbei und tritt hinter Ihren Schreibtisch. Sehr nah steht er hinter Ihrem Schreibtischstuhl, vielleicht legt er sogar die Hand auf die Lehne und beugt sich seitlich an Ihnen vorbei in Richtung Monitor, um Ihnen irgendwas zu erklären. Sie können sich aber gar nicht konzentrieren, denn der Mann kommt Ihnen viel zu nahe. Und das *wollen* Sie nicht.

Sie haben folgende Möglichkeiten:

a) Sie fragen ihn, ob er einen Stuhl möchte (was er vermutlich ablehnen wird).

b) Sie bitten ihn darum, ein Stück zurückzugehen (was er vermutlich nicht tun wird).

c) Sie rücken mit dem Stuhl ein Stück nach hinten (was ihn vermutlich irritieren wird).

d) Sie stehen auf und bieten ihm Ihren Sitzplatz an oder holen ihm kommentarlos einen Stuhl. *In diesem Fall unbedingt im 45-Grad-Winkel hinter ihm stehen oder sitzen bleiben, sodass er Sie spüren, aber nicht sehen kann!*

e) Für Profis: Sie bleiben sitzen, drehen sich um und wischen mit dem Unterarm die Stuhllehne ab.

Kapitel 3

Die Kraft der eigenen Haltung oder *Flight, Freeze, Fight*

In den ersten beiden Kapiteln haben wir gelernt, was richtiges Standing ist, wie wir es erwerben und einsetzen und wie wir den Raum zu unseren Gunsten nutzen. Mir ist bewusst, dass nicht jede Leserin gleich bei der nächsten unangenehmen Situation den Zirkel herausholt und 45 Grad abmisst, um in neun Zentimeter hohen High Heels Stellung zu beziehen. Obwohl ich mich beruflich sehr viel mit dem richtigen Stand beschäftige, gelingt es auch mir nicht immer, mich in jeder Situation so zu verhalten, wie ich es eigentlich möchte. Denn selbst wenn wir glauben, eine Theorie verinnerlicht zu haben: In dem Moment, in dem wir überraschend in einen Konflikt hineingezogen werden, handeln wir oft unüberlegt – und manchmal auch wenig souverän. Mit der richtigen Antwort auf eine Provokation verhält es sich nämlich wie mit der verbalen Schlagfertigkeit: Die besten Reaktionen fallen uns fast immer erst hinterher ein.

Das Problem ist grundsätzlicher Natur. Frauen lernen von Kindesbeinen an, sich zurückzunehmen. Viel zu oft haben wir gehört: »Warum stellst du dich denn so an?« oder: »Sei nicht so eine Zicke!« oder: »Na, die hat aber Haare auf den Zähnen!« Dabei sind es doch gerade die »Anstellerinnen«, Zicken und Zahnbehaarten, von denen wir uns eine Scheibe abschneiden können. Immerhin haben sie uns eines voraus: Sie wissen, wie sie Haltung bewahren und für sich selbst einstehen, auch wenn das bedeutet, dass sie für den jährlichen Everybody's-Darling-Award leider nicht nominiert werden.

Warum fällt es uns so schwer, für uns einzustehen? Der Grund dafür findet sich, wie so vieles, in der Steinzeit. Auch wenn wir uns gern als selbstbestimmte Frauen sehen, hat unser Hirn doch zuweilen arge Schwierigkeiten, mit dem Tempo der Moderne Schritt zu halten. Immerhin hatte es mehrere hunderttausend Jahre Zeit, um sich auf die Bedürfnisse der Steinzeit einzurichten – und nur wenige hundert, wenn nicht sogar noch weniger, um in der Ära der Frauenquote anzukommen.

Als wir Menschen noch in Höhlen lebten, war soziale Anpassungsfähigkeit unsere Lebensversicherung. Vor allem für Frauen. Männer pflanzen sich seit jeher fort, indem sie ihren Samen binnen eines Sekundenbruchteils in eine weibliche Fruchthöhle schießen. Und damit ist die Sache dann erst einmal erledigt.

Frauen indes sind dank ihrer Gebärmutter und zweier Brüste, die Nahrung geben, evolutionsbiologisch dazu auserkoren, sich um das Wohl der Nachkommen zu kümmern. Eine schöne Sache in Zeiten von gesetzlichem Mutterschutz, Halbtagsstellen und Witwenrente – aber ein Problem, wenn man hunderttausend Jahre vor unserer Zeitrechnung lebte. Denn da die Frau ihre Kinder nicht einfach in der Höhle lassen und raus zum Jagen oder Sammeln gehen konnte, war sie auf den Stamm, in dem sie lebte, angewiesen: Sie musste von den anderen mitversorgt werden und in so ziemlich jeder Lebenslage Hilfe in Anspruch nehmen. Ganz überspitzt gesagt ist das der Grund, warum viele Frauen bis heute nicht gern anecken. Die steinzeitliche Angst, aus der Gruppe ausgeschlossen zu werden und damit in den sicheren Tod zu gehen, sorgt selbst in Zeiten von virtuellen Nachbarschaften, Kindertagesstätten und Lebensmittellieferdiensten für

Unbehagen. Wir *wollen* gemocht werden – denn das sichert unser Überleben. Zumindest glaubt das unser Reptiliengehirn, der Teil unserer kleinen grauen Zellen, der unsere Instinkte steuert.

Natürlich gibt es auch zahlreiche Männer, die es sehr wohl schert, was andere über sie denken. Es ist jedoch erstaunlich, wie leicht es selbst kleinen Jungen im Vergleich zu gleichaltrigen Mädchen fällt, ihre Meinung in die Welt hinauszuposaunen, manchmal ohne Rücksicht auf Verluste. Wenn ein Mann merkt, dass ein anderer ihn nicht gut riechen kann, trägt er es mit Fassung. Wir Frauen neigen dazu, uns den Kopf zu zerbrechen, wenn wir nicht gut ankommen.

Die amerikanische Burlesque-Künstlerin Dita von Teese hat dazu Folgendes gesagt: »Du kannst der reifste, saftigste Pfirsich auf der ganzen Welt sein, und trotzdem wird es immer jemanden geben, der Pfirsiche hasst.« Nehmen wir in Kauf, dass nicht alle auf uns stehen. Es kann nicht jeder Pfirsiche mögen.

Erziehungssache: Wieso halten wir gern die linke Wange hin, wenn die rechte schon schmerzt?

»Jetzt hab dich nicht so!«
»Das hat er sicher nicht so gemeint.«
»Dass du auch immer gleich alles persönlich nimmst.«

Von klein auf werden wir dazu erzogen, unseren empfundenen Schmerz nicht ernst zu nehmen. Das ist nicht nur ein Problem im Elternhaus, manchmal da sogar noch am wenigsten, es ist vor allem ein gesellschaftliches Problem. Seelischer wie körperlicher Schmerz ist unser natürlicher Kompass – gerade als Kinder, die wir uns noch unverblümt verhalten. Als kleine Menschen schreien wir »Aua!«, wenn es wehtut.

Wenn uns dann andere vorschreiben, wie wir zu fühlen haben, oder uns dafür schimpfen, dass wir Schmerz empfinden, belegen wir unsere Äußerung von Schmerz negativ. Wir denken vielleicht sogar, dass etwas Heroisches darin liegt, wenn wir ihn schweigend ertragen. Irgendwann spüren wir den Schmerz dann nicht mehr. Unsere Kompassnadel ist abgebrochen. Oder sie schlägt wild in alle Richtungen aus.

Die Folge: Wir wissen nicht mehr, wo unsere Schmerzgrenzen liegen. Wir leben Hunderte von Kilometern weit von den anderen weg, aber ihre Stimmen klingen uns immer noch im Ohr: »Sei nicht so empfindlich! Hab dich doch nicht so.« Wir sind zwar groß geworden, aber nicht erwachsen. Wir haben unsere Stimme durch ihre ersetzt.

Was bedeutet »erwachsen«? Dass man einer Sache entwächst, sie verändert, gedanklich hinterfragt, sie annimmt, wenn es sinnvoll ist, und sie über Bord wirft, wenn unser Schiff ihretwegen leckschlägt. Leider bringt uns das niemand bei. Wir lernen den Dreisatz, Rechtschreibung und den Zitronensäurezyklus, aber was wir nicht lernen, ist: Was sagt unsere Seele? Was ist richtig für uns, was nicht?

Oft verbringen wir ein Leben damit, unsere Grenzen von dem für uns eroberten Land zu schützen – ein Land, das nicht einmal unser eigenes, gewähltes ist. Wir sitzen in Büros, obwohl wir Feuerwehrfrauen werden wollten, oder landen vor dem Altar, obwohl wir uns vorgenommen hatten, immer frei zu bleiben. Warum schreibe ich das? Weil ich mir wünsche, dass auch Sie die Dinge, die Sie gelernt haben, hinterfragen und anfangen, für sich selbst einzustehen. Das ist der erste Schritt in Richtung Eigenverantwortung.

SCHMERZPUNKTE LOKALISIEREN

Wie lernen wir, uns um uns selbst zu kümmern? Für unseren Traumjob zu kämpfen? Uns bestimmte Wünsche zu erfüllen? Denn da sind oft die Stimmen im Kopf, die sagen: »Sei nicht so egoistisch! Das schaffst du eh nicht.« Oder: »Was nimmst du dir überhaupt heraus?« (Ja, wer nimmt es uns denn ansonsten heraus, wenn nicht wir?)
Analysieren Sie die Stimmen in Ihrem Kopf und entkräften Sie Klassiker der Glaubenssätze aus Ihrem Umfeld!

Satz 1: »Sei nicht so empfindlich!«

Worum geht es in dem Satz? Um die Empfindsamkeit, die oft mit der Empfindlichkeit verwechselt wird. In der Luftfahrt wird eine Menge Geld für möglichst empfindsame Geräte ausgegeben – Empfindsamkeit ist deswegen nichts anderes als ein Frühwarnsystem, das Bedrohungen ankündigt und Störungen des Normalzustands registriert.
Wann sagen andere so etwas? Wenn sie wollen, dass Sie in deren Rahmen reagieren – und nicht in Ihrem eigenen.
Wie gehe ich damit um? Fragen Sie sich: Sind Sie wirklich empfindlich oder vielleicht empfindsam?
Mögliche Reaktionen:

- »Wie würde ich dir denn besser in den Kram passen?«
- »Besser empfindlich als kalt und abgebrüht.«
- (Eigener Vorschlag)

Satz 2: »Das hat er/sie sicher nicht so gemeint.«

Worum geht es in dem Satz? Um die Meinung eines Dritten, der mit der Sache eigentlich gar nichts zu tun hat. Manchmal mischen sich Dritte in eine Angelegenheit von zwei anderen ein. Das kann hilfreich sein, es kann den Konflikt aber auch erst zur Eskalation bringen. Für Sie ist es wichtig zu erkennen, dass es sich um eine Interpretation einer Person handelt, deren Meinung gar nicht gefragt ist.

Wann sagen andere so etwas? Wenn sie wollen, dass Sie die Harmonie wiederherstellen – um ihretwillen.
Wie gehe ich damit um? Fragen Sie sich: Ist meine Sicht der Dinge die einzig richtige, oder gibt es auch eine andere?
Mögliche Reaktionen:

- »Warum sagst du das?«
- »Woher willst du das wissen? Hast du ihn/sie gefragt, wie er/sie es gemeint hat?«
- (Eigener Vorschlag)

Satz 3: »Jetzt stell dich nicht so an!«
Worum geht es in dem Satz? Um Ihr Anstellen oder Ihre Weigerung, bei einer Sache mitzumachen, die Sie eigentlich nicht wollen. Ihre innere Stimme hat sich jedoch schon zu Wort gemeldet und Sie dazu gebracht, Ihren Widerstand zu äußern. Das passt nicht jedem. Aber Sie sind Ihr eigener Boss – und nur Sie entscheiden, was Sie tun und was nicht.
Wann sagen andere so etwas? Wenn sie wollen, dass Sie tun, was sie wollen – und nicht, was Sie selbst sich wünschen.
Wie gehe ich damit um? Fragen Sie sich: Aus welchem Grund will mein Gegenüber, dass ich mich weniger anstelle?
Mögliche Reaktionen:

- »Warum willst du, dass ich mich weniger ›habe‹?«
- »Besser, sich zu haben, als sich herzugeben!«
- (Eigener Vorschlag)

Manchmal wird unser natürlicher Kompass in frühen Tagen falsch ausgerichtet. Oft wissen wir nicht: Was ist Erziehung, was sind wir? Wo fangen wir an, und wo hören die anderen auf? Wenn wir unsere Lehrerin hören: »Das schickt sich nicht für ein Mädchen.« Nur weil wir einmal den Mut aufbrachten, den blöden Jungen aus der Parallelklasse zurückzuschlagen. Übersetzt heißt das: »Lass dich hauen! Das hat der Erwin nicht so gemeint. Halt die linke Wange hin, wenn die rechte schmerzt, dann hat die linke kurz Pause.« Oder wir denken, wir hätten das alles falsch interpretiert, der Schmerz sei nicht echt, wir bildeten uns das bloß ein und seien wehleidig. Was passiert hierbei in unserem Gehirn? Wir fangen an, unsere Empfindungen infrage zu stellen, und das unter Schmerzen.

Wie sehr würden wir uns in dieser Situation eine Beschützerin wünschen, die die Lehrerin in ihre Schranken verweist, uns in die Augen schaut und sagt: »Du bist ein wundervolles Mädchen, du wirst alles schaffen, was du willst. Und übrigens, gut gemacht, der Erwin hat das nämlich verdient!« Weil er seine kleine Schwester auch immer haut, da die Gesellschaft ihm lehrt, dass ein solches Verhalten von Jungen akzeptiert wird. Kinder hoffen auf erwachsene Hilfe, aber die meisten Erwachsenen sind eben auch nur groß geworden, und anstatt ihr ehrlich Empfundenes auf den Tisch zu bringen und Erwin an unserer Stelle anzurempeln, sagen sie lieber zu ihrem Schützling: »Ist nicht so schlimm, hab dich nicht so.« Weil für diesen erwachsenen Menschen auch niemand da war, als er ihn brauchte, und er sich damit abgefunden hat, als ihm jemand sagte: »Ist nicht so schlimm.«

Warum ist es angeblich nicht schlimm, wenn es gefühlt doch so ist? Und wer außer mir kann das entscheiden?

Im *Stage Combat* haben wir bei den gefährlichsten Techniken wie zum Beispiel dem Würgen oder bei Kontaktschlägen etwas eingebaut. Es nennt sich: »Victim is in control!« – Das Opfer behält die Kontrolle. Denn nur das Opfer beziehungsweise der Darsteller kann entscheiden, was für ihn noch geht und was nicht. Leider gibt es nämlich nicht genügend Schauspieler, um den ganzen Abend durchzuwechseln, weil auf der Bühne jemand k. o. gegangen ist.

Wenn wir eine Gewaltszene auf der Bühne inszenieren, ist das gegenseitige Vertrauen absolute Grundvoraussetzung. Oft kennt man seinen Kollegen vorab nicht und muss sich schnell sehr nahekommen. Deshalb ist Ehrlichkeit ab dem ersten Tag unabdingbar, vor allem was den eigenen Schmerz angeht. Es bringt niemandem etwas, den Helden zu mimen. Sobald die Sequenz technisch sitzt und Adrenalin ins Spiel kommt, wird das Ganze sowieso noch einmal etwas härter.

Beispiel: Nachdem mir mein Spielpartner eine reingehauen hat, sage ich: »Das passt schon!«, innerlich ringe ich aber nach Luft und denke: »Bitte nie wieder!« Das hilft niemandem. Es muss kommuniziert werden, wie es ist. Denn es kann passieren, dass er sich beim nächsten Mal vielleicht leicht vertut und der Schlag noch härter ausfällt. Das tut dann doppelt weh.

Auch ist es sinnlos, darauf zu spekulieren, dass der andere es schon merken wird, wenn er zu fest draufgehauen hat. Er wird es nicht merken. Wie auch? Er ist vielleicht eins fünfundachtzig, in puncto Sixpack formidabel ausgestattet und hat eine Faust, so groß wie mein Bauchraum. Sein Schmerzempfinden wird ein anderes sein. Er *kann* es nicht nachempfinden. Also muss ich es ihm sagen.

Hierfür nutzen wir die Skala von 1 bis 10. 1 geringster Schmerz, 10 volle Lotte, kurz vor Ohnmacht. Ein guter Schlag sollte sich zwischen 4,5 und 7 bewegen. So hat man nach unten und nach oben etwas Spielraum. Nach oben, falls es mal etwas härter wird, nach unten, weil selbst ein bisschen spüren hilft, den Schmerz realistisch darzustellen.

Ebenso müssen wir klar unterscheiden: Wie empfindet der Charakter den Schmerz und wie der Schauspieler? Es kommt in einer Probensequenz immer wieder vor, dass der Angreifer denkt, er habe zu hart geschlagen, folglich kurz aus der Rolle aussteigt und als Kollege den anderen fragt, ob alles okay sei. Gerade Anfänger mimen dann gern den Witzbold und spielen als Kollege weiter. Sie sagen: »Junge, war das hart, uff!« Um zu zeigen, wie gut sie spielen, dass sie sogar ihren Schauspielkollegen hinters Licht führen können. Und zack! Hier ist das Vertrauen mit einem Schlag weg. Spätestens, wenn sich der geschlagene Kollege aus seiner gebückten Haltung aufrichtet, seinem Partner auf die Schulter haut und lacht: »War nur Spaß, bist voll drauf reingefallen!« Der andere hatte aber gerade ernsthaft Bedenken, ihm wehgetan zu haben. Wenn so eine Situation auftritt, schulen wir: »Hört sofort zu spielen auf und sagt dem anderen, dass alles in Ordnung ist.« Witzig sein können wir nach der Probe.

Im normalen Leben tun wir uns schwer damit, unsere Grenzen zu artikulieren. Vielleicht war der Schlag von Erwin, der meinem vorausgegangen ist, keine 10, sondern eine 7. Doch eine 7 sollte kommuniziert werden, denn wie soll er wissen, dass er keinesfalls eine 10 daraus machen soll? Wir könnten es mit dem Alten Testament halten: Gleiches mit Gleichem vergelten. Und es geht nicht darum, mit Erwin eine Schlägerei anzuzetteln. Wir wollen vielmehr zeigen: Hier ist Schluss!

Wachstumsschmerz: Welche »gute« Erziehung ist gut für uns – und welche nicht?

Wachstumsschmerzen tun immer weh. Man verspürt diese Schmerzen, wenn man eine innere Grenze überschreitet und sich in unbekanntes Terrain vorwagt – gedanklich, emotional oder körperlich.

Etwas zu verlassen, was man liebgewonnen oder an das man sich vielleicht auch nur gewöhnt hat, schmerzt. Dabei sollten wir uns klarmachen, dass wir nicht immer etwas aufgeben, sondern meistens nur unseren Radius, Horizont oder Wirkungsbereich erweitern. Grenzen zu überschreiten heißt, Erlerntes, Vertrautes, Schon-immer-so-Gewesenes infrage zu stellen. Das Band zu lockern, die ersten wackligen Schritte selbst zu gehen, flügge zu werden – das alles hat den Geschmack des Abschieds. Denn der Weg zurück ist fast immer unmöglich. Wer einmal gelernt hat, auf eigenen Füßen zu stehen, wird sich ungern wieder in die Verantwortung eines anderen begeben.

Veränderung bedeutet Wachstum. Stellen wir uns einen Schuh vor: Wir haben uns weiterentwickelt, folglich ist der Schuh zu klein. Er drückt, wir passen nicht mehr hinein. Aber es ist ein so schöner Schuh! Er hat uns jahrelang begleitet, und wir haben ihn richtig lieb. Können wir es nicht noch ein wenig länger aushalten? Wir können es versuchen, uns hineinquetschen, vielleicht schaffen wir sogar ein paar Meter. Doch jeder Schritt wird ab jetzt schmerzen. Und dann kommt die böse Mutter (zumindest im Märchen, im echten Leben können es auch andere Personen sein) und sagt: »Aber wenn dir der Schuh zu klein geworden ist, musst du dir doch nur die Ferse abhacken, dann sitzt er wieder!« Sie schlägt uns also vor, Schmerz mit Schmerz zu bekämpfen. Um den Prinzen zu bekommen, der eigentlich nicht zu uns passt. Ein toller Ratschlag.

Immer dann, wenn wir uns entscheiden, irgendetwas anders zu machen – den Partner zu verlassen, nach Afrika zu gehen und dort eine Ausbildung zum Ranger machen, nicht Medizin zu studieren, obwohl das in der Familie bislang alle getan haben –, konfrontieren wir unser Umfeld mit unserer Entscheidungsgewalt. Wir führen den Menschen, die uns lieben, vor Augen, wie oft sie selbst den faulen Kompromiss gewählt haben, des lieben Frieden willens. Es liegt auf der Hand, dass Menschen, die selbst immer im sorgsam abgezäumten Raum der Konventionen und Erwartungen geblieben sind, ein unangenehmes Gefühl verspüren, wenn wir die Zäune einreißen. Oder drüber hinwegspringen. Oder darunter hindurchkriechen. Keiner in unserem Umfeld meint es böse. Aber unsere Art »Danke, aber nein danke!« zu sagen, stößt sie vor den Kopf und zeigt ihnen auf, wie oft oder selten sie für sich eingestanden sind.

Raus aus der Komfortzone heißt, dorthin zu gehen, wo neue Schmerzen warten können. Der alte, drückende Schuh ist weg, aber ein neuer kommt. Und der macht, leider, manchmal Blasen. Wir sind aufgefordert, uns auseinanderzusetzen: mit unserem Umfeld, unserem neuen Selbstbild, dem alten Ich, das wir zurücklassen. Über sich hinauswachsen bedeutet, zuzugeben, dass das Alte nicht mehr passt – und sich in etwas hineinzubegeben, was all unseren Mut erfordert. Zum Beispiel ein Paar funkelnagelneue Louboutins mit schöner roter Sohle. In denen fühlen sich die ersten Schritte auch wie direkt nach dem Schlüpfen an.

SPONTANINVENTUR

Schmeißen Sie ein paar Schuhe weg, die Sie nicht mehr brauchen. Jetzt!

Ich erinnere mich an einen Flug nach Tunesien. Mit Jutta, im Grunde ein toller Mensch, gebildet, belesen, tapfer beim Klettern, aber: schreckliche Flugangst. Meine rechte Hand war zusammengequetscht und schmerzte, da ich sie ihr angeboten hatte, um sich festzuhalten. Was für eine blöde Idee!

Als wir nach zwei Stunden endlich angekommen waren, stand Jutta stammelnd vor mir am Kofferband, um mein Gepäck herunterzunehmen. Ich konnte nämlich nichts mehr greifen. »Katrin, es tut mir so unendlich leid. Wirklich! Ich lade dich auf einen Wein ein, ja? Okay, blöde Idee, ist ja all-inclusive. Tut's sehr weh? Tut mir leid! Tut's sehr weh? Tut mir leid! Tut's sehr ...«

Ich sagte, die Zähne zusammenbeißend, dass alles gut

sei. »Lass uns einen Wein trinken, oder besser gleich zwei. Bis zum Ende des Urlaubs ist die Hand wieder okay. Auf dem Heimflug möchte ich dann bloß auf der anderen Seite sitzen und dir meine linke Hand geben, die rechte brauch ich noch zum Schreiben.«

Eben jene Jutta eröffnete mir ein halbes Jahr später, dass sie allein nach China geflogen sei, um dort ein Praktikum zu machen. Meine erste Frage war: »Und wer hat dich begleitet?«

»Niemand«, entgegnete sie freudestrahlend.

Wie um Gottes willen war das möglich? »Warst du beim Therapeuten? Hast du ein Seminar für Flugangst besucht? Wie zum Teufel hast du das gemacht?«

Fast schon beschämt sah sie mich an: »Ich hab mich entschlossen, die Flugangst einfach nicht mehr schick zu finden.«

Mir fiel das Stück Kuchen von der Gabel, das ich gerade in Richtung Mund balanciert hatte. Nicht mehr schick?! Wie ein altes Paar abgetragener Pumps. Es tut weh, sie wegwerfen zu müssen, denn wir erinnern uns durch sie an die schönen Abende in der Großstadt. Ein Sommer tanzend in den Straßen. Sie haben uns weit getragen. Aber jetzt sind sie durch – abgetragen, ausgeleiert und mit abgelaufener Sohle. Sie sind nicht mehr schick! Vielleicht haben wir einen anderen Gang entwickelt, und sie halten nicht mehr mit uns Schritt. Es schmerzt, sie in die Tonne zu werfen. Aber mal ehrlich, wenn wir den Deckel nach dem befreienden Wurf geschlossen haben: Wie lange denken wir noch an sie? Genau. Wir vergessen und haben Platz für Neues. Es ist okay, sie in diesem Moment los und, ja, auch fallen zu lassen.

An Jutta dürfen wir uns ein Beispiel nehmen: Es gibt viel zu viele Dinge, von denen wir uns das Leben bestimmen lassen. Limitierende Glaubenssätze, Konventionen, »Das macht man so«-Mentalitäten und natürlich zu enge Schuhe. Die Regel, Frauen setzen sich nicht zur Wehr, sondern ertragen alles, was ihnen angetan wird, mit einem Lächeln, war schon damals, als sie erfunden wurde, nicht passend. Heute ist sie out, nicht mehr im Trend und keinesfalls en vogue. Wir wehren uns. Weil wir es können. Wir sagen Nein, wenn wir etwas nicht wollen. Wir stehen auf, wenn wir etwas verlangen. Und wir erheben die Stimme, wenn wir nicht einverstanden sind.

> *Merke*
>
> Wir dürfen alte Gewohnheiten oder Ängste, die überflüssig geworden sind oder uns in unserer Entwicklung hemmen, einfach wegwerfen. Mit ein bisschen Bedauern – aber dennoch endgültig.

It ain't over till the fat lady sings, oder: Gehen lernen

Es war Freitag, der zweite Freitag im Monat. Meine Hände zitterten und waren feucht, und in meinem Hals steckte ein Kloß. Denn während meiner Schauspielausbildung fand am zweiten und vierten Freitag jeden Monats Gesangsunterricht statt. Schon drei Stunden vor Beginn schielte ich bei jeder Gelegenheit auf die Uhr und wägte in Gedanken ab, in der Mittagspause die Schule zu verlassen und zu sagen, mir sei schlecht. Es war ja nicht einmal gelogen. Mir *war* schlecht. Hundsmiserabel elend war mir.

Und zwar wegen ihr. Der Diva. Ich siebzehn, sie neunundsiebzig. Ich nackte Angst, sie bloße Willkür. Ich eins dreiundsechzig, sie kleiner, und trotzdem ich David und sie Goliath. Und ich hatte keine Steinschleuder im Gepäck.

Stattdessen eine Menge unangenehmer Erinnerungen an die vergangene Unterrichtsstunde vor zwei Wochen. Die Studenten waren von der Diva auf die freie Bühnenfläche gebeten oder, besser: beordert worden. Wir hatten gerade ein Ensemblestück aus dem Musical *Kiss Me, Kate* geprobt. Ich, die ich wie die anderen schon mehrfach in den Genuss der Erbarmungslosigkeit unserer Lehrerin gekommen war, dachte damals noch: »Super, eine Ensembleprobe. Da gehst du sicher in der Menge unter, und sie wird dich nicht so herunterputzen.«

Doch weit gefehlt. Meine Stimme war zu dünn, meine Füße am falschen Platz, meine Gestik zu klein, dann zu groß und ganz grundsätzlich *falsch*. Der Unterricht war für mich so unerträglich, dass ich auf dem Weg nach Hause ernsthaft mit dem Gedanken spielte, die Ausbildung an dieser Stelle abzubrechen. Aber war es das wert? Alles hinschmeißen wegen einer doofen Lehrerin? Ich wusste doch, dass ich nicht die Einzige war, auf der sie gern herumhackte. Außerdem: Wenn ich diese Stunde wortlos, wehrlos und irgendwie schief lächelnd über mich hatte ergehen lassen, würde ich es nicht auch ein weiteres Mal zustande bringen?

Vielleicht wurde es ja auch wieder, wie es einmal gewesen war? Im vergangenen Trimester war ich der Tyrannin anscheinend gar nicht weiter aufgefallen – zumindest nicht unangenehm. Ich hatte das Glück gehabt, die Rolle der Mi aus *Land des Lächelns* zur Zufriedenheit der Diva gesungen zu haben. Dass ich mich am Schluss der Darbietung sogar in einen Spagat geworfen hatte, hatte mir vermutlich Bonuspunkte eingebracht. Doch die waren, allem Anschein nach, mittlerweile aufgebraucht. Denn nun hatte sich meine Lehrerin auf mich eingeschossen und ließ seit geraumer Zeit keine Gelegenheit aus, mich nach allen Regeln der Theaterkunst runterzuputzen. Genau wie vor zwei Wochen. Und zwei Wochen davor. Und zwei Wochen davor.

So gern wollte ich heute kneifen. Aber es half nichts. Ich musste zum Unterricht. Die Konfrontation war unausweichlich. Also fügte ich mich um fünf vor eins meinem Schicksal und wanderte mit hängendem Kopf wie das Lämmchen zur Schlachtbank.

In der Bibliothek warteten bereits zehn meiner Kommilitonen, die entlang der Fensterseite auf ihren Stühlen saßen. Außerdem waren anwesend: Pianist Michael und die Gesangslehrerin des Grauens. Die hatte offenbar gute Laune, denn sie begrüßte die männlichen Mitstudenten mit: »Ah, hallo mein Bräutigam!«, und Küsschen links, Küsschen rechts. In all meiner jugendlichen Naivität dachte ich: »Vielleicht ist sie heute nicht so schlecht drauf.«

Ich sollte mich irren. Immerhin wurde ich nicht gleich am Anfang aus der bibbernden Masse herausgepickt, es traf eine Kommilitonin. Die war nach fünf Minuten am Ende, seelisch ebenso wie mit ihrer Darbietung, und schlich mit zitternder Unterlippe von der Bühne.

»Katrin!«

Mein Herz begann schneller zu schlagen. Auf der einen Seite wollte ich das Unausweichliche so schnell wie möglich hinter mich bringen. Auf der anderen Seite hatte ich arge Probleme, mir meine schlotternden Knie nicht anmerken zu lassen, als ich mit unsicheren Schritten die Bühne betrat.

Der Pianist schlug die ersten Akkorde an, ich erhob die Stimme und begann zu singen, doch über den zweiten Takt kam ich gar nicht erst hinaus. Denn schon fauchte es aus der Ecke: »Sing militärischer. Michael, bitte!«

Der Pianist begann von Neuem. Genau wie ich. Doch nach vier weiteren Takten donnerte es aus dem Off: »Hörst du mir nicht zu? Ich sagte *nicht* militärisch.«

»Aber ...« Ich richtete mich ein wenig auf. »Eben sagtest du doch, ich solle militärischer singen.«

»Nein, *nicht* militärisch!«, schrie die Tyrannin. »Hör mir zu und widersprich mir nicht!«

Ich ging sofort in die Defensive und suchte die Schuld bei mir. »Okay, entschuldige, dann hab ich das falsch verstanden. Ich fang noch mal an.«

Michael warf mir einen aufmunternden Blick und ein heimliches Lächeln zu, spielte die ersten Töne, und ich sang nicht militärisch: »Soldaten wohnen, auf den Kanonen ...«

»Militärisch, hab ich doch gesagt!« Die Diva wurde immer eindringlicher. »Was soll denn dieses Gesäusel?!«

Da dämmerte es mir. Es war einer dieser Tage, an denen egal war, wie ich sang. Sie würde immer das Gegenteil von dem sagen, was ich machte. Nicht um mich zu korrigieren, sondern einfach nur so. Aus Bosheit oder warum auch immer. Die Erkenntnis verschlug mir die Sprache.

Sie schimpfte wie ein Rohrspatz. Ich stand auf der Bühne, versunken in Spott und Schande, und schluckte meine Tränen hinunter.

Wieso tue ich mir das an?, fragte ich mich im Stillen. *Und warum sagt niemand etwas?*

Die Kommilitonin, die vor wenigen Minuten selbst dran gewesen war, saß nach ihrem ähnlich desaströsen Auftritt mit bleichen Wangen und geröteten Augen in der Ecke und versuchte, ihre Schnappatmung unter Kontrolle zu bringen. Michael, der Pianist, ein erwachsener Mann, kratzte mit den Fingernägeln an den Tasten des Flügels herum. Die anderen Studenten, alle wesentlich älter als ich, betrachteten interessiert die eigenen Schuhspitzen oder blätterten in vermutlich leeren Seiten. Und selbst Thilo, der zwei Wochen zuvor nach einem ähnlich katastrophalen Freitag noch gefragt hatte, ob ich auf der Schule bleiben wolle, trainierte sich im Unsichtbarwerden. Keiner sagte etwas, alle wichen den Blicken aus: meinem hilfesuchenden und dem provozierenden der Tyrannin.

In diesem Moment wurde mir eines klar: Mir würde niemand zur Hilfe eilen. Wenn das aufhören sollte, musste ich selbst etwas tun. Ich hatte immer gedacht, die Erfahreneren, Älteren, Größeren wüssten, wie der Hase läuft, die hätten schon genug Mut gebildet. Die reagierten richtig und stark. Doch alle ließen es sich gefallen. Für mich stimmte mit einem Mal nichts mehr.

Plötzlich fiel mir ein Gedicht von Erich Fried ein, das ich am Wochenende gelesen hatte: »Glaubst du, du bist noch zu klein, um große Fragen zu stellen? Dann kriegen die Großen dich klein, noch bevor du groß genug bist.« Zugegeben, es ging gerade nicht um eine wichtige Frage, aber für mich definitiv um eine große Sache.

Ich konnte mir vorstellen, dass es für eine Operettendiva, die in der Vergangenheit an den großen Opernhäusern der Welt gesungen hatte, sicher nicht leicht war, jungen Studenten mit mäßigem Gesangstalent jeden zweiten Freitag im Monat zuhören zu müssen und anschließend konstruktiv zu kritisieren. Ihren Missmut darüber jedoch derart an uns, ihren Studenten, auszulassen, verstand ich nicht. Das war doch keine Lehrsituation mehr! Ich konnte auch gar nichts mehr lernen, denn mein Hals war wie zugeschnürt, kein Ton würde da mehr herauskommen. Das bedeutete auch: Verbal verteidigen konnte ich mich nicht. Mir fehlten buchstäblich die Worte. Auch war ich nicht in der Lage, meine Stimme gegen die Ungerechtigkeit zu erheben.

Aber meine Füße gaben mir ein klares Signal. Die wollten gehen. So setzte ich, wackelnd, unsicher, ein Bein vors andere. *Einfach nur gehen. Wohin sie wollen,* dachte ich immer wieder. Die zwei Meter zum Klavier kamen mir wie eine Ewigkeit vor. Meine zittrigen Finger griffen nach den Notenblättern, dann brachten mich die Füße zu meinem Rucksack.

»Was machst du da?«, keifte es aus dem Eck.

»Ich gehe.« Ich sagte das Offensichtliche, etwas anderes fiel mir nicht ein.

»Du kannst jetzt nicht gehen! Ich bin noch nicht fertig mit dir!«

Und plötzlich, während ich da so stand und voller Verwunderung den Rucksack in meiner Hand betrachtete, zu dem mich meine Beine getragen hatten, ganz ohne mein eigenes Zutun, wie es mir vorkam, fand ich auch meine Sprache wieder.

»Aber *ich* bin hier fertig.«

»Warum?«

»Weil ich mich so nicht mehr behandeln lasse.«

»Was?!« Die Tyrannin lachte bösartig. »Du bist immer so missmutig.«

Ich schulterte den Rucksack. »Und persönlich brauchen Sie auch nicht zu werden.«

Ich ging. Durch die Tür, in den Flur, den Gang hinunter, einen Schritt nach dem anderen. Vorn in der Sofaecke klappten meine Beine weg. Ich zitterte. Aber mir war klar, diesen Raum würde ich nie mehr betreten, wenn sich meine Lehrerin mir gegenüber nicht anders verhielt.

Ich hatte keine Ahnung, welche Konsequenzen mein Verhalten nach sich ziehen könnte. Vielleicht wurde ich von der Schule geworfen. Alles Mögliche geisterte mir im Kopf herum. Trotzdem, manchmal muss man zu sich stehen, auch wenn dieses Stehen im Gehen liegt.

An Erich Frieds Gedicht denke ich seither immer wieder. Ich allein entscheide, wann ich groß genug bin, um für mich einzustehen. Es geht im Leben nicht darum, alle Naslang Erwartungen zu erfüllen. Wir haben die Wahl, wie wir mit uns umgehen lassen.

Merke

1. Einen ersten Schritt zu setzen und dann einen weiteren, einen nach dem anderen.
2. In Situationen, in denen wir zu einem Kampf noch nicht in der Lage sind oder den Sinn der Auseinandersetzung nicht erkennen, ist eine adäquate Lösung, den Kampfplatz zu verlassen.
3. Körpergröße sagt gar nichts. Meine Gesangslehrerin war, obwohl selbst von zwerghafter Statur, eine Naturgewalt, der man schwer etwas entgegenzusetzen hatte.
4. Es hilft, Gedichte zu lesen!

Ich habe damals mit allem gerechnet, aber nicht damit, dass einfach nichts passierte. Die Leitung der Schauspielschule akzeptierte meine Entscheidung. Anderthalb Jahre lang wurde ich im Fach Bühnengesang nicht unterrichtet. Meinen Abschluss machte ich trotzdem. Offensichtlich war ich so klar und souverän in meiner Haltung, dass niemand wagte, mir Steine in den Weg zu legen.

Bei der Abschlussfeier traf ich auf die Diva. Sie schlenderte auf mich zu, und ich hielt vor Aufregung die Luft an. *Jetzt,* dachte ich, *jetzt ist der Moment gekommen. Sie wird mich vor aller Welt zusammenfalten und mir sagen, was sie von meinem Verhalten denkt.* Innerlich machte ich mich auf das Schlimmste gefasst.

Sie blieb vor mir stehen und sah mich an. Dann sagte sie: »Das hast du gut gemacht.« Sie zögerte. »Auch mit deinen Entscheidungen.« Die Diva lächelte mir einmal kurz zu, nickte, dann spazierte sie davon. Ich blieb stehen, sprachlos, aber auch unendlich stolz. Sie hatte nicht nur meine darstellerischen Fähigkeiten gelobt, sondern auch meinen Widerstand gegen sie selbst.

Flight, Freeze, Fight: Was sind die drei Grundtypen der Reaktion?

Es gibt drei grundsätzliche Reaktionsmuster, mit denen die meisten Wesen auf diesem Planeten, so auch der Mensch, in einer Konfliktsituation oder unter Bedrohung reagieren: Sie flüchten (*Flight*), erstarren (*Freeze*) oder gehen zum Angriff über (*Fight*). Jeder hat es schon einmal erlebt – ein Moment, in dem man reagiert, ohne nachzudenken.

Wie ich in der Situation mit meiner Gesangslehrerin. Mein erster Impuls war, geschockt stehen zu bleiben. Genau so lange, bis mein Körper in der Lage war, den Schock zu überwinden und sich aus der Situation zu befreien. In diesem Fall: wegzugehen.

	Typ	Eigenschaften	Verhalten
Flight	»Der Angsthase«	Kann sehr gut Haken schlagen und ist schnell	Flucht
Freeze	»Der Schneemann«	Ist festgefroren und kann nicht weg, wird aber auch leicht übersehen	Einfrieren/ Totstellen
Fight	»Der Gorilla«	Fühlt sich provoziert, geht auf die Hinterbeine und fängt an, sich auf die Brust zu trommeln	Angriff

Warum reagierte ich zunächst mit der Schockstarre? Verantwortlich für die Reaktion ist wieder einmal das Reptiliengehirn, der älteste und primitivste Teil unseres Zerebrums. (Man fragt sich ja schon, warum ausgerechnet die älteste Software auf unserer Festplatte so viele unbewusste Entscheidungen für uns trifft ... Aber gut, lassen wir das.) Das Reptilien- oder Stammhirn ist neben den Instinkten für unsere Vitalfunktionen wie Atmen und Herzschlag verantwortlich. Eine kleine Abzweigung kümmert sich um Grundbedürfnisse wie Hunger/Sättigung und Schlafen. Und noch ein anderer Teil ist zuständig für Reflexe.

Dieser Gehirnteil verfolgt eigentlich nur ein Ziel: das eigene Überleben sichern. Egal, wie. Komme, was wolle. Säbelzahntiger oder launische Gesangslehrerinnen. Geraten wir in eine potenziell lebensbedrohliche Situation, übernimmt in den meisten Fällen das Reptiliengehirn automatisch das Kommando. Wir sind zwar nur noch äußerst selten echten Bedrohungen wie Säbelzahntigern ausgesetzt, aber Situationen, die in uns ein ähnliches Gefühl auslösen, kennt jeder.

Die unterste Hirnregion reagiert in diesen Fällen reflexartig. Vernunft oder Logik werden dafür ausgeschaltet. Das geht richtig schnell, im Prinzip funktioniert das wie ein Lichtschalter. *Klack* – und schon sind wir nicht mehr wir selbst. Man kann sich das auch wie bei einem Stromausfall vorstellen, bei dem sich sofort das Notstromaggregat, also das Reaktionsprogramm, einschaltet.

Auch die Gefühle spielen in diesen Situationen erst einmal keine Rolle. Emotionen entstehen im sogenannten limbischen System, das im Angesicht des Säbelzahntigers beziehungsweise der Gesangslehrerin ebenfalls in den Stromsparmodus geht. Erst im Nachhinein sind wir in der Lage, das Erlebte mit Gefühlen zu verbinden. Die haben wir aber nicht in der akuten Bedrohungslage empfunden. Sie entstehen später, wenn die Krise überstanden ist und durch unser Bewertungssystem geschleust wird. Egal, wie sehr wir uns im Nachhinein auch anstrengen, wie lange wir reflektieren, nachdenken oder ganz genau reinspüren: Wir wissen oft nicht und können uns nicht erklären, weshalb wir in manchen Momenten weder logisch noch emotional gehandelt haben.

Erst, wenn wir eine Situation häufiger erleben, sind wir in der Lage, unsere Erfahrungen in den Prozess einzubauen. Wir lernen also, mit der Bedrohung umzugehen, und reagieren Mal für Mal bedachter – sprich vernünftiger, weil wir die anderen Teile unseres Gehirns, zum Beispiel den Neokortex, in dem unser Verstand sein Nest bezogen hat, schneller wieder aus dem Ruhemodus holen oder dafür sorgen, dass sie gar nicht erst abgeschaltet werden. Menschen, die sich mit Selbstverteidigung oder Kampfkunst beschäftigen, üben ihre Reaktionsmuster so lange, bis sie sich genau so verhalten, wie es in einer Situation, in der sie sich befinden, angemessen und erwünscht ist.

Die gute Nachricht lautet: Auch Sie können Ihr Repertoire erweitern, um zukünftig mehr Handlungsspielraum zu erlangen. Alle drei Reaktionsmuster haben ihre Berechtigung. Nicht immer ist es schlau, direkt in den Angriff überzugehen. Nehmen wir einmal an, der Chef platzt ins Büro und fängt an zu brüllen, und Ihre erste Reaktion ist: aufstehen und zurückbrüllen. Was denken Sie, wie lange Sie diesem Unternehmen angehören werden? In solch einer Situation würden Ihrem (beruflichen) Überleben Einfrieren oder Flucht eher helfen, etwa indem Sie den schreienden Chef zunächst gewähren lassen, ohne eine Reaktion zu zeigen. Oder aufstehen und zum Beispiel das Fenster öffnen. Sie müssen ja nicht gleich Ihre Sachen packen und gehen oder hakenschlagend über den Flur rennen. Es ist definitiv angebracht, in einer solchen Lage erst einmal Abstand zu nehmen, bevor man etwas tut, was man später eventuell bereut. Dem Chef zum Beispiel durch einen Nasenstüber die Brille zu verrutschen.

Erinnern Sie sich an meine Freundin Heike? Die mit den Acht-Zentimeter-Absätzen? Sie hat mir empfohlen, ebenfalls hohe Hacken zu tragen, wenn es drauf ankommt. Heike weiß, dass mich High Heels vom Davonlaufen abhalten. Genetisch bin ich ein Angsthase, trainiere jedoch, ein Schneemann zu sein, weil Weglaufen nicht immer dienlich ist.

Dennoch hoffe ich, dass Sie in einer echten lebensbedrohlichen Situation (also kein Chef und keine Gesangslehrerin, sondern ein Ereignis, das ihr Leben bedroht) eher Ihre Angsthasen-Qualitäten unter Beweis stellen, anstatt sich blindlings ins Getümmel zu stürzen oder an Ort und Stelle zu einer Salzsäule zu erstarren. Die einfache Faustformel lautet: Wenn Weglaufen das (biologische) Überleben sichert, laufen Sie. So schnell Sie können und so weit Sie können.

Es ist auch möglich, verschiedene Reaktionsmuster miteinander zu kombinieren, zum Beispiel *Flight* und *Freeze*. In Filmen passiert es manchmal, dass eine Figur davonläuft und sich dann versteckt. Sie versucht, mit der Umgebung zu verschmelzen, macht sich klein und unkenntlich, in der Hoffnung, dass der Verfolger an ihr vorbeiläuft. Viele Tiere handeln ähnlich – nur im Büroalltag sieht man das Verhalten seltener. Vermutlich, weil es außer dem Kopierraum nicht allzu viele Verstecke gibt.

KLEINER PERSÖNLICHKEITSTEST: WELCHER STRESSTYP SIND SIE?

1. Das Meeting, in dem Sie hart kritisiert wurden, geht zu Ende. Was tun Sie?

- Sie stehen rasch auf und gehen, damit niemand Sie anspricht. (A)
- Sie gehen auf den Kollegen oder Vorgesetzten zu und stellen ihn zur Rede. (C)
- Sie bleiben sitzen und denken über das nach, was Sie sich gerade haben anhören müssen. (B)

2. Ihnen wird die Vorfahrt genommen, und Sie können nur knapp einen Zusammenprall mit einem anderen Auto verhindern. Wie reagieren Sie?

- Sie schlagen sich die Hände vors Gesicht und versuchen, Ihren Puls zu kontrollieren. (B)
- Sie drücken aufs Gas und versuchen, so schnell wie möglich wegzukommen. (A)
- Sie kurbeln das Fenster runter und schicken dem anderen Wagen ein paar saftige Flüche hinterher. (C)

3. Sie sind zu einer Feier eingeladen, bei der Sie niemanden kennen. Was tun Sie?

- Sie gehen hin und stehen unwohl in der Ecke herum, bis Sie jemand anspricht. (B)
- Sie gehen hin und verwickeln den ersten Menschen, dem Sie dort begegnen, in ein Gespräch. (C)
- Sie entschuldigen sich und gehen nicht hin. (A)

4. Ihr Kollege stellt Ihnen vor versammelter Mannschaft eine Frage, die Sie nicht beantworten können. Wie reagieren Sie?

- Sie lavieren um die Antwort herum. (A)
- Sie geben offen zu, die Antwort nicht zu wissen. (C)
- Sie erstarren und sagen nichts. (B)

5. Auf offener Straße kommt es zu einem Handgemenge zwischen zwei Personen. Was tun Sie?

- Sie gehen dazwischen, sprechen andere an und bitten sie um Hilfe. (C)
- Schnell weiterlaufen, Sie haben nichts gesehen. (A)
- Wie angewurzelt stehen bleiben und hingucken. (Vergessen Sie aber nicht, Gaffen kostet ab jetzt 2 Punkte in Flensburg und eine Verwarnung!) (B)

Überwiegend A: Sie sind der Typ »Angsthase«. Das bedeutet, Sie können sich sehr schnell und gut in Sicherheit bringen und haben gelernt, Konflikten und Stresssituationen aus dem Weg zu gehen. Das sichert Ihr seelisches Überleben, damit fühlen Sie sich gut.

Überwiegend B: In Stresssituationen werden Sie zum Schneemann. Sie erstarren, zeigen keine Regung und hoffen darauf, mit der Umgebung zu verschmelzen. Ihnen ist es nicht möglich, zu reagieren und irgendetwas zu tun oder zu sagen – selbst wenn Sie es wollten. Somit vermeiden Sie, aktiv in Konfliktsituationen einzugreifen, die Sie unter Druck setzen.

Überwiegend C: Eindeutig, Sie sind ein Gorilla und scheuen keine Konfrontation. Ihr natürlicher Impuls ist es, sich in die Auseinandersetzung zu stürzen, selbst wenn Sie sich dabei eine blutige Nase holen. Weglaufen oder Erstarren sind für Sie keine Option.

In der Kampfchoreografie spielen wir bewusst mit den Möglichkeiten des Reaktionsverhaltens. Nehmen wir als Beispiel eine Ohrfeige. Eine Person steht da und bekommt mehr oder weniger ohne Ankündigung eine gezimmert. Es kommt zu einem Sekundenbruchteil, in dem nichts passiert. Ohrfeigender und Geohrfeigter stehen sich einfach gegenüber. Je nach Charakter der Figur des Geohrfeigten entscheiden wir uns dann für eine Reaktion: Der Geohrfeigte

- tritt einen Schritt zurück (*Flight*),
- bleibt erstarrt oder stoisch stehen (*Freeze*),
- geht auf den Ohrfeigenden zu (*Fight*).

Egal, wie die Reaktion ausfällt, sie setzt die weitere Handlung in Gang.

Auch der Ohrfeigende reagiert in diesem Moment auf die selbst verteilte Ohrfeige – im Augenblick nach dem Schlag begreift er, was er gerade getan hat. Wie das für ihn ausgeht, erkennt er an der Reaktion seines Gegenübers.

Möchte ich Sie mit diesem kleinen Exkurs dazu auffordern, Ihren cholerischen Vorgesetzten, die nervige Erzieherin Ihres Kindes oder den drängelnden Typen hinter Ihnen auf der Rolltreppe zu ohrfeigen? Natürlich nicht. Ich möchte Ihnen jedoch zeigen, dass jede Reaktion eine Aussage ist – selbst wenn Sie sich dessen gar nicht bewusst sind. Sie können lernen, welche Aussagen Sie zukünftig durch Ihre Reaktionsmuster treffen wollen.

VOM ERSCHRECKTEN KARNICKEL ZUR SELBSTGEWÄHLTEN REAKTION

»He, Sie da! Sie dürfen hier nicht parken.« –

Oft werden wir von einem Angriff oder einer Provokation überrascht. Unser Körper reagiert mit einer Schockstarre, die zunächst so klein ist, dass wir sie fast nicht bemerken. Was wir auch nicht mitbekommen: wie wir kurz einatmen und den Kopf leicht nach hinten legen. Ich nenne dies die Erschreckte-Karnickel-Position.

Auf muskulärer Ebene spielt sich in unserem Körper jedoch eine Kettenreaktion ab. Die Anspannung im Muskel sendet Signale an unser Gehirn: *Achtung, Angriff!* Unser Gehirn verarbeitet diesen Impuls und ruft im limbischen System Emotionen dazu ab. Gleichzeitig werden Stresshormone ausgeschüttet, die durch unsere Blutbahn in den Muskel gelangen – und für das uns typische Reaktionsmuster sorgen.

Die nachfolgende Übung setzt gleich an dem Beginn dieses Reaktionsmusters an. Ziel ist, schon im ersten Moment der Konfrontation eine Verhaltensänderung zu bewirken, damit wir den Kreislauf aus Muskel-Hirn-Nebenniere-Muskel durchbrechen und selbst entscheiden können, wie wir reagieren wollen. Denn wenn wir unserem Körper beibringen, wie er in einer solchen Situation reagieren soll, wird er es bald schon von ganz allein tun und sich aus der Karnickel-Schockstarre lösen.

Übung 1
Stellen Sie sich schulterbreit hin und richten Sie den Blick nach vorn. Atmen Sie kurz und tief ein und legen Sie den Kopf minimal nach hinten, während Sie die Augen aufreißen. Wichtig ist, die Augen wirklich zu weiten. Halten Sie die Position für zwei bis drei Sekunden.
Atmen sie nun langsam aus. Währenddessen lassen Sie das Kinn in Richtung Brust sinken und verengen die Augen zu Schlitzen. Wiederholen Sie die Übung zehnmal.
Was empfinden Sie zu Beginn der Übung, während Sie mit geweiteten Augen und ohne zu atmen dastehen? Verändert sich etwas an Ihrer inneren Haltung, wenn Sie ausatmen, den Kopf nach vorn nehmen und die Augen verengen?

Übung 2
Wiederholen Sie die Übung eine Woche lang jeden Tag dreimal an irgendeinem Ort. Das geht bei der Arbeit auf dem Bürostuhl oder in der Schlange an der Supermarktkasse. Es genügen mikromuskuläre Bewegungen. Wer darüber hinaus üben möchte, in den Angriffsmodus überzugehen, kann versuchen, beim Ausatmen und Kopfsenken einen kleinen Schritt nach vorn zu machen.

Übung 3
Wenden Sie die neue Haltung in einer Konfliktsituation an: ausatmen, Kopf senken, Augen verengen, eventuell Schritt nach vorn. Wie fühlen Sie sich dabei?

Entscheidung: Weshalb ist es problematisch, keine Haltung einzunehmen?

Flight, Freeze oder *Fight* – welche Reaktion ist korrekt? Kurz gesagt: Jede Option hat ihre Berechtigung, je nach Situation,

Konflikt und Individuum. Solange sie dafür sorgt, dass wir uns wohlfühlen, ist sie richtig.

Nun kann es aber sein, dass wir mit unserer natürlichen Reaktion unzufrieden sind. Weil sie uns die Flucht ergreifen lässt, obwohl es angebrachter wäre, auszuhalten. Weil sie uns sprachlos macht in Momenten, in denen wir Worte finden wollen. Weil wir in den Angriff übergehen, auch wenn wir wissen, dass Schweigen gerade besser wäre. Wie bereits erwähnt: Wir können an Reflexen arbeiten. Der erste Schritt ist, sich klarzumachen, dass unsere Reaktionsmuster ein natürlicher, intuitiver Impuls sind. Der zweite Schritt verlangt, dass wir uns entscheiden – wie wir anders reagieren können und wollen.

Das Wort »entscheiden« kommt aus dem Blankwaffenkampf. Es bedeutet wörtlich: Ich ziehe mein Schwert aus der Scheide, ich ent*scheide* es. Diese Handlung zeigt meinem Gegenüber, dass ich zum Kampf bereit bin, also: *Fight.* Ruht nur meine Hand auf dem Schwertknauf, weiß mein Gegner nichts damit anzufangen. Ich bin im *Freeze,* verharre also, ohne zu entscheiden. Manchmal sieht man in Filmen oder auf der Bühne, dass Schwertkämpfer ihre Waffe nicht ganz, sondern nur ein kleines Stück aus der Scheide ziehen. Im übertragenen Sinn heißt das: *Mach nur weiter so, ich bin bewaffnet und setze diese Waffe auch ein, wenn du es unbedingt möchtest.* Nehme ich die Hand jedoch vom Knauf herunter, signalisiere ich meinem Gegenüber, dass ich an einem Kampf mit ihm nicht interessiert bin. Es ist nur eine kleine Bewegung, die keine Worte benötigt, und dennoch sage ich mit ihr klar und deutlich, dass ich den anderen nicht verletzen möchte.

Und dann gibt es noch die Flucht, *Flight.* Aber wie ich zu einem früheren Zeitpunkt schon einmal sagte: Lieber das Schwert im Bauch als das Messer im Rücken.

Unter einer Entscheidung versteht man die Wahl einer

Handlung aus mindestens zwei vorhandenen Alternativen. Wenn ich mich entscheide, lasse ich zu, treffe ich eine Wahl. Nehme ich am Kampf teil? Gehe ich zur Karnevalsfeier? Ziehe ich nach Argentinien und werde Rinderhirtin?

Wer sich niemals entscheidet, also keine Wahl trifft, sagt seinem Gegenüber dasselbe wie die unentschlossene Hand am Schwertknauf: *Ich weiß, dass ich die Wahl habe, aber ich kann oder will sie noch nicht treffen.* Damit bleibt die Spannung in einem Kampf erhalten. Auseinandersetzung oder Austausch? Und auch ich selbst lasse mir alle Türen offen. Allerdings: Wer sich immer alle Türen offenhält, wird sein Leben auf dem Flur verbringen.

Manchmal erledigen sich Dinge von allein. Man muss sich nicht entscheiden, denn Handlungsoptionen verändern sich oder fallen weg, oder unser Gegenüber macht den ersten Schritt und zwingt uns damit zur Reaktion. Doch in den meisten Fällen macht uns diese Schwebe, das Nichtentscheiden, ordentlich zu schaffen. Warum entscheiden wir uns nicht? Weil wir uns vor den Konsequenzen fürchten – oder der Erkenntnis, dass eine andere Wahl ein womöglich besseres Ergebnis erzielt hätte. Machen wir uns eines klar: Es gibt keine vollkommene, perfekte Lösung für jede Lebenslage, egal wie lange wir unsere Alternativen im Kopf von links nach rechts und wieder zurück wälzen. Wir wissen nicht, wie sich eine Handlungsoption entwickelt hätte, wenn wir uns für sie entschieden hätten. Sich im Nachhinein über die eigenen Entscheidungen ärgern, ist nicht nur eine Verschwendung von Emotionen und Hirnschmalz, es ist auch absolut sinnlos. Charlie Chaplin sagte einmal: »An den Scheidewegen des Lebens stehen keine Wegweiser.« Das heißt, wir wissen in der aktuellen Situation oft nicht, wie sich unser Leben nach der Entscheidung entwickelt. Das Tröstliche ist: Wir wissen es bei keiner der Alternativen.

DER ERSTE SCHRITT
Wollen Sie Ihre Haltung bewusst ändern, versuchen Sie es mit der Ein-Schritt-Methode.
Sind Sie Angsthase und wollen Gorilla werden, üben Sie in der nächsten Konfliktsituation, einen Schritt nach vorn zu machen, und sei er auch noch so klein.
Sind Sie Gorilla und wissen darum, bemühen Sie sich, einen kleinen Schritt nach hinten zu machen.
Sind Sie Schneemann, versuchen Sie einen Schritt nach vorn, nach hinten oder zur Seite zu machen.
Sie müssen nichts sagen oder gleich eine Antwort parat haben. Es genügt erst einmal, einen Schritt zu gehen. Unser Gehirn, das in derlei Situationen oft nur eine Richtung kennt, kommt sprichwörtlich in Gang.

Die Bulldogge und der Papagei: Welche Auswirkungen haben Entscheidungen?

Ein paar Jahre nach meinem Erlebnis mit der Diva, ich hatte gerade meine Ausbildung in England als Kampfchoreografin beendet, unterrichtete ich an einer Münchner Schauspielschule Bühnenkampf. Eine bekannte Zeitung meldete sich bei mir und bat um ein Interview. Man wolle ein Porträt über mich bringen, es gebe so wenige weibliche Kampfchoreografinnen. Ich stimmte zu und fragte an der Schauspielschule, ob es möglich sei, die Fotografien zum Artikel dort aufzunehmen. Sei ja eine hübsche, kostenlose Werbung für die Schauspielschule. Die Leitung der Schule genehmigte mir das Shooting in den Räumlichkeiten, das Interview wurde geführt, das Porträt erschien. Alles super.

Leider nicht. Denn drei Wochen nach dem Erscheinen des Artikels wurde ich ins Büro der Schulleitung zitiert und fand mich der Direktorin, einer Frau, die mich in Gestalt und Charisma schon seit unserer ersten Begegnung an eine Französische Bulldogge erinnerte, und ihrer Vertreterin, dem Papagei, gegenüber. Ich machte mir schon seit Tagen Gedanken, was man mir vorzuwerfen hatte – selbst mit meiner Freundin Heike hatte ich darüber gesprochen. Folglich hatte ich das richtige Schuhwerk an.

»Setzen Sie sich«, sagte die Bulldogge und kam dann gleich zum Eingemachten. »Wir haben Ihnen erlaubt, die Fotoaufnahmen zu Ihrem Artikel hier in der Schule zu machen. Aber im Artikel selbst werden wir als Schule gar nicht erwähnt.«

»Stimmt nicht«, gab ich zu bedenken. »In einem großen Absatz des Artikels und in der Bildunterschrift wird die Schule eindeutig erwähnt.«

»Aber nur da!«, schimpfte die Bulldogge los, und der Papagei nickte bestätigend.

»Nun, das Porträt sollte über mich sein, nicht über die Schule. Aber auf den Bildern sieht man auch die Unterrichtsräume. Wir hatten besprochen, dass das eine kostenlose Werbung für die Schule ist. Es wäre kein Problem gewesen, Interview und Fotos bei mir zu Hause machen zu lassen. Ich hatte es Ihnen angeboten, da ich dachte, so haben wir alle etwas davon.« Ich lächelte, in der Hoffnung, das Problem damit behoben zu haben. Weit gefehlt.

»Aber darum geht es jetzt gar nicht«, meckerte die Bulldogge weiter.

»Worum geht es denn dann?«

»Um die Glühbirnen.«

Ich sah von Papagei zu Bulldogge und wieder zurück. »Welche Glühbirnen?«

»Als Sie in unseren Räumlichkeiten die Aufnahmen haben machen lassen, haben Sie das Licht eingeschaltet.« Die Bulldogge machte eine Kunstpause. »Und das hat Geld gekostet.«

Im ersten Moment wusste ich nicht, ob ich bei der *Versteckten Kamera* oder einer anderen Show gelandet war, in der Menschen aufs Glatteis geführt wurden. War das ein Witz? Ich konnte jedoch nirgendwo eine Kamera und nicht mal den Anflug eines Lächelns in den Gesichtern der beiden Damen vor mir erkennen. Also räusperte ich mich - auch wenn ich von Minute zu Minute unsicherer wurde. Was für ein Problem hatten die mit mir? Worum ging es wirklich?

»Wenn es um die Kosten für die Elektrizität und die Abnutzung der Glühbirnen geht, dann erstatte ich diese selbstverständlich.«

»Darum geht es aber nicht!« Die Bulldogge machte ein verärgertes Gesicht. Offenbar passte ihr meine Lösung zu ihrem Problem gar nicht.

»Worum geht es denn dann?«, fragte ich erneut und kleisterte mir ein Lächeln ins Gesicht, von dem ich mich bis heute frage, wie es dort halten konnte.

»Es geht um Ihre Handynummer.«

Okay. »Was stimmt nicht mit meiner Handynummer?«

»Wir sehen es nicht gern, wenn Sie Ihre private Nummer an die Schüler herausgeben. Und umgekehrt.«

Ich atmete tief durch. Und dann passierte etwas in mir. Ich hatte keine Lust mehr, mich hier wie eine Internatsschülerin zusammenstauchen zu lassen. Ich hatte doch nicht jahrelang das Kämpfen gelernt, um mich jetzt in meinem Schneckenhaus zu verkriechen! Ich war doch in der Lage, mich zu wehren, und musste mir nicht alles gefallen lassen.

Mir war urplötzlich klar, was sie probierten. Indem sie immer wieder verschiedene Stellen suchten, wo sie mich mit ihren Sticheleien treffen konnten, wollten sie mich mürbe machen und verunsichern. Peinlicherweise war ihnen das bis zu diesem Zeitpunkt sogar gelungen. Ich *war* verunsichert, denn ich hatte keine Ahnung, was sie von mir wollten. Doch nun begriff ich es: Sie hatten nichts Verwerfliches gegen mich vorzubringen, kamen also nur mit schmaler Klinge, nicht mit der Streitaxt. Aber auch Stiche mit dem Stilett können am Ende zum Verbluten führen. Da ich ihre Taktik jedoch durchschaute, war es dann nicht langsam an der Zeit, auch in den Kampf einzutreten? Ihnen meine Klinge zu zeigen, um zu demonstrieren, dass ich bereit war, mich zur Wehr zur setzen?

Ich sagte: »Seitdem ich hier arbeite, habe ich schon mindestens dreimal nach einer vollständigen Liste meiner Schüler gefragt, damit ich sie im Notfall anrufen kann, wenn mir etwas dazwischenkommt. Und damit meine Schüler sich bei mir abmelden können, wenn ihnen etwas dazwischenkommt. Diese Liste habe ich bis heute nicht bekommen.« Ich beugte mich nach vorn. Langsam nahm ich Fahrt auf. Es tat gut, meine Klinge aus der Scheide zu ziehen und einige Hiebe auszuführen – wenn auch nur verbal. »Und wenn wir schon dabei sind, ich habe auch nach einer Unterrichtsplanung und den Kontaktdaten der anderen Lehrkräfte gefragt, damit wir unsere Kurse aufeinander abstimmen und integrativ gestalten können. Es ist schon mehrfach vorgefallen, dass ich mit meinen Schülern Kampfszenen für Stücke einstudieren sollte, von denen ich nicht einmal wusste, dass sie auf dem Lehrplan stehen.«

»Darum geht es jetzt aber nicht!«, ereiferte sich die Bulldogge derart heftig, dass ihr Doppelkinn zitterte.

Ich wurde deutlicher: »Worum geht es bitte *dann?*«

»Sie standen einfach so im Unterricht eines anderen Lehrers. Ohne das mit uns abzustimmen.«

»Also entschuldigen Sie mal, dieser andere Lehrer hat mich *eingeladen*, an seinem Unterricht teilzunehmen, damit wir gemeinsam eine Szene entwickeln können.«

»Da müssen Sie aber erst uns fragen.«

»Um Erlaubnis?« Ich lehnte mich in meinem Sessel zurück und sah wieder abwechselnd Bulldogge und Papagei an. Die dünne Stellvertreterin der Schulleiterin wich meinem Blick aus und betrachtete ihre Fingernägel. »Das ist mir neu, dass wir als Unterrichtende nicht die Freiheit haben, mit unseren Kollegen zusammenzuarbeiten.«

Die Bulldogge plusterte sich auf. »Darum geht es jetzt aber nicht!«

»Dann bitte, sagen Sie mir doch endlich, worum es hier wirklich geht«, bat ich sie genervt.

»In dem Artikel steht, dass Sie die einzige weibliche Kampfchoreografin Deutschlands sind. Aber wir haben recherchiert, dass es in Freiburg Leute gibt, die auch in diesem Bereich ausgebildet sind«, geiferte die Bulldogge.

Ich lächelte wieder. »Das stimmt. Das sind Kolleginnen von mir, aber niemand aus Deutschland hat bis jetzt die Ausbildung in England gemacht. Auch hat keiner eine abgeschlossene Schauspielausbildung wie ich. Wenn Sie gut genug recherchiert hätten, wüssten Sie das.«

Bulldogge und Papagei wechselten einen verunsicherten Blick. Dann endlich öffnete der Papagei seinen Mund.

»Wissen Sie, Frau Klewitz, im Grunde dürfen Sie sich glücklich schätzen, dass Sie bei uns unterrichten dürfen.«

Tja. Das war der Moment, wo ich mich von der zivilisierten, toleranten und geduldigen Katrin in den Gorilla verwandelte. Ich bin eigentlich nicht der Typ für Wutausbrüche und lautstarke Auseinandersetzungen. Aber in diesem Fall hatten mich die beiden Frauen an den Rand meiner Contenance gebracht – und dann noch einmal beherzt geschubst. Selbst schuld.

»Jetzt hören Sie mir mal gut zu. *Sie* dürfen sich glücklich schätzen, dass ich hier unterrichte – nicht umgekehrt. Ich habe an einer Schauspielschule gelernt, ich habe die Ausbildung als Kampfchoreografin selbst finanziert, und so, wie ich heute vor Ihnen stehe, gibt es bis jetzt keine weitere Frau in Deutschland, die diese Expertise mitbringt. Ich möchte, dass Sie mir binnen einer Woche eine vollständige Liste meiner Schüler inklusive aller Kontaktmöglichkeiten sowie eine ausgestaltete Unterrichtsplanung des laufenden Semesters zukommen lassen.«

Bei meiner Gesangslehrerin hatte ich ja schon die Erfahrung gemacht, dass meine aus dem Moment heraus getroffene Entscheidung nur Positives für mich bewirkt hatte. Auch dieses Treffen mit Bulldogge und Papagei war für mich eine wichtige Lektion fürs Leben. Denn am Ende hatte ich mich nicht nur behauptet, mein Stundensatz fürs Unterrichten wurde auch um zwei Euro erhöht. Rückblickend kann ich sagen, dass dieses Gespräch die Initialzündung für meine Seminare war, in denen ich mein Wissen aus der Kampfchoreografie mit Konfliktmanagement verband.

Plädoyer für Auseinandersetzungen: Warum es nicht richtig ist, immer die Klappe zu halten

Ich bin dankbar für Auseinandersetzungen dieser Art, denn sie haben mir gezeigt, worauf es mir wirklich ankommt im Leben. Viele Menschen neigen eher dazu, sich Konflikten zu entziehen. Wir leben in einem Land voller Angsthasen, nur Wenige trauen sich, den Mund aufzumachen und anzuecken. Das permanente Sich-Entziehen, das Verweigern, das Kneifen sorgen aber nicht nur für fehlende Klarheit, sondern auch dafür, dass in vielen Situationen kein Vorankommen mehr möglich ist. Wenn alle immer die Hand am Schwertknauf lassen, entscheidet sich am Ende keiner mehr. Mittlerweile bin ich in der Lage, meinen Feind als meinen Freund anzuerkennen. Ohne Gegner kannst du niemals Sieger werden. Ich danke also allen Konkurrenten,

Gegnern und Feinden, die es gewagt haben, mit mir in den Ring zu steigen, und mich haben wachsen lassen.

Ich finde es schön, dass es immer noch Menschen gibt, die willens sind, ihre Kraft für eine Auseinandersetzung aufzubringen und nicht alles wortlos über sich ergehen zu lassen. Auch ich mache Fehler, treffe falsche Einschätzungen, beharre auf meiner Meinung - und wie soll ich mich weiterentwickeln, wenn mir andere nicht manchmal Grenzen setzen? Reibung erzeugt Wärme. Das weiß jeder, der sich nach einem heftigen Streit wieder zusammengerauft hat, egal ob in einer Beziehung, am Arbeitsplatz oder in der Familie. Konflikte können, wenn sie ordentlich geführt und gelöst werden, den Zusammenhalt in einer Gruppe stärken. Also scheuen wir uns nicht davor, unser Schwert zu ziehen, sondern verstehen die Einladungen und Provokationen unseres Umfelds als Möglichkeit, an uns zu arbeiten.

Kapitel 4

Die Kriegerin

Im Trainingslager. Teil 1: Eine Front zieht auf!

Als ich ein junges Mädchen war, gab es zwei Ereignisse im Jahr, die sowohl Himmel als auch Hölle für mich bedeuteten: Weihnachten mit der Großfamilie und der Geburtstag meines Onkels. Himmel wegen der Gans, die an diesen Tagen serviert wurde. Wegen dieser Gans bin ich auch heute noch kein vollständiger Vegetarier, denn sosehr ich es versuchte, ich konnte ihr nie widerstehen. Ich musste also zu den Festen – koste es, was es wolle. Und es kostete!

Denn es war auch Hölle. Bewohnt von zwei kleinen Teufeln, Roland und Peter, die sich diabolisch freuten, wenn die kleine Cousine vorbeikam, die sie nach Herzenslust piesacken konnten. Als Kinder hatten wir uns immer gut verstanden, aber seit einiger Zeit hatte ich das Gefühl, sie konnten mich nicht mehr leiden. Die beiden nutzten nämlich jede Gelegenheit, mir eine vor den Latz zu knallen, mit frechen Sprüchen und fiesen Neckereien, wie Jungs in der Pubertät jüngeren Cousinen und Schwestern gegenüber eben sind. Sie ließen nichts aus. Meistens lief ich rot an und verhaspelte mich bei der Antwort, so ich überhaupt eine zustande brachte. Oder ich verschluckte mich am Knödel. So, mit eher bläulicher Gesichtsfarbe, verhalf ich ihnen, den bis zu den Ohrläppchen grinsenden Vettern, zum nächsten Sieg.

Der Schlagabtausch war immer ähnlich. Sie verpackten süffisant irgendwelche Beleidigungen in Nettigkeiten oder

sagten Dinge, die mich vor versammelter Mannschaft vor Scham erröten ließen. Dann lachten sie, denn sie wussten, sie hatten mich erneut aus der Fassung gebracht. Vom Esstisch aus ging es weiter an die Kaffeetafel, und auch die Quälereien ließen nicht lange auf sich warten. Der Kaffee wurde serviert, der Kuchen angeschnitten, und weil das familiäre Beisammensein so nett war, zogen sich diese Treffen gern bis übers Abendessen hinaus. Manchmal spielten wir nachmittags Karten oder ein anderes Spiel. Meistens verlor ich haushoch, denn meine Unsicherheit ließ keinen klaren Gedanken zu. Ich fühlte mich hilflos, auf ganzer Linie. Mit einer hässlichen Zahnspange und sehr wenig Selbstbewusstsein ausgestattet, sah ich für mich nur zwei Möglichkeiten.

Erstens, zu diesen schrecklichen Feiern einfach nicht mehr hinzugehen. Was aber bedeuten würde, auf die Gans zu verzichten. Darüber hinaus war mir die Schmach beim darauffolgenden Mal sicher, ich konnte mich ja nicht mein Leben lang dort nicht mehr blicken lassen. Auch war klar, ich würde mich mit den Fragen meiner Vettern auseinandersetzen müssen, warum ich beim letzten Mal nicht erschienen sei. Obwohl beide die Antwort gekannt hätten. Sie hätten es gerochen, gewittert, erkannt an meinem Angstschweiß, der aus jeder meiner Poren drang. Es wäre eine besondere Delikatesse für sie, zu beobachten, wie ihre Cousine bei der Ausrede zu stottern beginnt. Eine größere Freude hätte ich den beiden nicht bereiten können.

Zweitens, mich hineinwerfen in den Pott aus pubertären Sprüchen und eingelegten Kirschen, eingequetscht sitzend zwischen Roland und Peter, und mich darin üben, Paroli zu bieten. Dafür brauchte ich aber eine Strategie, um meine bereits fast komplett eingenommene Festung zurückzuerobern. Wie sollte ich das anstellen?

Die Kriegerin. Was können wir von Éowyn aus dem Herrn der Ringe lernen?

Zugegeben: Fantasy ist nicht jedermanns Sache. Aber kennen Sie die Film-Trilogie *Herr der Ringe?* Als Kampfchoreografin finde ich besonders eine Stelle fantastisch, und zwar als die Menschenfrau Éowyn auf den Hexenmeister von Angmar trifft. Sie ist geübt im Schwertkampf und sollte trotzdem gerade gar nicht hier sein, denn zu dieser entscheidenden Schlacht wird sie – Überraschung! – von den Herren der Schöpfung, genauer gesagt ihrem Oheim und ihrem Bruder, nicht eingeladen.

Sie fleht, ebenfalls in den Krieg ziehen zu dürfen, doch es wird ihr verboten. Das sei Männersache und sie nur ein lästiges Anhängsel, auf das man eventuell sogar noch Rücksicht nehmen müsse. Ende der Diskussion und basta! Man bietet ihr an, in der Burg zu bleiben und auf die Frauen und Kinder zu achten. Éowyn ist jedoch eine Frau mit eigenem Willen. Ihr ist schnurz, was die Verwandtschaft sagt. Kurzerhand verkleidet sie sich als Mann und schnappt sich den kleinen Hobbit, der ebenfalls nicht auf die Party eingeladen wurde. Denn was soll er, der Winzling mit den großen Füßen, schon ausrichten?, fragen die kraftstrotzenden männlichen Kämpfer. Éowyn mischt sich in ihrer Verkleidung unter das Heer. Sie möchte an der Seite der Krieger reiten, in der Schlacht kämpfen und lieber dort sterben, als zurückzubleiben.

Oft hat sie in der Vergangenheit gezögert, denn sie gehört nicht zu der »normalen« Frauenwelt. Éowyn empfindet anders und findet keinen rechten Platz für sich. Mit Frauen fühlt sie sich nicht stark verbunden, zu den Männern gehört sie aber auch nicht – oder eher: Die wollen sie immer wieder zurück in die Frauenwelt stecken. Zwischen den Stühlen sitzend, fühlt sie sich allein, und logischerweise schlägt sich diese Einsamkeit auf ihr Gemüt nieder. Aber in dieser einen Sekunde weiß sie, was sie will. Sie entscheidet für sich und tut das, was sie tief in ihrem Inneren will, alle Warnungen, Befehle und Verbote ignorierend. Sie gibt sich selbst die Erlaubnis, in dieser Schlacht mitreiten zu dürfen, und ist bereit, die Konsequenzen zu tragen.

Auf dem Schlachtfeld angekommen, steht sie bald schon vor dem Hexenkönig, der ihren Onkel töten will. Sie wirft sich todesmutig dazwischen, und nach einem heftigen Schlagabtausch geht der Hexenkönig überraschend vor ihr in die Knie. Der Hobbit hat mit einer speziellen Klinge auf die Rückseite seines Beines eingeschlagen. Der Hexenkönig prahlt: »Du Narr! Kein Mann vermag mich zu töten.«

In diesem Moment verkehrt sich alles. Éowyns vermeintliche Schwäche ist nun ihre Stärke – und ihre einzige Chance. Sie nimmt den Helm vom Kopf und ruft: »Ich bin kein Mann! Ich bin eine Frau!« Sie vernichtet den Hexenkönig mit einem gezielten Stoß in seinen Helm, während ihr blondes, unfassbar schönes Haar im Wind flattert. Wäre sie ein Mann, hätte das Ganze nicht funktioniert. Und die Schlacht wäre anders ausgegangen. Böse Zungen würden nun behaupten, ihr Erfolg liege in der Wahl des Conditioners. Ihr glänzendes Haar hat den Gegner geblendet. Fakt ist: Éowyn war einfach gut.

Trotzdem hat sie Glück. Ihr kleines Manöver geht nicht nur gut aus, ihr Oheim ist auch stolz auf sie. Er erkennt, was sie ist: eine Frau und eine Kriegerin. Er sieht, vielleicht zum ersten Mal, dass sie seinen Schutz nicht braucht. Dass sie allein für sich einstehen kann.

Was hat Éowyn mit unseren heutigen Konflikten zu tun? Mal davon abgesehen, dass alte weiße Männer ihr vorschreiben wollen, wie sie zu handeln hat? Werfen wir zunächst einmal einen Blick auf ihren Charakter.

Die Kampfchoreografie beschäftigt sich intensiv mit der Figur, ihrer inneren wie äußeren Haltung, ihren Motiven und der Psychologie dahinter. Um was für einen Kämpfertyp handelt es sich? Einen Kopf-, Herz- oder Wutkämpfer? Geht er strategisch und raffiniert vor wie die James-Bond-Bösewichte oder Cersei Lannister aus *Game of Thrones?* Kämpft er bis zum letzten Ende mit unbändigem Mut wie William Wallace aus *Braveheart,* Xena, die Kriegerprinzessin, oder Éowyn? Oder ist er ein reiner Wutkämpfer – wie der unglaubliche Hulk oder Jessica Jones aus der gleichnamigen Netflix-Serie?

Als Kampfchoreografin inszeniere ich nicht nur die Schlagabfolge, ich choreografiere die komplette Szene. Ich analysiere die Figuren, überlege, welchem Typus sie entsprechen, und wähle anhand dessen ihre Waffen aus. Nutzen sie ihre überlegene Technik, ihre Leidenschaft oder ihre Stärke? Verwenden sie Pfeil und Bogen, ein Langschwert oder eine Axt? All diese Faktoren fließen in die Gestaltung der Szene mit ein.

Bei der Arbeit an Kampfszenen fordere ich meine Schauspieler immer dazu auf, *Character Sheets* für ihre Rolle zu entwerfen. Dabei handelt es sich um eine Auflistung der Stärken und Schwächen, Motive und Hintergründe, neuralgischen Punkte und Achillesfersen der Figur. Ziel ist es, sich seines Könnens bewusst zu werden und seine Chance zu erkennen – und gleichzeitig seine Schwächen anzunehmen. Denn ein Kampf, bei dem nur ein Part eine offensichtliche Möglichkeit hat zu gewinnen, langweilt nicht nur den Zuschauer, sondern auch die Schauspieler selbst. Eine Schlacht ist umso reizvoller, je unklarer ihr Ausgang ist. Und jeder hat die Chance zu gewinnen – immer. Körperlich schwächere Gegner müssen allerdings zu anderen Mitteln greifen, um sich zur Wehr zu setzen oder die Auseinandersetzung sogar zu ihren Gunsten zu entscheiden. Und so gewinnen bei einem Kampf nicht immer die Stärkeren. Mit Raffinesse und Geschick können auch vermeintlich unterlegene Kämpfer siegen: weil sie sich mit mehr Verstand, mit mehr Hingabe oder einfach blinder Wut in den Kampf werfen.

Von Éowyn können wir lernen, dass eine vermeintliche Schwäche die entscheidende Stärke sein kann, die es braucht, um einen scheinbar übermächtigen Gegner zu bezwingen. Sie ist kein Mann, sie ist eine Frau. Sie kämpft wie eine Frau und denkt wie eine Frau. Und sie bildet ein Team.

Hätte sie nicht auf ihr Herz gehört, das ihr gesagt hat, auch der Kleinste kann Großes vollbringen, und den Hobbit nicht mitgenommen, hätte sie gegen den Hexenmeister keine Chance gehabt. Obwohl sie keine erfahrene Kämpferin auf dem Schlachtfeld ist, bringt sie den Mut mit, sich zu messen. Neben ihren Waffen verfügt sie außerdem über ihre Intuition.

Was uns die Kriegerin lehrt

1. Die Entscheidung, ob wir uns in die Schlacht stürzen, liegt allein bei uns.
2. Nur wir wissen, wie stark wir wirklich sind, und nur wir können entscheiden, ob wir das Scheitern verkraften werden.
3. Oft haben wir keine Angst vor dem Kampf an sich, sondern vor dem Scheitern.

Als ich einmal *D'Artagnans Tochter* choreografierte, stolperte ich über Ähnliches. Zu Beginn sind die weiblichen Charaktere noch unerfahren und wenig kampferprobt. Ihnen hilft der Überraschungseffekt, dass sie als Frauen in den Kampf ziehen wollen. Sie kämpfen mit Köpfchen und schaffen sich Verbündete, was den Herren der Schöpfung nicht einfällt, stehen diese doch in einem starken Konkurrenzkampf zueinander. Letztlich ist das die Stärke, die wir in der Kriegerin finden können, fernab von einem muskelstrotzenden Bizeps: ihren Mut und ihren Verstand.

Lustigerweise fühle auch ich mich immer wieder wie eine von D'Artagnans Töchtern: weiblich, klein, schmal und Dozentin für Kampfchoreografie.

»Echt jetzt? Sie?«

Einmal wurde ich für ein mehrtägiges Seminar gebucht.

Auf dem Parkplatz kam der Veranstalter auf mich zu, stellte sich vor und meinte: »Ich finde es großartig, dass wir so ein Seminar hier anbieten können. Sind Sie denn Zuschauer oder Teilnehmer?«

Ich sah ihn an und verzog keine Miene. »Ich leite das Seminar.«

Seinem Blick konnte ich entnehmen, dass er etwas anderes, also mindestens eins achtzig groß und breitschultrig, erwartet hatte. »Verzeihen Sie«, sagte er verlegen, »aber irgendwie habe ich Sie mir anders vorgestellt.«

»Jaja, ich weiß, ein bisschen mehr Brünhild. Klewitz mein Name, und ich hoffe, wir haben viel Spaß!«, erwiderte ich gelassen, da ich an diese Situation mittlerweile schon gewöhnt war. Gerade zu Beginn meiner Karriere als Kampfchoreografin belastete mich dieser erste Moment allerdings immer wieder. Ich zweifelte daran, als zierlich gebaute Frau ernst genommen zu werden – und stellte automatisch auch meine Fähigkeiten infrage.

Eines Tages las ich jedoch ein Zitat von Ruth Bader Ginsburg, einer Richterin am Obersten Gerichtshof der Vereinigten Staaten. Als Frau, Mutter und Jüdin hat sie sich zeit ihrer Karriere in einer klassischen Männerdomäne durchsetzen müssen. Während ihres Studiums, wenn sie nach vorn oder um eine Antwort gebeten wurde, bekam sie es oft mit der Angst zu tun. Sie befürchtete zu versagen, aber nicht nur für sich persönlich. »Ich hatte oft das Gefühl, dass ich [dann] nicht nur für mich, sondern für alle Frauen versage. Und das wollte ich keinesfalls.«

Das nahm auch ich mir zu Herzen.

Bei einem meiner ersten Seminare sagte ein Teilnehmer lakonisch zu mir: »Na, da sind wir mal gespannt, was das wird! Kannst du das Schwert überhaupt hochheben?« Derlei Kommentare waren lustig gemeint, trotzdem kratzten sie an meinem unerfahrenen Ego. Ich dachte: Die warten nur darauf, dass ich versage. Eher zur Schüchternheit neigend, lächelte ich tapfer, auch wenn ich am liebsten meine Sachen packen und gehen wollte. Das ging natürlich nicht, aus vielen Gründen. Also entschloss ich mich, einfach mit der Arbeit anzufangen. Es fiel mir gedanklich leichter, den Seminarteilnehmern den Ausfallschritt zu erklären, als mich mit ihren Vorurteilen auseinanderzusetzen. Und so begann ich zügig mit dem Aufwärmtraining. Währenddessen, so dachte ich, hätte ich Zeit, mir zu überlegen, wie ich mit den Kommentaren der Gruppe umgehen sollte. Denn mir war klar: Wenn einmal der Bann gebrochen war, ging das in einer Tour so weiter. Es war eine aufeinander eingespielte Truppe, und der Typ, der mich angesprochen hatte, war sowas wie der Rädelsführer. Seinem flapsigen Kommentar würden weitere von den anderen folgen, allein schon um ihm zu imponieren.

Nach etwa fünfzehn Minuten Aufwärmen, Schwitzen und Dehnen stellte ich fest, dass sich die Stimmung mir gegenüber änderte. Erste keuchende Fragen zu den Übungen kamen auf, die ich ruhig atmend beantwortete. Ich verstand nicht gleich, was anders war – oder warum. Bis ich sagte: »So, noch eine Runde Bauchmuskelübungen!«

Und der Rädelsführer stöhnte: »Ey, nee! Wir haben es gecheckt, du bist der Boss.«

Da fiel bei mir der Groschen. Ohne es zu ahnen, hatte ich in ihrer Sprache beziehungsweise ihrem Dialekt gesprochen: körperliche Überlegenheit. Indem ich in Ruhe mein Programm durchgezogen, beim Aufwärmen selbst mitgemacht und jeweils ein paar Übungen mehr als die Teilnehmer geschafft hatte, zeigte ich, dass ich die Stärkere war und Ahnung von dem hatte, was ich da tat. Zu Beginn hatten mir die Männer nicht viel zugetraut – nicht böswillig, sondern weil die Rollenbilder seit Jahrhunderten nun einmal so sind, wie sie sind. Wir alle brauchen Zeit, uns daran zu gewöhnen, dass sich etwas ändert.

Mittlerweile baue ich vorsorglich ein paar Übungen aus dem *High Intensive Interval Training* (HIIT) in das Aufwärmen ein und zaubere ein wundervolles Bauchmuskeltraining aus dem Hut. Dabei mache ich selbst fleißig mit, plappere munter vor mich hin, bis die Kursteilnehmer keuchen und ich nicht, und fünf Minuten später können sie sich vorstellen, dass ich ihnen das Fechten beibringen kann. Obwohl die starken Muskeln nur rudimentär etwas mit der Kampfchoreografie zu tun haben, nämlich die Waffe zu halten, mehr nicht. Aber diese Kraftprotzerei ist wohl notwendig, und mittlerweile fühle ich mich nicht mehr davon angegriffen. Es macht mir vielmehr einen Heidenspaß!

Merke

Finde den Dialekt deines Gegenübers heraus! Wir müssen uns manchmal auf die Sprache des anderen einlassen. Das hat nichts mit Verleugnung der eigenen Person zu tun.

Im Trainingslager. Teil 2: Kriegsrat

Auf dem Nachhauseweg vom Weihnachtsfest jammerte ich. »Die sind so gemein zu mir, Papa! Kannst du nicht mal was sagen?«

Mein Vater antwortete knapp: »Die zwei hast du selbst im Griff.«

»Aber wie denn?«

Mit blitzenden Augen sagte er: »Denk ans Fechten. Schau dir den Angriff an, dann setz deine Parade und die Riposte. Du findest schon heraus, wie du dir helfen kannst.«

Ich merkte ihm an, wie viel Freude er hatte, während er mir diesen tollen Ratschlag gab. Ich schüttelte innerlich den Kopf. Was für eine blöde Aussage. Parade, Riposte – so konnten nur Erwachsene reden. Gefrustet zog ich mir die Kopfhörer über und schmollte auf der einstündigen Heimfahrt.

Trotzdem regte mich das, was mein Vater gesagt hatte, zum Nachdenken an. Zu Hause ging ich jede Aussage meiner Cousins, die mir an die Nieren gegangen war, noch einmal durch und schrieb mir die Sätze auf. Dann sah ich mir die Angriffe an. Plötzlich, als ich es schwarz auf weiß vor mir hatte, fand ich sie gar nicht mehr so schlimm. Außerdem stellte ich fest, dass meine Cousins mich meistens nur etwas gefragt und mich so unter Zugzwang gesetzt hatten, etwas zu erwidern. Es war der Zugzwang, der mich so aus der Fassung brachte – die Erwartung, dass ich etwas sagen *musste*. Doch schuldete ich jemandem eine Antwort? Nein. Es war meine Entscheidung, ob ich etwas sagen wollte oder nicht.

Am meisten liebten es Roland und Peter, mich nach meinem Beziehungsstatus zu fragen. Am Anfang der Pubertät und unter Aufkommen der ersten geheim empfundenen Gefühle war das natürlich hochvermintes Gebiet. Noch mehr Durchschlagskraft hatten solche Fragen im Beisein aller Verwandten. Mir fiel auf: Meine Cousins hatten selbst noch gar keine Freundinnen. Demnach musste ich den Spieß eigentlich nur umdrehen. Ich nahm mir vor, beim kommenden Treffen jede Frage mit einer Gegenfrage zu beantworten. Und ich gebe zu, irgendwie keimte plötzlich sogar richtige Freude in mir auf. Ich konnte es kaum abwarten, es auszuprobieren.

PARADE UND RIPOSTE

Es gibt eine Übung, die dabei hilft, Saures in Limonade zu verwandeln. Stellen Sie sich vor, Sie beißen in eine Zitrone. Was passiert in Ihrem Mund? Was passiert in Ihrem Kopf? Eventuell ist ein erhöhter Speichelfluss die Folge. Denn in Ihrem Gehirn trifft die Information ein, wie sauer die Zitrone schmeckt, und das kann den Speichelfluss erhöhen, obwohl

Sie nicht wirklich in die Zitrone hineingebissen haben. Sie haben es sich nur vorgestellt. Doch an diesem Beispiel kann man wunderbar erkennen, wie stark unsere Gedanken sind. Jetzt stellen Sie sich eine Situation vor, in der Sie sich unwohl oder angegriffen gefühlt haben. In unserem Beispiel: Sie wurden auf der Arbeit von Ihrer Chefin blöd angemacht, als Sie kurz vorbeikamen, um Ihren Krankenschein abzugeben: »Sind Sie etwa schon wieder krank?«

Übung 1: Subtext herausarbeiten
Greifen Sie sich einen Vorwurf oder eine Provokation heraus. Schreiben Sie diesen Satz in die Mitte und überlegen Sie sich jeden Subtext, den der Satz für Sie beinhalten könnte.

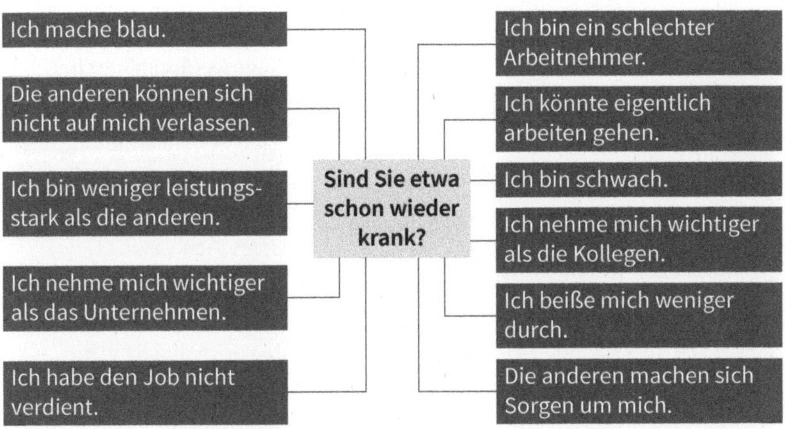

Gehen Sie nun Satz für Satz durch und überlegen Sie: Trifft die Aussage auf mich zu? Also: *Mache ich blau? – Nein, ich bin krank.* Oder auch: *Nehme ich mich wichtiger als das Unternehmen? – Mich nicht, aber meine Gesundheit!* Und so weiter. Sie werden merken, dass die meisten unterschwelligen Vorwürfe, die wir in einer einzigen Frage oder Aussage hören, keinen Bestand haben und entkräftet werden können, wenn wir sie mit klarem Verstand und Ruhe analysieren.

Übung 2: Utopische Aussagen
Überlegen Sie sich anschließend so spontan und ungefiltert wie möglich, welche Sätze Sie Ihrer Chefin oder Ihrem Vorgesetzten oder wem auch immer gern mal entgegnen würden. Gehen Sie dabei auf die unterschwelligen Vorwürfe aus Übung 1 ein, sofern möglich, und greifen Sie die Subtexte auf, die Sie herausgearbeitet haben.

Sind Sie etwa schon wieder krank?

- Es muss wohl an der Arbeit liegen. Mein Immunsystem ist eigentlich in Ordnung.
- Ja, mit etwas Glück wird es chronisch.
- Zum Glück. Es ist ja grad so viel zu tun.
- Soll ich noch jemanden anstecken? Wen mögen Sie denn nicht?
- Ich bin nicht krank. Der Arzt, der mich krankgeschrieben hat, ist mein Onkel.
- Seitdem ich Sie kenne, hat meine Krankheit auch einen Namen.
- Merkwürdig, dass ich die Einzige bin, die auf Sie allergisch reagiert.
- Bei den Zuständen in dieser Firma wundert Sie das aber nicht wirklich, oder?
- Eine galante Art, meine Kündigung einzuläuten …
- Wissen Sie, wenn ich so viel Geld bekäme wie Sie, würde ich auch mit Fieber im Büro auftauchen.
- Wie sollte ich denn sonst meinen Urlaub verlängern?
- Wunderbar, oder? Fünf Tage Netflix im Bett bei voller Bezahlung.
- Eine Gehaltserhöhung wäre mir auch lieber.
- Wenn Sie nett fragen, stecke ich Sie an.
- Das letzte Mal war so schön, da dachte ich, ich leg noch mal nach.
- Kein Wunder bei Ihrem Führungsstil …
- Gegen dieses Unternehmen ist leider noch kein Unkraut gewachsen.
- Ja, ich bin sehr dankbar, dass es mitfühlende Ärzte gibt.
- Meine Krankentage sind die gelbe Karte für Sie als Führungskraft.

Klar: Man kann nicht immer alles sagen, was man denkt. Also, man kann es schon, aber das macht einen auf Dauer dann schon eher einsam. Trotzdem hilft die Übung, die Sprachlosigkeit hinter sich zu lassen. Und wer weiß, vielleicht kommt Ihnen bei regelmäßiger Anwendung eine gute Entgegnung in den Sinn.

Übung 3: Realistische Gegenfragen
Welche realistischen Gegenfragen könnten Sie auf die Provokation stellen?

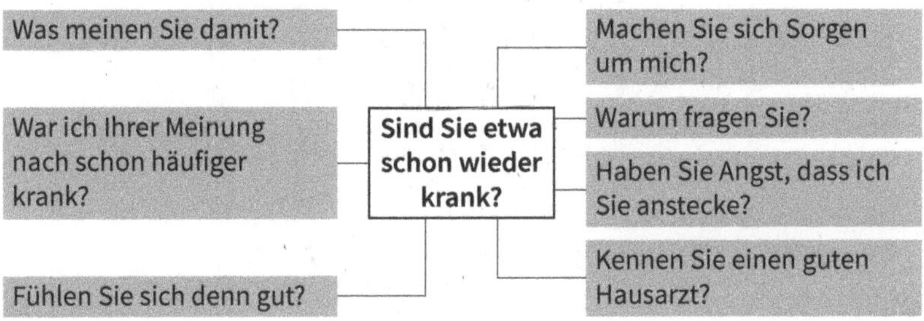

Fragen haben den entscheidenden Vorteil: Sie befördern Sie sofort aus der Verlegenheit heraus, eine Antwort geben zu müssen, und halten dem Fragenden darüber hinaus den Spiegel vor. Also fragen Sie!

Übung 4: Subtext entkräften
Wer hat Sie gefragt: »Sind Sie etwa schon wieder krank?« War es, wie in unserem Beispiel, die Chefin? War es der missgünstige Kollege? Oder die nette Büronachbarin, mit der Sie sich so gut verstehen? Eine einzige Frage kann tausend verschiedene Bedeutungen haben – und wird dementsprechend auch vollkommen unterschiedlich von Ihnen aufgefasst.
Tragen Sie in die Tabelle ein, wie Sie den Satz verstehen, der Sie provoziert, je nachdem, wer der Absender ist.

Absender	Botschaft	Subtext	Emotion	Mögliche Antwort
Chefin Gute Chefin		»Auf Sie kann man sich einfach nicht verlassen!« »Schade, die Präsentation hätte ich gerne von Ihnen halten lassen.«	Sorge um das Unternehmen. Sorge um Sie. Bedauern darum, Sie nicht mit Ihren Stärken einsetzen zu können.	»Ich möchte niemanden anstecken und kuriere mich deswegen aus.« »Ich hatte mich auch sehr darauf gefreut, Sie in dieser Sache unterstützen zu können.«
Blöder Kollege	»Sind Sie/Bist du etwa schon wieder krank?«	»Wenn alle so viel krank wären wie Sie, könnten wir den Laden hier dichtmachen.«	Ärger	»Danke, dass Sie die Stellung hier halten, während ich mich auskuriere. Sie machen einen tollen Job!«
Nette Kollegin		»Du Ärmste! Hast du dich beim letzten Mal nicht richtig auskuriert?«	Mitgefühl	»Du bist eine tolle Kollegin! Danke für dein Mitgefühl.«
Partner oder Partnerin		»Du solltest wirklich ein bisschen besser auf dich aufpassen.«	Sorge um Sie	»Ich werde zukünftig sorgsamer mit meiner Gesundheit umgehen.«

En garde! Blößen und Einladungen: Grundlagen der Fechtkunst oder Was ist eine Provokation?

Wir werden im Alltag oft provoziert. Manchmal liebevoll, manchmal gehässig, manchmal von oben herab, manchmal von unten gestichelt. Manchmal ist sich der Provokateur selbst gar nicht bewusst, dass er gerade eine Einladung ausspricht – dann kann sich der Angriff auch schnell gegen ihn wenden. Das Verb »provocare« kommt aus dem Lateinischen und heißt nichts anderes als Zuruf oder Aufruf.

Im Fechtjargon versteht man unter einer Einladung oder Provokation, dass mir mein Gegner sehr bewusst eine offene Körperpartie, eine sogenannte Blöße, zeigt, an der er verletzlich ist. Er erhofft sich, dass ich seinem Wunsch entspreche, mich mit ihm zu messen, und genau an dieser Stelle angreife. Die Idee dahinter ist, mich in eine Falle zu locken. Er zeigt mir eine vermeintliche Schwachstelle, signalisiert: »Hier bin ich entblößt beziehungsweise verletzlich«, und lauert wie eine Spinne im Netz darauf, mich mit einer Finte, also einem Gegenschlag, zu überraschen.

Bevor wir verschiedene Provokationen untersuchen, sehen wir uns an, wer uns provoziert. Klar ist: Wer das tut, muss mich als würdig erachten, auf die Provokation einzugehen. Das heißt, er kann hierarchisch nicht unter mir stehen. Denn das wäre unklug: ich Breitschwert, er Kugelschreiber. Würde mich jemand provozieren, der hierarchisch über mir steht? Wohl eher nicht. Ich tauche im Blickfeld dieser Person gar nicht auf.

Provokation und Einladung

Der Provozierende steht unter dem Provozierten – der wiederum merkt von der Provokation nicht viel, denn er steht klar darüber.

Die Provokation verpufft ebenfalls im Nichts, denn der Provozierende steht hierarchisch so weit über dem Provozierten, dass er die Provokation gar nicht wahrnimmt.

Beide Parteien haben eine Schnittmenge – erst hier kann eine Provokation stattfinden, die von allen Beteiligten wahrgenommen wird.

Das bedeutet, die Person, die sich mit mir anlegen möchte, empfindet mich als ebenbürtig, oder wir teilen in irgendeiner Form ein Interessenfeld. Mathematisch ausgedrückt: Wir weisen eine Schnittmenge auf. Unser Organismus ist auf das Einsparen von Energie ausgelegt. Jemanden zu provozieren, der uns nicht ebenbürtig erscheint, wäre Verschwendung dieser kostbaren Ressource. Das wiederum bedeutet auch: Eine Provokation ist in erster Linie ein Kompliment. Da traut sich jemand, es mit uns aufzunehmen.

Provokationen bedeuten Interesse an (m)einer Person, auch wenn mir das naturgemäß erst einmal unangenehm ist. Aber warum erschien es meinen Cousins so wichtig, mich immer wieder herauszufordern? Weshalb gibt es Kollegen, die uns mit einem einzigen Satz die Röte ins Gesicht steigen lassen? Die Antwort ist so banal, dass es wehtut: Weil sie es können. Weil wir es zulassen. Weil wir verdammt noch mal nicht drüberstehen.

Um jemanden aus der Reserve zu locken, muss ich erst einmal wissen, wie derjenige tickt. Ich muss mich mit ihm auseinandersetzen. Ich wende also Energie auf, indem ich mir über mein Gegenüber Gedanken mache. Seine Reaktionsmuster untersuche, seinen Charakter studiere. Im Kampf: seine Art zu kämpfen in- und auswendig lerne. Nur so kann ich eine Provokation präzise setzen, und zwar so, dass sie den anderen auf die Palme bringt. Der Provokateur ist also an mir interessiert. Zu Beginn steht es also erst einmal 1 : 0 für mich – nicht für den Angreifer. Ich habe bis dato nämlich noch gar keine Energie in den anderen investiert, ihn eventuell bis zu seiner Provokation noch nicht einmal wahrgenommen.

Der Provokateur möchte aber wahrgenommen werden, und zwar von der Person, die er provoziert. Wenn ich mir diese Tatsache in einer solchen Situation bewusstmache, kann ich von Anfang an ganz anders damit umgehen.

In den meisten Fällen finden Provokationen zwischen zwei Parteien statt, die nicht weit voneinander entfernt sind. Deswegen nehmen wir uns überhaupt wahr, wir stehen mit dem anderen quasi auf einer Stufe. Vielleicht ist diese zu schmal. Wir müssten uns entweder umarmen, damit wir beide Platz haben, oder wir stoßen den anderen eine Stufe hinunter oder schieben uns eine hinauf, indem wir uns auf dem anderen gekonnt abstützen und Schwung nehmen. Bei aller antrainierter *Political Correctness* können wir nichts gegen dieses tief in uns verwurzelte archaische Prinzip tun. Es ist ein natürlicher Überlebenstrieb. Entscheidend ist, wie wir ihn heutzutage nutzen, ohne mit dem Schwert auf den anderen einzuhauen, aber auch ohne in eine übertriebene Empfindsamkeit zu gleiten. Nicht immer, wenn wir angerempelt, ergo provoziert werden, bedeutet das, dass wir eine Stufe nach unten wandern. Das Anrempeln bedeutet viel mehr ein: »Hallo, hier bin ich!« Es ist meine Entscheidung, ob ich mich vom Platz verweisen lasse.

Es gibt verschiedene Möglichkeiten, mit einer Provokation umzugehen.

1. Hinhören und entscheiden: *Nehme ich die Einladung an oder nicht?*
2. Es am Rande mitbekommen und nachfragen: *Kommt da noch was?*
3. Überhören und ignorieren wie die schwerhörige Tante Ilse: *War was?*

Bei den Varianten 2 und 3 muss der Provokateur noch einmal nachladen, sprich die Provokation ein weiteres Mal aussprechen, diesmal vermutlich deutlicher.

In früheren Zeitaltern war es einfacher, eine Aufforderung zum Kampf zu erkennen. Meistens war es ein Handschuh, der dir kurzerhand ins Gesicht geklatscht oder vor die Füße geworfen wurde. Provokateur und Provozierter wussten sofort, wie der Hase läuft – da gab es kein Hörgerät, das man lauter drehen musste. Missverständnisse waren damit quasi ausgeschlossen. Heute sind die Einladungen nicht mehr so eindeutig. Oft wissen wir gar nicht, ob es sich bei den feinen Sticheleien um eine Provokation handelt oder ob wir nur wieder mal die Regenwürmer husten hören. In den meisten Fällen weiß der Provokateur selbst nicht, ob er sich wirklich auf eine Auseinandersetzung mit uns einlassen will. Immerhin gibt es heute solche Phänomene wie Mobbing, die man in Zeiten von Rittern und Burgen eher vernachlässigen konnte. Selbst wenn wir nachfragen, ernten wir doch oft ein unschuldig blickendes Gesicht und die Aussage: »Ich weiß gar nicht, was du meinst. Du bist immer so empfindlich.«

Et voilà – gleich den nächsten Handschuh auf den Boden geworfen.

Nun könnte man sagen: »Reagiere doch gar nicht darauf.« Aber oft, leider allzu oft, gären gute Provokationen noch eine ganze Weile in unserem Inneren. Sie bilden Gase, verpesten unsere Gedanken und lassen uns zweifeln. Verglichen mit dem rabiaten und unmissverständlichen Vorgehen des Blankwaffenzeitalters ist das natürlich perfide. Wir können nur noch selten klar erkennen, ob wir wirklich angegriffen oder nur so lange gestichelt werden, bis wir den Rückzug antreten oder einknicken.

Ob wir eine Provokation verstehen, sie beantworten und unsere Waffe ziehen, hat viel mit unserer Persönlichkeit zu tun. Alle Vorgänge, die mit dem Beginn eines Kampfes zu tun haben, finden in unserem Inneren statt. Ganz gleich, ob es sich dabei um ein Schwert- oder Wortgefecht handelt. Vor allem Frauen, die nicht nur auf der formellen, sondern sehr häufig auch auf der informellen, zwischenmenschlichen und emotionalen Ebene kommunizieren, haben mitunter Schwierigkeiten, die Fakten vom Interpretierten zu unterscheiden. Und dann gibt es auch noch den Subtext, also jede Menge unausgesprochene Botschaften, die samt und sonders mitserviert werden – zumindest denken wir das.

Subtext aber entsteht in unserem Kopf. Und so gelingt

es einem schlichten »Das war ja mal wieder klar!«, uns in tiefe Selbstzweifel zu stürzen. Deshalb hilft es, jede verbale Provokation erst einmal auf ihre Fakten zu überprüfen: Was haben wir gehört? Wie war der konkrete Wortlaut? Es bringt uns nicht weiter, wenn wir uns fragen: *Habe ich das tatsächlich richtig verstanden? Vielleicht habe ich mir das auch nur eingebildet? Er/Sie hat das sicher nicht so gemeint.* Auch neigen wir dazu, Wörter dazuzudichten oder aus unserem Gedächtnis zu löschen oder ausschließlich den Tonfall wahrzunehmen und die Sachebene auszublenden. All das bringt uns jedoch nicht weiter.

Ich höre was, was du nicht sagst!: Mit vier Ohren hören

Sie kennen das bestimmt. Ein ungeliebter Kollege kommt am Montagmorgen in Ihr Büro und fragt: »Na, hast du die Präsentation schon fertig vorbereitet?« Dieser einfache Satz löst in Ihrem Inneren möglicherweise eine Kettenreaktion aus, an deren Ende Sie wahlweise gelassen, genervt, verwirrt oder komplett verunsichert sind. Dabei hat der Kollege unter Umständen nur wissen wollen, wie weit Sie schon sind – weil er noch gar nicht angefangen hat. Aber auf die Idee kommen Sie gar nicht. Sie sind abgetaucht in Ihrem eigenen Film und sorgen mit der Kraft Ihrer Gedanken dafür, dass aus einer einfachen Frage-Mücke ein Problem-Elefant wird.

Glücklicherweise kann man üben, ausschließlich das Gesagte wahrzunehmen und jeglichen Subtext, alle möglichen beleidigenden Tonfälle oder Bedeutungen, wegzulassen. Dafür ist es wichtig, erst einmal herauszufinden, welcher Typ Sie sind, also wie Sie auf Provokationen reagieren.

KLEINER PERSÖNLICHKEITSTEST: WIE REAGIEREN SIE AUF PROVOKATIONEN?

Sehen Sie sich die folgende Grafik einmal an: ein Kreis, der durch zwei Striche in vier Teile unterteilt wurde.

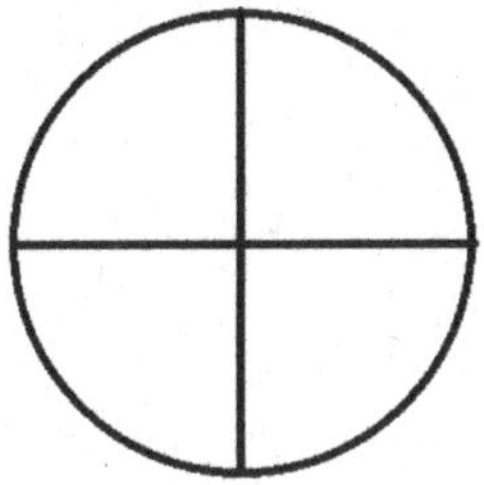

Hier nun Ihre Aufgabe: Zeichnen Sie in den oberen rechten Teil des Kreises ein Rechteck mit drei Strichen. Erledigt? Wunderbar.

Es gibt vier Möglichkeiten, wie Sie die Aufgabe gelöst haben.

1. Der Konfliktverweigerer. Ihr Kreis sieht so aus:

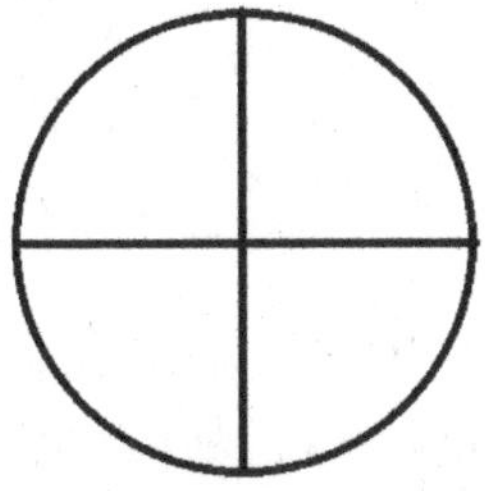

Ihr erster Gedanke war: »Das geht nicht! Ein Rechteck mit drei Strichen ist nicht machbar.« Aber wer hat gesagt, dass Sie *nur* drei Striche verwenden dürfen? Sie haben das Wort im Kopf dazugedichtet, obwohl es gar nicht gefallen ist. Sie haben sich also selbst Begrenzungen vorgegeben, die gar nicht da waren. Vermutlich nehmen Sie oft in Anweisungen oder Aussagen über Ihre Arbeit oder Person Begrenzungen wahr, die nicht vorhanden sind.

2. Der Realist. Ihre Grafik sieht so aus:

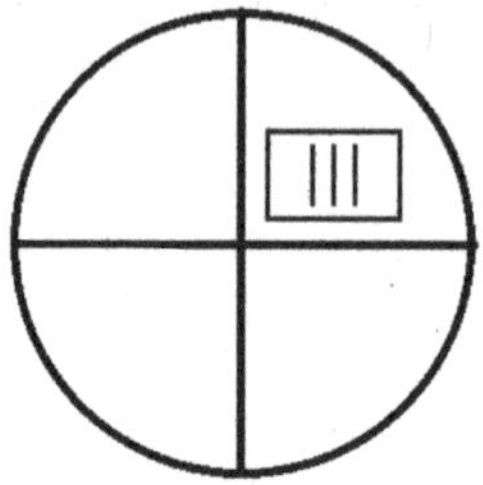

Sie haben genau das getan, was man Ihnen gesagt hat: ein Rechteck mit drei Strichen gemalt. Aufgabe erledigt, was kommt als Nächstes?

3. Der Lösungsorientierte. Sie haben vermutlich so einen Kreis hinterlassen:

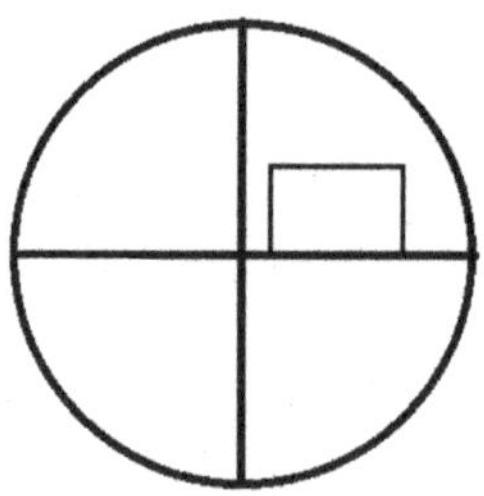

Sie haben mit dem gearbeitet, was Ihnen zur Verfügung steht, und die Aufgabe pragmatisch gelöst. In Ihrem Kopf ging vermutlich das ab, was Typ Konfliktverweigerer ebenfalls gedacht hat: »Ein Rechteck mit drei Strichen malen, geht nicht!« Aber Sie sollen ja die Aufgabe lösen … Also haben Sie nach einer vierten Linie gesucht und sie gefunden.

4. Der Kreative. Haben Sie so einen Kreis hinterlassen?

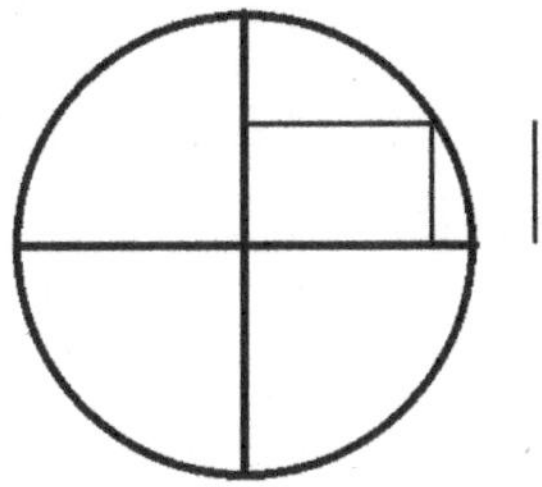

Der vierte Typ, der Kreative, macht es ähnlich wie der Lösungsorientierte, schießt aber etwas über das Ziel hinaus. »Ist das ein Trick?«, fragt er sich, denn er benutzt nicht nur eine bereits vorhandene Linie, sondern zwei, und hat blöderweise einen Strich übrig. Diesen Strich versucht er nun irgendwie unterzubringen – oder er benutzt ihn für etwas Neues.

Mithilfe dieser kleinen Übung lässt sich gut erkennen, wie unterschiedlich Gehirne ein und dieselbe Aufgabe ausführen – und damit auch Aussagen verstehen.

Gehen wir nun in die konkrete Szene im Büro. Ihr Kollege fragt Sie: »Na, hast du die Präsentation schon fertig vorbereitet?« Auf Sachebene will er nur wissen, ob Sie schon fertig sind. Nicht mehr und nicht weniger. Wenn da nicht dieses kleine Wörtchen wäre, das Sie auf die Palme bringt: »Na?« Und da ist dann noch das »schon«. Es kann als Versuch aufgefasst werden, Druck auszuüben. Es kann aber auch bedeuten, dass Ihr Kollege noch nicht einmal angefangen hat und bei Ihnen mal nachhorchen will, wie weit Sie schon sind. So oder so: Was Sie aus der Aussage machen, hängt davon ab, wie Sie den Subtext verstehen.

Beim Erarbeiten von Dialogen auf der Bühne ist der Subtext besonders wichtig. Es ist der Text, der unter dem eigentlich Gesagten liegt, also eine Ebene, die der expliziten

Aussage eines Satzes als zusätzliche, implizite Bedeutungsebene unterlegt ist. Frauen sind Meisterinnen im Verstehen von Subtext, manchmal sind wir sogar so gut, dass wir unser Gegenüber von unserem Subtext überzeugen und der arme Kerl, denn meistens ist es ein Mann, weiß dann gar nicht mehr so genau, was er eigentlich meinte. Vor allem sind wir brillant darin, den Subtext so auszugestalten, wie er für uns richtig beziehungsweise falsch ist. Schuld daran sind unsere Überzeugungen, die wir tief in uns tragen. Diese Überzeugungen wollen wir gern bestätigen, selbst wenn es für uns nicht immer gut ist.

Ein möglicher Subtext wäre, dass wir eine überhöhte Erwartungshaltung unseres Kollegen hören und denken: »O mein Gott, die Präsentation! Mist, mit der bin ich noch nicht fertig, ich hab noch nicht mal angefangen. Aber wie sag ich das jetzt? Der freut sich bestimmt gleich wie ein Schnitzel, und ich fühl mich dann wieder wie eine komplette Versagerin!«

Wie gesagt, es ging um eine einfache Frage. Unser Kollege, egal wie wenig wir ihn leiden können, hat möglicherweise nur den Stand der Dinge erfragen wollen. Es kann sogar sein, dass er das getan hat, da er selbst noch nicht so weit ist und sich eine Verbündete sucht.

In jedem Fall wäre es für Ihren Seelenfrieden und die allgemeine Stimmung im Büro besser, wenn Sie versuchen würden, sich nur an das zu halten, was tatsächlich gesagt wurde – alles andere findet in Ihrem Kopf statt. Sie erleben eine Provokation, wo der andere vielleicht nur Konversation betreiben will. Klar, wir nehmen oft Schwingungen wahr, und meistens sind sie auch vorhanden. Doch es ist nicht immer hilfreich, auf sie zu reagieren. Denn entweder beeinflusse ich die Situation negativ durch meine aufkeimende Panik oder mein entschuldigendes Verhalten, was gar nicht nötig wäre. Immerhin ist noch nicht Freitag, also können

Sie tief durchatmen. Oder Sie schieben den Schwarzen Peter zurück zu Ihrem Kollegen, was Ihnen beiden auch nicht dient.

Sollten Sie wirklich einmal nicht sicher sein, wie eine Aussage gemeint ist, beispielsweise weil eine Frage oder Aussage in einem Tonfall daherkam, der sich nicht wegdiskutieren oder überhören lässt, hilft nur eines: nachfragen. Das nimmt uns den Druck, in einem Fettnäpfchen zu landen. Also in etwa so:

Kollege (spöttisch): »Na, hast du die Präsentation schon fertig vorbereitet?«

Sie: »Wieso fragst du das in diesem Ton?«

Kollege (stammelnd): »Ich ... äh, ich weiß nicht, was du meinst, ich hab doch nur gefragt ...«

Sie: »Genau. Ich möchte wissen, ob ich deine Frage richtig verstanden habe.«

Damit geben wir das Päckchen erst einmal zurück an den Adressaten. Er kann selbst entscheiden, ob er es noch einmal losschicken will.

Im Trainingslager. Teil 3: Der Schlachtplan

Weihnachten war überstanden, und der Geburtstag meines Onkels kam. Ich war vorbereitet auf die nächste Provokation durch meine Cousins und musste zum Glück nicht lange auf sie warten. Als die Hauptspeise kam, fragte Roland: »Und, Katrin, hast du schon deinen Prinzen gefunden?«

Ich dachte an meine Taktik. Jede Frage mit einer Gegenfrage beantworten! Also fragte ich: »Und du, Roland, hast du schon deinen Prinzen gefunden?«

Die ganze Verwandtschaft lachte. Diesmal blieb Roland der Knödel im Halse stecken. Sein Bruder Peter krähte vor Vergnügen.

Roland, der sich von seinem Schock erholt hatte, dass die kleine Cousine nicht nur sprechen konnte, sondern auch was zu sagen hatte, meinte: »Bist ganz schön frech heute.«

Es folgte Stille. Man hörte nur die Messer auf den Porzellantellern kratzen. Es fühlte sich an wie Minuten. Dann holte er erneut zum Angriff aus.

»Hab gehört, du hast dir jetzt so einen Nager angeschafft. Bist wohl jetzt ein Rattenmädchen.«

Ich erwiderte: »Glaub mir, bei solchen Cousins hebt sich die Ratte als guter Freund richtig ab. Sie ist intelligent, gewitzt und flink.«

Huch. Die Worte waren einfach so aus mir herausgepurzelt. War ich zu weit gegangen? War das schon zu viel?

Neben mir lachte Peter. »Besser einen Nager als Freund als einen ohne Zähne!«

Da wusste ich, dass alles in Ordnung war.

Peter wollte nun auch ins Spiel einsteigen, hierfür gab er mir eine Arbeitsanweisung. »Wenn du aufstehst, Cousinchen, kannst du mir dann einen Knödel mitbringen?«

Ich tat, was ich mir vorgenommen hatte. Ich drehte den Spieß um. »Hast wohl Probleme mit der Hüfte? Kein Wunder, dass du keine abkriegst. Alte Knochen und schlechtes Benehmen, da kräht keine danach ... Als deine dich liebende Cousine will ich aber, dass du ein Mädchen kennenlernst. Das Beste ist also, du stehst selbst auf und bringst mir gleich noch einen mit. Trainiert deine Muskulatur und deine Kultiviertheit.«

Es sprudelten auf einmal Sätze aus mir heraus, wie ich sie noch nie gesprochen hatte. War das wirklich ich?

Peter guckte mich niedergemäht an. »Du bist ja heute ein Maschinengewehr. Gleich mehrere Schuss!«

Meine Angst war wie weggeblasen. Es machte mir Spaß, mir einen solchen Schlagabtausch mit meinen Cousins zu liefern. Früher hatten wir Verstecken gespielt, nun tat sich mit einem Mal eine völlig neue Welt auf, und ich verstand: Die Provokationen waren Sinnbild des Interesses am anderen und seiner Intelligenz. Wir testeten uns aus, probten unsere Angriffe und Paraden, Hiebe, Stöße und gut gesetzte verbale Ohrfeigen, und wir hatten sichtlich Freude daran, genau wie die Verwandtschaft. Als mein Vater am Nachmittag zum Aufbruch blies, fragte ich zum ersten Mal seit Langem, ob wir nicht noch länger bleiben könnten.

Im Auto sah Papa in den Rückspiegel. »Na, das lief ja heute hervorragend für dich!«

»Findest du?«

Er grinste. »Hast du gut gemacht, Tochter!« Sein Stolz war spürbar. Und die Sicherheit, dass seine Tochter zurechtkam in der Welt. Dass sie es allein, ohne Papas Hilfe hinbekommen hatte.

Und darauf war ich stolz. Einen Vater zu haben, der mir dieses Vertrauen entgegengebracht hatte. Aber das kapierte ich erst jetzt. Es war nicht so gewesen, dass er mir nicht hatte helfen wollen. Er wollte, dass ich meine Fähigkeit entdeckte und den Sieg allein nach Hause trug. Ich sehnte mich dem nächsten Weihnachtsfest entgegen, um es erneut mit meinen Cousins aufzunehmen. Bis heute hält dieses Gefühl an. Nicht nur wegen der Gans, sondern wegen der Vorfreude auf einen weiteren Schlagabtausch mit Roland und Peter. Ich bin ihnen unendlich dankbar, denn sie waren hervorragende Trainingspartner.

Merke

Provokation wird oft mit Aggression verwechselt. Meistens hat der Provokateur schlicht Spaß daran, sich mit seinem Gegenüber zu messen. Reibung erzeugt Wärme. Deswegen frotzeln, kitzeln und ärgern uns vor allem diejenigen, die uns besonders liebhaben.

Was stört es den Mond, wenn ihn der Hund anbellt: Die fünf besten Reaktionen auf eine Provokation

Auf Familienfeiern lassen sich zuweilen die schönsten Provokationen finden. Es wird munter ausgeteilt, ohne Scheu und Scham. Zum Beispiel so: »Katrin, hast du wirklich das letzte Stück Kuchen gegessen?«

Der Brösel vom herrlichen Marmorkuchen bleibt einem fast im Hals stecken, man verschluckt sich. Erster Gedanke des braven Mädchens: »O Gott, ich bin so egoistisch! Ich habe mir zu viel herausgenommen.«

Der Logiker sieht das ganz anders: »Einer muss das letzte Stück ja essen.«

Der Pragmatiker auch: »Na ja, fürs Erste war ich zu spät dran.«

Fünf Reaktionsmöglichkeiten, die immer gehen:

1. **Schweigen & blicken:** Voller Genuss in den Kuchen beißen, den anderen anschauen und weiterkauen. Was stört es den Mond, wenn ihn der Hund anbellt?
2. **Schnaufen & gehen:** Mit Kuchen im Mund tief ausatmen, aufstehen, an der Person vorbei hinausgehen. Es ist ja eigentlich eine blöde Frage. Man muss nicht darauf antworten.
3. **Bedingungslos annehmen:** Lächelnd über die Lippen lecken und sich den Bauch reiben. Eventuell: »Ja! Ich liebe es, die Teller leer zu essen.«
4. **Übertreiben oder untertreiben:** »Oje, das letzte Stück Kuchen, ich habe tatsächlich das letzte Stück Kuchen gegessen! Was mache ich denn jetzt? Wie hol ich es wieder heraus?« Oder: »Ach, das ist das letzte gewesen? Der Krümel da?«

5. **1:1 zurückfragen:** »Warum? Wolltest du das letzte Stück essen?« (Darauf gibt es ja nur eine Antwort: »Nein, das macht man nämlich nicht!«) Wer Lust auf weitere Diskussionen hat: »Was willst du damit sagen?«

Kick it: Warum ist es okay, das Gegenüber imaginär zu treten, statt »an sich zu halten«?

Im Zuge meines ersten Seminars *Kämpferische Kommunikation*, in dem ich die Erkenntnisse aus dem Bühnenkampf auf Lehrsituationen übertrug, beauftragte mich die TU München damit, die Körpersprache zweier Mathematik-Dozenten, einer Frau und einem Mann, beim Unterrichten zu beobachten. Ziel meiner Analyse war, herauszufinden, warum es bei manchen Dozenten einen Leistungs- und Konzentrationsabfall der Studenten gab und bei anderen nicht.

Die Frau hatte eine sehr klar strukturierte Lehrveranstaltung, hielt sich jedoch die ganze Zeit am Unterrichtspult fest und zeigte eine angespannte Körperhaltung. Bei Punkten, die ihr wichtig waren, kam sie vor das Pult, allerdings verlor sie niemals den Kontakt dazu. Sie wollte autoritär und kontrolliert auftreten, ihr war allem Anschein nach klar, dass sie es in der Männerdomäne Mathematik nicht leicht hatte. Genau durch dieses Verhalten entglitt ihr jedoch die Situation. Hätte sie losgelassen (das Pult wie ihre Sorge, sich nicht durchsetzen zu können) und auf ihre klare Struktur vertraut, hätte sie die Studenten sicher erreicht. In ihrem Seminar war es zwar ruhig, aber nicht konzentriert. Die Studierenden hatten abgeschaltet.

Der Mann hingegen zeigte eine sehr interessante Verhaltensweise auf. Sein Unterricht war deutlich schnoddriger als der seiner Kollegin, und die Studenten waren auch unruhiger. Immer dann, wenn es ihm zu blöd wurde, kickte er einmal mit dem Fuß nach vorn – als wollte er das unaufmerksame Auditorium mit einem kleinen imaginären Tritt wieder in die Spur bringen. Zu Beginn fand ich seinen Tick etwas merkwürdig, doch im Laufe der zwei Stunden Vorlesung wurde mir klar, dass er seine Aggressionen so hervorragend unter Kontrolle bringen konnte. Anstatt laut zu werden, gab er die Verärgerung mit einem kleinen Kick an die Zuhörerschaft ab – und fuhr entspannt mit seinem Vortrag fort. Ich bin mir sicher, ihm war sein Verhalten nicht bewusst – doch nonverbal gab er jedem Einzelnen zu verstehen: *Wenn du nicht zuhörst, kannst du mich mal.* Und während seine Kollegin mit viel Aufwand und Kraft die Studenten domestizieren musste, genügte ihm ein kleiner Tritt in die Luft, und alle verstanden.

Mut zur Wut: Was ist der Unterschied zwischen Wut und Aggression? Wie nutze ich diese Energien?

Zu Beginn eines jeden Bühnenkampfseminars gleichen die Kämpfe der Teilnehmer einer Stummfilmsequenz. Die Studierenden verausgaben sich körperlich, gehen bis an ihre Grenzen, legen sich in jeden Schlag hinein und spielen die Reaktionen oscarreif. Allerdings meistens stumm wie Fische. Sie arbeiten nicht mit der Stimme, blockieren im Hals. Warum nur?

Weil wir in unserer Kultur beigebracht bekommen, unsere Gefühle nicht zu äußern. Wir unterdrücken sie, schlucken sie runter, schieben sie weg. Es kommt uns merkwürdig vor, laut aufzuheulen, zu jammern, keuchen, schreien oder nur Geräusche von uns zu geben, die kein durchdachter, logischer Satz sind. Wir fühlen uns lächerlich.

Für den Körper des Schauspielers ist es ziemlich schädlich, nach Stummfilmmanier einen Bühnenkampf auszutragen. Der ganze Druck durch den angehaltenen Atem sucht sich nämlich ein Ventil, und zwar an anderer Stelle des Körpers. Oft drückt er gegen die Stimmlippen. Deswegen gilt: Was raus muss, muss raus! Ich empfehle nach jedem Seminar den Teilnehmern, sich ganz bewusst fünf Minuten zu nehmen und die Gesichtsmuskeln zu massieren, bevor sie ins Bett gehen. Ansonsten nehmen sie die Anspannung nämlich mit in den Schlaf und wachen am nächsten Tag mit Kopfschmerzen auf – oder richtig schlechter Laune. Wir dürfen lernen, Gefühle wie Wut oder Aggression loszulassen.

Für Männer ist es in der choreografischen Arbeit leichter, ihrer Wut Ausdruck zu verleihen. Frauen hingegen tun sich schwer. Lieber gehen sie winselnd-weinend in die Opferrolle und unterdrücken die Gefühle von Stärke und Wut körperlich wie stimmlich.

Wenn es einer Teilnehmerin plötzlich gelingt, den Korken aus der Flasche zu ziehen und den Dschinn zu entfesseln, ist es jedes Mal schön zu beobachten. Ich spreche hierbei nicht von der bezaubernden Jeannie oder Aladdins ausgeflipptem Geist Dschinni. Der islamische Glauben kennt den Dschinn als Dämon, Geist oder übersinnliches Wesen, das aus rauchlosem Feuer erschaffen ist und Schaden und Schrecken verbreiten kann. Wie Menschen, Satane und Engel bevölkern Dschinn die Erde, der Überlieferung nach können sie in die irdische Gestalt von Menschen hineinfahren und diese um den Verstand bringen.

Ich habe am Anfang des Buches von Schattenkriegerinnen gesprochen, die in jeder Frau schlummern und nur darauf warten, an die Oberfläche zu gelangen. Der Dschinn kann als eine Art Schattenkriegerin verstanden werden: ein Wesen, das als Teil von uns ein Leben in der Dunkelheit fristet, bis wir es von der Kette lassen.

In meinen Seminaren kommt es immer wieder vor, dass

Frauen den Moment der »Entfesselung« erleben. Mit einem Mal gelangen sie an eine Quelle unerschöpflicher Energien, die sie nicht kannten. Sie erleben ihre Gefühle, vor allem Wut oder Aggression, in nie dagewesener Deutlichkeit, stehen plötzlich anders da, nehmen sich Raum, verleihen sich Bedeutung. Es muss keine blinde Raserei oder nackte Wut sein, die von den Seminarteilnehmerinnen Besitz ergreift. Wer aber lernt, diese Gefühle anzuerkennen und für sein Handeln zu nutzen, lernt auch, den Dschinn zu bändigen. Teilnehmerinnen erlangen so eine bislang unbewusste Stärke. Oft wirkt es dann so, als ob sie Ketten sprengen würden, die sie wie Bänder oder ein zu enges Korsett um ihren Körper getragen hatten. Ihre Schritte werden raumgreifend, sie erweitern ihre Gesten, die Gesichter werden offen im Ausdruck. Denken wir noch einmal an Éowyn. Auch sie lässt ihr Monster von der Leine und schafft dadurch Bemerkenswertes: Sie tötet den Endgegner. Das hätte sie nicht vermocht, wenn sie weiterhin zugelassen hätte, dass andere über ihr Schicksal und ihre Emotionen bestimmen.

Im Schauspiel gibt es die sogenannte »Übung der Isolationstechnik«. Wir verwenden sie, um Hemmungen abzubauen oder einen Dialog in einem bestimmten Gefühl darzustellen. Die Übung läuft folgendermaßen ab: Zwei Schauspieler bekommen einen Dialog (die Übung ist aber auch allein als Monolog durchführbar). Jedem Schauspieler wird nun eine Emotion zugewiesen – nur eine, die er den ganzen Text lang durchhalten muss. Am Anfang verwenden wir gern die Wut, denn sie bricht die eigenen Grenzen auf. Wenn wir richtig wütend sind, vergessen wir all unsere Kontrollmechanismen. Mithilfe der Isolationsübung erreichen wir, dass der Schauspieler nicht einfach nur »spielt«, sondern sich vollständig auf das Gefühl einlässt und es dabei trotzdem kontrolliert.

Die Darsteller beginnen nun, ihre Texte aufzusagen beziehungsweise zu schreien. Es geht nicht nur darum, laut zu sein, sondern die Wut wirklich zu empfinden und deshalb schreien zu *müssen*. Ohne Pause, bei voller Anspannung der Muskulatur. Das ist ganz schön anstrengend. Alles ist erlaubt, springen, brüllen, auf den Boden hauen – die einzige Regel lautet, man darf den Partner während der Übung nicht berühren, sich selbst und den anderen nicht verletzen und keine Gegenstände zerstören.

Ich arbeite gern mit der Isolationsübung, wenn wir wenig Zeit haben, um einen Text zu erarbeiten. Denn die Übung sorgt dafür, dass eine gewisse Durchlässigkeit für Emotionen entsteht; die Schauspieler lernen, sie nicht zurückzuhalten. Folglich fällt alles sehr natürlich an seinen Platz.

Bei diesen Durchläufen machte ich eine interessante Entdeckung. Diejenigen meiner Studenten, die wirklich wütend waren, standen fest auf beiden Beinen. Die Wut kam aus dem Bauch heraus, die Stimme war tief beziehungsweise im Körper ruhend. Es war den Studenten möglich, aus der Wut heraus in jegliche andere Emotion zu wechseln. Entweder begannen sie unfassbar zu lachen, oder Tränen liefen ihnen die Wangen hinunter, denn Traurigkeit machte sich Platz.

Im Anschluss unterhielten wir uns über meine Beobachtung und fanden heraus, dass sie nicht nur für den Probenraum galt, in dem wir einen fiktiven Charakter mimten, sondern auch für den normalen Alltag. Es gibt diese Wut, die im Bauch sitzt. Man wird furchtbar laut, das Gegenüber sagt etwas, und wir müssen, egal, wie wütend wir sind, trotzdem zu lachen anfangen, da wir erkennen, wie grotesk die Situation für beide gerade ist. Das Gegenüber empfindet bei einem wütenden Menschen nicht notwendigerweise Unwohlsein. Der Tobende macht sich zwar Luft, aber man fühlt sich nicht zwangsläufig angegriffen.

Wut ist nämlich nicht gleich Aggression. Wut will sich

vor allem Ausdruck verleihen. Hier gilt es, genau hinzusehen und zu unterscheiden, denn Zorn, Ärger, bayrischer Grant und Empörung sind sehr verschieden. Auch kulturell bedingt.

Bei der Aggression verhält es sich anders. Die Körperhaltung ist schon eine andere als bei der Wut. Das Gewicht ist meist nach vorn verlagert, zum Gegenüber hin, Unterkiefer und Hals sind nach vorn gereckt, die Lefzen (Oberlippen) sind leicht hochgezogen, als wenn man gleich beißen wollte, und der Kopf ist nach hinten in den Nacken gekippt. Aus dieser Körperhaltung heraus gelingt es nicht, in ein befreiendes Lachen zu gehen. Die aggressive Haltung überträgt sich als stark bedrohlich bis gefährlich auf das Gegenüber.

»Ran ans Eingemachte«: Wut, Lachen, Trauer, Angst – die Anwendung von Schauspieltechniken

Jede Emotion, die wir mit uns herumtragen, beeinflusst die Räumlichkeit, in der wir uns aufhalten. Wir alle kennen Menschen, die das besonders gut können, positiv wie negativ. Die entfernt verwandte Tante, die immer alles schlechtredet und es trotz aller Widerstandsfähigkeit und viel innerem *Om!* schafft, auch unsere Stimmung zu dimmen, nach nur zwanzig Minuten, egal wie gut wir uns vorher gefühlt haben. Und dann gibt es auch Menschen, in deren Gegenwart alles leicht und machbar erscheint, selbst wenn es diese Menschen objektiv betrachtet vielleicht schwer haben. Deswegen schauen wir Filme und gehen ins Theater: weil wir Emotionen aufnehmen und mitfühlen wollen.

Verantwortlich für unsere »Ansteckung« an die Launen und Stimmungen anderer sind unsere Spiegelneuronen. Dabei handelt es sich um spezielle Nervenzellen in unserem

Gehirn, die uns zum mitfühlenden Wesen machen. Sehen wir zum Beispiel auf der Leinwand, wie jemand nach einem harten Schlag zu Boden geht, spüren wir selbst Unbehagen und empfinden nach, wie sich der Schmerz anfühlt.

Bei Personen, die uns nahestehen oder die wir sympathisch finden, nehmen wir automatisch ein wenig die Haltung ein, die sie ausstrahlen. Dadurch versetzen wir uns in ihren Zustand. Tschechow hat hierfür eine interessante Schauspielmethode entwickelt: Indem der Schauspieler in die Körperhaltung einer Figur hineingeht, begreift er ihr Inneres und fühlt, wie sie fühlt. Das Method Acting geht den entgegengesetzten Weg, nämlich über die Empfindung in die Körperhaltung hinein. Beim Method Acting versucht der Schauspieler, sich emotional wortwörtlich in die Figur hineinfallen zu lassen.

Ein Schauspieler ist in der Lage, sich relativ schnell in verschiedene Gefühlszustände hineinzuversetzen. In unserem alltäglichen Leben werden wir indes oft von unseren Emotionen überrascht. Mithilfe der oben genannten Isolationstechnik können Sie lernen, zwischen verschiedenen Emotionen hin- und herzuwechseln. So trainieren Sie sich darin, einen Gefühlszustand, den Sie in Ihrem Alltag nicht wünschen, schnell zu verlassen.

GEFÜHLSKARUSSELL

Denken Sie an eine Situation, die Sie innerlich aufgewühlt hat. Erstellen Sie ein Faktenblatt mit allem, was Sie dazu sagen möchten. Nehmen Sie nun das Papier und lesen Sie den Text mit einer isolierten Emotion laut vor. Beginnen Sie mit der Wut. Schreien Sie das, was Sie aufgeschrieben haben, so laut und zornig, wie Sie können, in die Welt hinaus! Als Nächstes ist die Trauer dran. Weinen Sie, schluchzen Sie, jammern Sie Ihre Fakten so herzzerreißend, wie Sie nur können. Dann das Lachen. Lesen Sie ein letztes Mal die Fakten

vom Papier laut vor und schütten Sie sich dabei aus vor Lachen.
Wenn Sie mit der Übung fertig sind, werden Sie feststellen, dass Sie die ursprüngliche Situation nun anders wahrnehmen. Indem Sie den Fokus verlagern, finden Sie womöglich eine neue Lösung für Ihre Probleme oder stellen fest, wie unwichtig oder lachhaft die ganze Sache eigentlich ist.
Für diese Übung suchen Sie sich am besten einen abgelegenen Ort oder einen Nachmieter.

Kapitel 5

Die Jägerin

Leben und leben lassen

Die Jägerin ist meist allein auf der Pirsch. Folglich hat sie niemanden, der ihr Ratschläge erteilt – sie ist ihr eigener bester Berater. Oft ist sie einsam, doch diese Einsamkeit gefällt ihr. In der Stille kann sie ihre Stimme von denen der anderen unterscheiden.

Die Jägerin hat eine Landkarte im Kopf – sie weiß, wer sich wo aufhält oder seine Position wechselt. Sie kennt die Rückzugsorte der Lebewesen in ihrem Jagdgrund. Während sie läuft, bekommt sie alles um sich herum mit: jeden Geruch, jedes Geräusch und jede noch so kleine Veränderung der Atmosphäre. Sie kennt die Alarmsignale der Vögel und kann sie von einem munteren Pfeifen unterscheiden. Gleichzeitig sucht sie in einem fort den Boden nach Spuren ab. Sie weiß, woher der Wind weht, denn er kann ihre Position verraten, wenn er ihren Duft mit sich trägt.

Sie agiert leise, denn sie darf ihr Umfeld nicht aufschrecken. Deswegen hat sie gelernt, sich beinahe lautlos fortzubewegen. Schon ein kleiner Fehltritt, zum Beispiel ein krachender Ast, spiegelt sich in der Reaktion ihres Umfeldes wider. Tiere flattern auf und fliegen davon, die Beute ergreift die Flucht. Die Jägerin muss an diesen Abenden hungrig ins Bett. Also lernt sie, die Vögel nicht aufzuscheuchen.

Sie muss sich in jedem Moment gewahr sein, was um sie herum passiert. Denn es gibt größere Tiere, die ihr selbst

zur Bedrohung werden können. Wenn sie zuschlägt, tut sie dies mit größtem Respekt. Die Jägerin weiß, wie viel Energie es die Welt kostet, Leben zu erzeugen, und wie viel Arbeit in der Aufzucht der Jungen steckt. Deshalb scheucht sie niemanden auf, der ihr selbst gefährlich werden könnte – sie müsste ihn töten, wenn er sie angreift. Sie kennt die Auswirkungen vom Kleinen ins Große, vom winzigsten Insekt bis zum riesigsten Säugetier, und weiß, dass alles miteinander verbunden ist. Die Jägerin weiß, dass auch das kleinste Insekt eine Aufgabe hat. Zum Beispiel der afrikanische Mistkäfer, der sich um Millionen von Elefantenhaufen kümmert, sie verwertet und abtransportiert. Tut er es nicht, bleiben wir auf einem Riesenhaufen Scheiße sitzen.

Was uns die Jägerin lehrt

1. Nicht jede Auseinandersetzung lohnt sich. Schonen wir unsere Reserven für den Ernstfall.
2. Wenn wir unterschätzt werden, können wir uns das zum Vorteil machen.
3. Wir respektieren unseren Gegner und studieren sein Verhalten. So vergrößern wir unsere Chancen, ihn eines Tages zu besiegen.

Ihre wichtigste Eigenschaft ist die Geduld. Da sie Fallen stellt und sich auf die Lauer legt, beherrscht sie notwendigerweise die Kunst des Wartens. Sie muss den richtigen Moment erwischen – und in der Zwischenzeit beobachtet sie. Die Jägerin agiert im Verborgenen und zeigt sich nur dann, wenn sie es will.

Eines meiner Lieblingskindermärchen ist *Drei Nüsse für Aschenbrödel.* Als Jäger verkleidet schießt Aschenbrödel im Wald dem Prinzen den Vogel vor der Nase weg und wird König der Jagd. Später bekommt sie auch noch den Prinzen! Ich träumte als Mädchen davon, so zu sein wie sie: durch den Wald zu reiten und frei zu sein, statt auf dem Thron zu sitzen, in einem viel zu voluminösen Kleid, auf dessen Saum ich beim Aufstehen natürlich immer treten würde.

Was mich damals als Kind schon faszinierte, war dieser spürbare Einklang mit sich und der Umwelt – diese Unabhängigkeit von der Meinung anderer. Die Jägerin taucht plötzlich auf, ebenso plötzlich ist sie wieder verschwunden.

Keiner weiß, wer sie wirklich ist. Ihre Kampfhaltung ist schweigend, stumm, lautlos. Sie achtet die Zeichen, die die Natur ihr hinterlässt, und bringt uns bei, unsere Sinne einzuschalten.

Die Jägerin: Was können wir von Artemis lernen?

In der griechischen Mythologie ist Artemis als eine der zwölf Gottheiten Teil des Olymps. Sie ist die Göttin der Jagd, aber auch des Waldes, der Geburt und des Mondes. Ihr Zwillingsbruder ist Apollon, ihre Eltern sind Zeus und Leto. In der römischen Mythologie ist ihr Gegenstück die Göttin Diana. Sie gilt als jungfräuliche Jägerin, die ein schwieriges Verhältnis zu Männern hat, weil sie sie für die Schmerzen der Geburt verantwortlich macht. Artemis ist eine Einzelgängerin, die höchstens von ihren ebenfalls jungfräulichen Nymphen begleitet durch die Wälder zieht. Ihr Ruf eilt ihr voraus, sie gilt als unbezähmbar und wild. Ihr Verhältnis zu Tieren ist offenbar besser als das zu Menschen. Homer nennt sie Potnia Theron, »Herrin der Tiere«. Sie schützt Tiere und tötet nur dann, wenn es notwendig ist.

Abgesehen von ihrem Engagement bei Gebärenden, Müttern und Kindern, tut sie manchmal auch etwas für die göttliche Gemeinschaft. Als die Giganten den Olymp angreifen, schießt sie einen von ihnen, Gration, mit einem einzigen Pfeil nieder.

Artemis reagiert allergisch, wenn man in ihr Revier eindringt. Die bekannteste Erzählung von ihr handelt von dem Zusammentreffen mit Aktaion, einem leidenschaftlichen Jäger. Der sucht in der Mittagshitze einen Platz zum Ruhen im Wald – und wählt ausgerechnet ein Tal, das der Artemis geweiht ist. Die nimmt gerade ein Bad in einer Grotte in jenem Tal, und Aktaion sieht die Göttin nackt. Die fackelt nicht lange und verwandelt ihn in einen Hirsch, damit er niemandem von der pikanten Begegnung erzählen kann. Und dann kommt es, wie es kommen muss: Aktaion in Gestalt des Hirsches wird von seinen eigenen Jagdhunden zerfleischt. Hoppla.

Es gibt noch weitere Geschichten und Anekdoten rund um Artemis, wie zum Beispiel das Bogenschießduell mit ihrem Zwillingsbruder, bei dem sie aus Versehen den Kopf des im Meer schwimmenden Orion durchbohrt. Oder als sie Selbigem, der alle wilden Tiere des Erdkreises töten will, einen Skorpion darbietet, gegen den der gute Orion nichts ausrichten kann. Der Skorpion tötet den vorlauten Orion, und dieser verwandelt sich in ein Sternbild. Vielleicht haben Sie sich schon einmal die Frage gestellt, warum man Orion und Skorpion nie gemeinsam am Himmel sieht. Nun, hier ist die Antwort: Man hat sie so an den Himmel gebannt, dass sie sich für immer jagen, aber nie in Sichtweite geraten.

Auch im Trojanischen Krieg mischt Artemis mit, als sie Agamemnon kurz vor Ausbruch des Krieges eine Windstille schickt, weil er es gewagt hat, eine von ihr geweihte Hirschkuh zu erlegen. Weil das noch nicht ausreicht, fordert Artemis ein Menschenopfer. Agamemnon fackelt nicht lange und schickt seine Tochter. Da die Göttin Artemis jedoch ein Herz für Kinder, besonders Töchter und Schwestern, hat, bringt sie Iphigenie nach Tauris und lässt die Sache auf sich beruhen. (Es ist nicht überliefert, wie Artemis auf Jungenopfer reagiert ...) Trotzdem gilt: Leg dich nicht mit Artemis an!

JAGEN LERNEN: SCHLEICHEN, LAUSCHEN, ZIELEN

Schleichen: Betreten Sie so leise wie möglich Ihren Arbeitsplatz. Wie können Sie auf Ihren Stuhl gelangen, ohne dass Ihre Kollegen Notiz von Ihnen nehmen? Probieren Sie aus, hinter den anderen verborgen das Gebäude zu betreten. Öffnen und schließen Sie lautlos Türen. Tragen Sie Schuhwerk, das Sie nicht schon aus fünf Kilometern Entfernung ankündigt.

Schulen Sie Ihr Auftauchen und Verschwinden, Ihre Nichtanwesenheit. Es ist manchmal von Vorteil, mit der Umgebung zu verschmelzen. Denken Sie an den unaufdringlichen Kellner, der sich, obwohl er uns gerade nachschenkt, innerlich so zurücknimmt, dass wir der Freundin weiter die unfassbar intimen Details unseres letzten Quickies darlegen, ohne dass uns seine Präsenz bewusst ist. Das ist wahres Können.

Lauschen: Machen Sie sich auf in ein Café, wenden Sie sich Ihren Mails zu und lauschen Sie den Menschen um sich herum. Beobachten Sie, ob das, was die Personen erzählen, deckungsgleich mit Ihrer Wahrnehmung ist. Achten Sie auf den Subtext. Welche Informationen empfangen Sie jenseits der Worte?

Zielen: Stehen Sie auf und schließen Sie die Augen. Betrachten Sie die Hindernisse, die noch auf Ihrem Weg liegen, und konzentrieren Sie sich auf das Ziel. Was ist der kürzeste Weg dorthin?

Sie können Hindernisse jedoch umgehen, um sich selbst, aber auch die Lebewesen in dem Territorium zu schützen. Für die bedeutet ihr Eindringen Stress, der mit mehr Energie ausgeglichen werden muss. Später anzukommen muss also nicht schlecht sein – sofern der Weg sicherer ist. Machen Sie sich bewusst, dass auch Umwege zum Ziel führen. Der direkte Weg ist nicht immer der beste.

Wiederholen Sie die Übung, egal, ob Sie kurzfristige oder langfristige Ziele anvisieren, mit großen oder kleinen Schritten vorankommen.

Die Kunst der Beobachtung in der modernen Zeit

»Obacht!« Das Wort kommt aus dem Bayerischen und begleitet mich seit frühester Kindheit. Es bedeutet: Achtung, aufgepasst, irgendetwas versetzt mich in Alarmbereitschaft.

Ich mag das Wort Obacht, denn es versteckt sich die Achtung darin – vor etwas oder jemandem. Es soll nicht verunsichern oder verängstigen, sondern warnen. Wer achtsam ist, zeigt Respekt und Offenheit dafür, dass eine neue Situation eintreten kann, mit der man umgehen darf. Diese kann durch eine Sache ausgelöst werden, häufiger passiert es durch ein anderes Wesen. Wer be*obacht*et, respektiert dieses andere Leben.

In meinem Heimatdialekt übersetzt man Obacht übrigens so: »Schau g'scheit hi, damits d'nix übersiehgst.« International verständlicher ist *Situational Awareness* oder, auf Deutsch etwas weniger sexy, Situationsbewusstsein. Darunter versteht man, sich seiner Umgebung bewusst zu sein und sie genau zu studieren. *Situational Awareness* ist vor allem für Polizisten, Militärs, Ranger, Guides und so weiter von Bedeutung. Sie werden darauf trainiert, in ihrem Umfeld so viel wie möglich wahrzunehmen und einzuordnen, um jederzeit flexibel zu reagieren. Das Ziel ist, nahende Bedrohungen und gefährliche Situationen so schnell wie möglich zu erkennen und unter Kontrolle zu bekommen. Für diese Berufsstände ist Situationsbewusstsein eine Überlebensstrategie. So erspart man sich nämlich die Kugel oder das Messer im Rücken.

Zugegeben, in unserem Alltag werden wir selten von jemandem mit dem Kugelschreiber bedroht. Spätestens seit James Bond wissen wir aber, was in einem Schreibutensil alles stecken kann. Im übertragenen Sinn ist es für uns auf jeden Fall hilfreich, wenn wir innerlich gewappnet sind. Die meisten Angriffe heutzutage erfolgen verbal, aber ein rhetorisch auf die Brust gesetztes Messer kann durchaus unangenehm sein.

Unsere *Situational Awareness* trainieren wir übrigens ab dem zarten Alter von siebzehn Jahren. Wir beginnen in der ersten Fahrstunde damit. Bewegen wir uns in der Zeit davor relativ unbedarft im Straßenverkehr, sind wir mit einem Mal dazu aufgefordert, unser gesamtes Umfeld mit ganz neuen Augen zu sehen. Ein Radfahrer ist nicht nur ein Radfahrer – er kann urplötzlich nach links abbiegen und unsere Wege kreuzen. Ein Ball, der zwischen parkenden Autos auf die Straße kullert, wird meistens von einem unachtsamen Kind wieder eingesammelt. Und der auf der linken Autobahnspur heranrasende Mercedes mit den aufgeblendeten Scheinwerfern stellt ein Problem dar, mit dem wir uns vorher, als wir noch naiv auf der Rückbank saßen, nie herumschlagen mussten.

Im Prinzip ist die Fahrschule wie ein Trainingslager für *Situational Awareness*. Innenspiegel, Außenspiegel, Schulterblick – wir trainieren, jederzeit auf alles vorbereitet zu sein und zu ahnen, was die anderen vorhaben. *Haben sie ihr Fahrzeug unter Kontrolle? Sehen sie mich? Denken sie mit? Wie komme ich unverletzt von A nach B?* Ein Auto ist im Grunde nichts anderes als eine Waffe, die wir in jungen Jahren unter den Hintern geschoben bekommen. Im alten Rom musste man jahrelang trainieren, um irgendwann einen Streitwagen fahren zu dürfen. Es war eine große Ehre, dort am Steuer zu stehen. Der Wagen war Prestigeobjekt, und meistens wurden Adlige Besitzer eines Streitwagens, da sie ihn sich leisten konnten. Ein Relikt ist aus dieser Zeit erhalten geblieben, rot lackiert, mit Pferd vorn drauf, laut röhrend – vielleicht nicht mehr römisch, aber immerhin italienisch. Unsere Lenkfähigkeiten müssen wir nicht mehr so unter Beweis stellen wie anno dazumal. Obwohl im Straßenverkehr täglich unzählige Schlachten stattfinden.

Nichts vor der Fahrschule hat uns darauf vorbereitet, auf so viele Dinge gleichzeitig zu achten. Wir sind aufgefordert, komplexe Handlungsabläufe zu verinnerlichen, sodass sie uns spielend leicht von der Hand gehen, und gleichzeitig immer ein Auge auf die anderen zu haben. Denn wenn wir uns achtlos verhalten, die Achtung der Situation und den anderen gegenüber verlieren, hat das Schäden an Fahrzeug, Leib und Leben zur Folge. Es geht uns mit einem Mal wie der Jägerin: Eine Fülle von Informationen prasselt auf uns ein, während wir den Blinker setzen, in den Rückspiegel schauen, runterschalten und – *Obacht!* – den Fußgänger nicht über den Haufen fahren. Wir selbst sind gut geschützt in unserem Panzer aus Karosserie, Airbags und diversen Sicherheitssystemen. Statistisch gesehen gibt es zwar weniger Todesopfer im Straßenverkehr zu beklagen, aber die Zahl der Unfälle nimmt zu. Denn all die Systeme, die uns helfen sollen, verleihen uns das trügerische Gefühl, etwas weniger Acht geben zu müssen. Unsere *Situational Awareness* lässt folglich nach und wird labberig, wie ein Muskel, den man nicht mehr trainiert.

Die Jägerin hat keinen Schutzwall um sich herum – wenn sie einen Fehler macht, merkt sie das unmittelbar. Folglich kann sie sich keine Nachlässigkeiten erlauben. Für unser Situationsbewusstsein ist es notwendig, unsere erschlafften Muskeln wieder ein wenig zu trainieren, und zwar in unserem ganz gewöhnlichen Alltag. Zum Beispiel, indem wir den Schulterblick auch im Büro anwenden, die Stoppschilder der Kollegen erkennen oder dem drohenden Frontalunfall mit der liebsten Freundin ausweichen, weil wir schon wieder ihren Geburtstag vergessen haben.

Wenn man erst mal aus dem Tunnel wiederauftaucht, in den wir uns bereitwillig jeden Tag begeben, erleben wir sehr viel Vergnügen dabei, die anderen Menschen zu beobachten, die nasepopelnderweise neben uns an der Kreuzung, im Großraumbüro oder in einem Café sitzen. Auch Stimmungen nehmen wir mit einem Mal viel deutlicher wahr. Denn die meisten Menschen warnen uns in Gefahrensituationen, genau wie Tiere mit ihrem Alarmruf.

Nun sagt der Kollege nicht: »Achtung, du dringst in mein Revier ein!« Doch das Heben des Kopfes ist ein wichtiges Signal für uns. Bei Tieren ist es deutlicher zu sehen als bei Menschen, die legen den Kopf oft nur einen Millimeter nach hinten und frieren dann kurz ein. Es ist ein deutliches Warnsignal: *Obacht!* Auch ein Räuspern oder ein Einziehen der Luft durch die Nase kann uns warnen, ebenso Lippen, die für den Bruchteil einer Sekunde nach innen gezogen werden. (Wobei nicht jedes Räuspern heißt, dass Gefahr im Verzug ist – manchmal ist der andere schlichtweg erkältet.)

Im Straßenverkehr erleben wir dieses *Obacht!* auch recht häufig – viel häufiger sogar, als uns lieb ist. Wir waren kurz abgelenkt und sind leicht von der Fahrbahn in die Gegenfahrbahn abgekommen, konnten aber gerade noch rechtzeitig eingreifen und das Fahrzeug wieder in die Spur bringen. Alle körperlichen Alarmsignale springen auf Rot um und signalisieren: Achtung! Im Tierreich nennt man eine solche Situation *Mocking Charge*. Das Tier täuscht einen Angriff an, stoppt im letzten Moment jedoch ab. Es sagt mit seinem ganzen Körper: »Obacht! Reiz mich nicht.«

Beim *Mocking Charge* in der freien Wildbahn gilt es, Ruhe zu bewahren und das Pulver nicht zu verschießen. Abwarten, kommen lassen. Erst reagieren, wenn wir wissen, dieser Angriff ist ernst gemeint. Und das können wir erst im allerletzten Moment. Ob wir es überhaupt können, hängt auch von unserer Tagesverfassung ab. Sind wir ausgeruht, wach, konzentriert, bei uns? Oder gab es gestern ein Glas Sekt zu viel? Sind wir emotional aufgeladen? In Gedanken woanders? Dann bekommen wir diese kleinen Warnsignale nicht mit oder nehmen sie nicht ernst.

Tiere können eine Kollision im letzten Moment abwenden, Menschen nicht so gut. Im Straßenverkehr kracht es deswegen häufiger, in der Familie und im Büro fliegen aufgrund dessen gern die Fetzen. Aus dem vorgetäuschten Angriff wird ein echter, weil der andere nicht aufmerksam war oder das *Obacht!* ernst genug genommen hat. Wäre ein Zusammenprall zu vermeiden gewesen? Fahrlehrer, Ranger und Guides sagen: In den meisten Fällen: Ja! Auch der Verunfallte gibt, zumindest im Stillen, zu: Ja, da hätte ich mehr aufpassen können. Mehr aufpassen! Mehr Obacht!

Doch so aufmerksam wir auch sind, es gibt Situationen, da können wir uns nicht in der letzten Sekunde retten, egal wie gut wir aufgepasst haben. Wir können nicht immer alles um uns herum mitbekommen, wenn unser Fokus zum Beispiel bei etwas anderem liegt und wir nicht schnallen, was sich hinter uns zusammenbraut. Denken wir an Siegfrieds Blatt zwischen seinen Schultern, als er im Drachenblut badete, um unverwundbar zu werden. Er war nachlässig, unaufmerksam, ansonsten hätte er das Blatt gespürt. Jeder Kämpfer hat irgendwo eine Schwachstelle. Wir sind verwundbar. Wenn wir um unsere Verwundbarkeit wissen, ist das schon einmal ein guter Anfang. Wir bereiten uns anders vor, gehen mit Situationen von vornherein anders um.

Wir müssen stets mit einem Angriff rechnen. Meinen Fahrschülern erklärte ich es folgendermaßen: »Kalkuliert beim Fahren immer ein, dass etwas Unvorhergesehenes passiert. Denn eines Tages wird es so sein.« *Situational Awareness!* Gerade dann, wenn meine Schüler einmal schneller fahren wollen. Sie können es tun, wenn sie es unbedingt ausprobieren wollen, aber ich mahne stets, dass hinter der nächsten Kurve einer stehen könnte. Ich kann den Schülern nämlich nicht verbieten, schneller fahren zu wollen, weder Schilder noch Bußgelder noch Moralpredigten können das tun. Das Einzige, was in meiner Macht steht, ist, sie gedanklich auf den Moment vorzubereiten, wenn er eintrifft. Weder benötigen wir Angst noch übertriebene Vorsicht. Es geht lediglich um ein innerliches Bereithalten.

Klassisches Beispiel: der Blick aufs Handy während der Fahrt. Hand aufs Herz, wer guckt im Auto aufs Handy? Viele, die meisten. Wie viel bekommt man dadurch von der Umgebung mit? Nichts, *nada, niente*. Doch die Folgen sind fatal. Im schlimmsten Fall verletzen wir jemanden oder töten ihn sogar. Das trügerische Gefühl, dass wir uns im Auto in Sicherheit befinden, lässt uns unverwundbar erscheinen. Aber ich sage es noch mal: Das Fahrzeug ist eine Waffe. Wenn wir uns ablenken lassen, verlieren wir die Achtung vor und für die Sicherheit der anderen. Also, Hände weg vom Handy, wenn wir hinter dem Steuer sitzen. Studien zufolge fahren wir dann nämlich so schlecht wie mit 1,1 Promille Alkohol im Blut. Wenn wir während der Fahrt eine Nachricht tippen, ist unsere rechte Gehirnhälfte voll und ganz auf den Text konzentriert – ergo fehlen uns mindestens 50 Prozent unserer Aufmerksamkeit. Unser Blickfeld verengt sich zudem auf einen winzigen Raum: das Display. Ich bekomme nicht mehr mit, was um diesen Rahmen herum geschieht.

Dasselbe passiert im Revier, wenn ich nur noch auf die Fährte am Boden fixiert bin und rundum nichts mehr wahrnehme. Ich bekomme nicht mit, ob die Löwin hinter dem nächsten Busch liegt.

Jede unserer Handlungen zieht eine Konsequenz nach sich. Auch der kurze Blick aufs Handydisplay. Wo ist mein Auto eine Sekunde später? Verdammt, nicht mehr in der Spur. Alle, die während der Fahrt schon einmal auf ihr Handy geblickt haben, kennen diese Situation. Glück gehabt, es war niemand auf der Gegenfahrbahn. Auch hab ich das Auto ja wieder zurück in die Spur bringen können. Blöderweise denken wir danach nicht: *Hoppla, das ist gerade noch einmal gut gegangen! Das SMS-schreiben hinter dem Steuer lass ich besser bleiben.* Wir denken stattdessen: *Ah, das hat geklappt, ich kann nun länger aufs Handy blicken und nicht nur lesen, sondern auch tippen!* Wir übersehen das Warnsignal. Wir vergessen unsere Obacht.

Wir müssen damit rechnen, dass hinter der Kuppe ein Auto liegen geblieben ist, dass hinter dem nächsten Busch eine Löwin lungert, dass im nächsten Meeting ein Kollege unsere Vorschläge angreifen wird. Wir wissen um unser Eichenblatt und beziehen es mit ein, anstatt es zu leugnen. So sind wir, wenn es drauf ankommt, einen Deut schneller, als wenn wir überrascht werden. Wir trainieren unsere Achtsamkeit.

Sitzen & schauen: Wie reagieren wir bei feindlichen Annäherungen?

Stellen Sie sich vor, Sie sind irgendwo in Afrika unterwegs. Ihnen folgt eine Gruppe von Touristen, und gerade laufen Sie durch den Busch. Plötzlich lichtet sich das Grün, und eine Herde Elefanten steht vor Ihnen – darunter ein kleines Elefantenbaby, das von den Müttern der Herde beschützt wird.

Sie bleiben stehen und heben die Hand. Die Situation ist nicht ungefährlich, und Sie tragen die Verantwortung für das Wohl der Gruppe. Bevor Sie losgegangen sind, haben Sie den Beteiligten die wichtigsten Handzeichen und Verhaltensregeln gezeigt. Nun ballen Sie die Hand zur Faust – das Zeichen für *Freeze,* absolutes Stillstehen und keinen Mucks mehr. Sie bedeuten der Gruppe, sich langsam in die Hocke zu bewegen.

Die Elefanten bleiben ruhig. Das Baby spaziert zwischen den Muttertieren umher und rupft mit dem Rüssel einige Grashalme aus. Sie behalten alles im Blick, jede Bewegung der Tiere. Eine Sekunde Unachtsamkeit kann in dieser Situation den Tod bedeuten.

Da erklingt ein Geräusch. Es ist nicht natürlichen Ursprungs, sondern total fehl am Platz. Sie heben erneut die Faust: *Freeze!* Für einen Moment ist Ruhe. Dann ertönt das Ratschen wieder. Ist das ein Klettverschluss?

Auch eine der Elefantenkühe hat das Geräusch bemerkt. Sie dreht den Kopf in Richtung der Gruppe. Ihr Herz bleibt stehen. Sie wenden den Kopf nach hinten. Ein Mann aus Ihrer Gruppe hebt entschuldigend die Schultern und zeigt auf seine Fototasche. Das Motiv will er sich natürlich nicht entgehen lassen. Mit einem eiskalten Blick geben Sie ihm zu verstehen, dass er die Finger von der Tasche lässt. Dann richten Sie den Fokus wieder nach vorn und konzentrieren sich auf die Elefanten, die Ihnen allen im Nullkommanichts den Garaus machen können.

Es gibt unzählige Situationen, in denen wir unsere Aufmerksamkeit durch eine Störung von außen unterbrechen müssen. Manchmal kostet sie uns das Leben, manchmal bringt sie uns nur um eine schöne Erfahrung. Bei einem Konzert einer von mir sehr geschätzten Band sagte die Sängerin vor meinem Lieblingslied ins Mikrofon: »Ich möchte euch für den nächsten Song bitten, keine Videos oder Fotos mit dem Handy zu machen. Seid hier bei mir und diesem Lied, nur für drei Minuten. Geht das?«

Es folgte ein wunderbarer Augenblick für das gesamte Berliner Olympiastadion. Denn jeder Einzelne spürte in dieser Sekunde: *Etwas verbindet uns gerade. Wir alle erleben gerade dasselbe, ohne abgelenkt zu sein.* Das war wunderschön.

Den Fokus halten, sich nicht ablenken oder aus der Bahn werfen lassen, erfordert ein gewisses Training. Wir müssen lernen, die Störfaktoren auszublenden – Handys im Handschuhfach verschwinden zu lassen, unangebrachte Kritik zu überhören, uns mit Konzentration mehr als fünfzehn Minuten einer Sache widmen. Jede Störung von außen löst eine Störung im Inneren aus. Wir allein entscheiden, wie wir mit der Ablenkung umgehen: ob wir zulassen, dass sie unseren Fokus verschiebt, oder sie schlichtweg ignorieren und uns wieder der Sache zuwenden, die uns wirklich interessiert.

Ich saß mit einem alternden Regisseur in der Probe. Auf der Bühne kämpften sie mit Waffen, die Musik donnerte im Hintergrund. Er und ich saßen da, den Blick zur Bühne gewandt, und schauten uns das Spektakel an.

Da spürte ich plötzlich seinen streichelnden Zeigefinger an meinem Oberarm. Einen Moment später raunte mir der Regisseur in seinem wienerischen Dialekt zu: »Und? Was machen wir jetzt noch?«

Ich betrachtete seinen Zeigefinger, der immer noch auf meinem Oberarm lag. Ja, was machten wir jetzt noch? Gerade saßen wir da und schauten auf die Bühne, zu den Kollegen, und das sollten wir unbedingt auch weiterhin tun. Wir waren schließlich wegen der Arbeit hier und nicht, um ein amouröses Abenteuer zu erleben – was von meiner Seite aus sowieso niemals stattfinden würde. Also bezog ich mich auf das Offensichtliche, indem ich erwiderte: »Sitzen und schauen.«

Er grunzte. »Ja, klar. Aber ich mein, du und ich. Du hast mich, glaub ich, nicht recht verstanden. Also, was machen wir zwei dann noch?«

Ich lächelte ihn an. »Ich hab dich sehr wohl verstanden. Und meine Antwort lautet immer noch: sitzen und schauen.« Damit wandte ich mich von ihm ab und überließ ihn sich selbst.

Bis heute finde ich die Situation unfassbar amüsant. Zugegeben, die Anmache war nicht gerade subtil, und über sexuelle Belästigung am Arbeitsplatz ist schon eine Menge geschrieben und gesagt worden. Immerhin hatte er gefragt – und fragen kostet ja nichts. Hatte mich sein Interesse an mir verletzt? Keineswegs. Ich nahm es nicht persönlich, sondern legte den Vorfall zu den Akten.

IN DER RUHE LIEGT DIE KRAFT

Wenn Sie das nächste Mal in einer nervigen Sitzung oder bei einem unangenehmen Termin sind, nehmen Sie sich Folgendes vor:

- Heute üben Sie sich in Beobachten, Sitzen und Schauen.
- Warten Sie. Lassen Sie die anderen kommen. Heute sind Sie die Jägerin. Ihre Aufgabe ist es, Ihre Umgebung genau zu studieren, die Schwächen Ihrer Angreifer herauszufinden und sich ansonsten zurückzuhalten.
- Lenken Sie sich nicht ab. Blicken Sie nicht auf Ihr Handy und malen Sie auch keine Galgenmännchen auf das Papier. Bleiben Sie hochkonzentriert und immer bei der Sache.
- Halten Sie sich mit allen Kommentaren bewusst zurück. Sprechen Sie nur, wenn Sie gefragt werden, und teilen Sie Ihre Meinung nur dann mit, wenn Sie darum gebeten werden.
- Wenn Sie angesprochen werden, stellen Sie intensiven Blickkontakt her. Warten Sie zwei Sekunden, bevor Sie antworten.
- Verschießen Sie nur einen Pfeil: Sprechen Sie maximal drei Sätze, reduziert aufs Wesentliche. Wiederholen Sie sich nicht – das schwächt Ihre Aussage.
- Auch das geht: »Dazu habe ich keine Meinung.« Oder: »Darüber werde ich nachdenken.« Setzen Sie Punkte, keine Ausrufe- oder gar Fragezeichen, und machen Sie Geduld zu Ihrer Stärke.

Sprachlos: Keine Antwort? Auch eine Antwort!

Eigentlich müsste man denken, dass wir durchaus etwas zu sagen haben. Wieso fehlen uns trotzdem so häufig die Worte, wenn wir angegriffen werden? Wieso schrecken wir zurück, statt nach vorn zu schnellen? Suchen die Harmonie und werfen uns nicht in die Auseinandersetzung? Weil wir es so gelernt haben. Wir gelten als das »schwache« Geschlecht, das nachsichtige, empathische, liebevolle.

Es ist Sonntagmorgen. Gerade habe ich mich aus dem Bett geschält. Wirklich angekommen in der Realität bin ich noch nicht. Gern würde ich diesen Zustand halten, zwischen Schlaf und Wachheit, in dem noch alles wie durch Wolken wirkt, die Umrisse noch nicht klar und scharf erkennbar sind. Ein bleiernes Gefühl hängt irgendwo in mir fest. Ich will nicht aufwachen, weil ich weiß, was mich dann erwartet.

Das Handy klingelt. Am anderen Ende der Leitung ist ein Journalist der hiesigen Wochenzeitung. Er trällert: »Guten Morgen, Frau Klewitz! Ich wollte Sie nur ein paar Sachen fragen. Haben Sie gerade Zeit?«

Ich knurre. »Ist grad schlecht.«

»Ah, gut! Ihr Vater ist vor vier Tagen verunglückt, mein herzliches Beileid hierzu. Und auch meine Frage: Wie sieht es denn jetzt mit dem Festspiel aus, das Sie beide gemeinsam inszenieren wollten? Findet das noch statt? Da kommt bei Ihnen doch sicher eine ›Jetzt-erst-recht-Stimmung‹ auf, oder?«

Es gibt Situationen, da muss man überhaupt nicht antworten. Gar nicht. Nicht ein bisschen. Dieses Gespräch endete recht überraschend, zumindest für den Journalisten.

Schlagfertig zu sein bedeutet nicht, mit einem Schwert alles kurz und klein zu hauen. Das gibt viel zu viel Sauerei. Schlagfertig zu sein heißt: Ich bin bereit, in Ruhe alles zu betrachten und eventuell einen Schritt auszuweichen, und danach unter Umständen, genau: nichts zu tun. Energie kann man sparen, nicht nur bei Glühbirnen.

»Revierpinkeln«: Lernen, das Revier zu markieren, anstatt das brave Mädchen zu sein

Wandern im Wald. Den Herren der Schöpfung drückt die Blase. Was tun sie? Sie stellen sich einen halben Meter neben den Weg, drehen dem Rest der Welt den Rücken zu und lassen los. Ah ...

Bei den Frauen ist es unweigerlich komplizierter. Zuerst muss man sich mühevoll einen Platz suchen, der ausreichend Deckung gewährt. 180 Grad sind okay, 270 Grad besser, 360 Grad von Blattwerk umrankt sind der Oberhammer! Außerdem sollte das Örtchen etwas abseits vom Weg sein, denn es ist uns anatomisch nicht möglich, uns einfach wegzudrehen, sollte plötzlich doch jemand aufkreuzen. Mühsam ziehen wir die Jeans über die Knie, was Unsicherheit aufkeimen lässt – denn wir können in dieser misslichen Situation nicht davonlaufen, sollte es nötig werden. Die Hose auf Halbmast ist unser Stolperstein. Davon abgesehen muss frau nun Acht geben, dass der Untergrund aus saugfähigen Materialien besteht (Moos wäre toll), sonst hat man die Hälfte an Bein oder Schuh, da man nicht in einem großen Winkel von sich wegpinkeln kann.

Die Gedanken vom Pinkeln in freier Wildbahn im Kopf hindern meiner Meinung nach viele von uns daran, selbstverständlich unser Revier zu markieren. Viel zu blamabel finden wir die Vorstellung, wie wir da auf einem Blätterhaufen sitzen, die Hosen in den Kniekehlen, und ... ach ja. Dennoch: Wir kommen nicht darum herum, ab und an ein Zeichen zu setzen.

Natürlich steht es uns frei, das nicht zu tun. Wir können abwarten, bis jemand in unser imaginäres Revier hineinspaziert, das er als solches nicht erkannt hat. Wie denn auch? Es gab ja keine Grenzkontrolle! Nicht einmal ein Schild: »Sie befinden sich auf feindlichem Territorium«, von einer Warnung: »Eltern haften für ihre Kinder«, ganz abgesehen. In unserem Revier gibt es nichts dergleichen - wir haben immer Tag der offenen Tür. Und so latscht jemand vollkommen unbewusst herein und fläzt sich in die Ecke, nur um gleich wieder hochschießen zu müssen, weil wir ihn fragen, was er hier *bitte schön* in unserem Revier zu suchen hat. Dabei hat er gar nicht erkennen können, in welchem Bereich er gerade seine Duftmarken hinterlässt.

Es ist nicht besonders erquickend, die anderen immer erst einmal gewähren zu lassen und sie dann wieder loswerden zu müssen. Das erfordert viel Kraft und Überwindung. Energietechnisch eine Katastrophe. Viel sinnvoller ist es, in regelmäßigen Abständen die eigenen Reviergrenzen zu markieren - deutlich sicht- oder riechbar. So beugen wir Grenzüberschreitungen anderer und Überreaktionen von uns gleichermaßen vor.

Der Pavian kackt auf seinen Hügel, der Löwe patrouilliert entlang seiner Sträucher, das Flusspferd propellert mit seinem Schwanz den Mist in der Gegend herum. Wir sind Menschen, das heißt, wir versuchen, uns einigermaßen zivilisiert zu verhalten (der eine mehr, der andere weniger, jeder wie er kann). Heißt, wir pinkeln in der Regel nicht an Nachbars Gartenzaun. Trotzdem brauchen wir Grenzen.

Sie haben vermutlich gerade Schwierigkeiten, sich Ihren Arbeitsplatz als Claim vorzustellen, den Sie vor anderen Goldgräbern abstecken müssen. Und überhaupt, in Zeiten des hypermodernen Großraumbüros mit Tischkicker und offenem Konferenzraum, wer braucht da noch Grenzen?

Aber denken Sie nur mal daran: Auf Ihrem Schreibtisch steht die benutzte Kaffeetasse Ihres Kollegen. Ihr Chef hat Ihren Lieblingsstift in der Hand, den er sich beim letzten Meeting »kurz« ausgeliehen hat. Und plötzlich merken Sie, dass Ihr Projekt während Ihres Urlaubs in den Aufgabenbereich der Kollegin gewandert ist. *Äh ...*

Löwen haben es in vielen Situationen einfacher als wir. Wären Sie eine Löwin, würden Sie zu dem Besitzer der Kaffeetasse, Ihrem Chef oder der Kollegin gehen und einmal beherzt brüllen. Unmissverständlich und grantig. Und wenn das nicht hilft, gibt es eine aufs Maul.

Aber wir sind Menschen. Wir hauen nicht, wenn jemand unseren Lieblingsstift klaut. Wir sagen allerhöchstens sehr freundlich: »Den hätte ich aber gern wieder.« Und lächeln. Und schämen uns ein bisschen, weil wir Korinthenkackerei eigentlich nicht leiden können. Aber egal, für wie modern wir uns halten, bei einem jeden von uns gibt es Bereiche und Dinge, die ihm oder ihr wichtig sind. Wo er König beziehungsweise sie Königin ist und niemand sonst. Deshalb haben wir Türen in Häusern und schließen diese zu, wenn wir gehen, haben Einfahrten, Gartenzäune und Garagentore. *My home is my castle.* Das ist mein Revier. Wir pinkeln vielleicht nicht mehr an die Grundstücksenden, aber mit viel Aufwand, Holz, Stein und Stahl ziehen wir Grenzen, die jeder versteht.

Nun ist es bei Orten relativ einfach, sie als »meins« zu kennzeichnen: Türschild dran, Schlüssel umdrehen, fertig. Aber wie gelingt uns dies bei unserem inneren Refugium, unserem ureigenen emotionalen Revier? Es gibt so viele Grenzen, an denen wir eigentlich immer wieder patrouillieren müssen: auf der Arbeit, zu Hause, sogar im geschützten Bereich eines Freundeskreises oder einer Beziehung. Deshalb liegt es auf der Hand, dass wir ab und an den Überblick verlieren. Vor allem dann, wenn uns ein Bereich besonders viel abverlangt. Nehmen wir einmal an, auf der Arbeit ist es gerade äußerst stressig, und wir haben alle Hände voll damit zu tun, eine Rivalin aus unseren Angelegenheiten herauszuhalten. Da passiert es ganz leicht, dass wir den Haselnussstrauch übersehen, der seit Wochen in Nachbars Garten hinüberragt, obwohl er uns schon mehrfach darum gebeten hat, selbigen zu stutzen. Schließlich holt er zum großen Gegenschlag aus: ein Schreiben. Vom Anwalt. Auweia. Immerhin haben wir uns in sein Revier geschlichen, und zwar über Monate, klammheimlich, leise und zweifelsfrei in voller Absicht. Klar.

Bemerkenswert hierbei ist, dass Revierlinien von jedem höchst unterschiedlich bewertet werden. Der Nachbar, ständig zu Hause, marschiert an seiner Grenze täglich auf und ab und scannt die Absperrung. Und natürlich findet er kleinste Löcher, durch die ein Samenkorn unseres Gartens in seinen herüberwehen und für eine Unkrautplage sorgen könnte. Wir hingegen kämpfen gerade um unseren Schreibtisch in der Firma, bedeutet, wir begreifen gar nicht, dass zu Hause ein Problem auf uns wartet, denn solange der Zaun zum Nachbarn auf seinen Pfählen steht, bewerten wir diese Situation mit: alles bestens.

Wir können nicht an allen Fronten gleichzeitig patrouillieren, und das ist gar nicht notwendig. Auch gibt es sogenannte Überschneidungsbereiche, die allen an der Grenze Lebenden zugänglich sind, ohne dass man jemanden gleich verjagen oder angreifen muss, zum Beispiel das gemeinsame Bad in der Wohngemeinschaft. Wenn jedoch die eigene Grenze verletzt wird, müssen wir uns zur Wehr setzen. Denken Sie nur an die fremden Kaffeetassen auf Ihrem Schreibtisch! Den Lieblingsstift in der Hand des Chefs! Oder das Projekt, an dem Sie so hart gearbeitet haben und das nun von Ihrer Kollegin vorgetragen wird …

MEINS UND DEINS

Stecken Sie Ihren Claim ab! Entweder indem Sie Fremdes rauswerfen oder Geklautes zurückholen.

Fremdes raus

Ihr Kollege lässt gern seine Kaffeetasse bei Ihnen stehen? Morgen stellen Sie zwei von sich auf seinen Tisch. Mit Lippenstiftrand, Post-it und Smiley.

Mein heißt Mein

Sie hatten Urlaub. Am ersten Tag Ihrer Rückkehr erfahren Sie, dass sich eine Kollegin Ihr Lieblingsprojekt unter den Nagel gerissen hat. Was können Sie tun?

- **Revier markieren:** »Danke, dass du dich in meiner Abwesenheit gekümmert hast. Wann heute Nachmittag wollen wir uns denn zusammensetzen, damit du mir das Projekt wieder übergibst?«
- **Überschneidungsbereich schaffen:** »Ach, der Chef hat dich gebeten, die Präsentation zu halten? Das ist super. Erleichtert mir so viel. Dann machst du den Anfang, und ich kümmere mich um den Rest.«
- **Deutliche Spuren hinterlassen:** »Du willst das Projekt weiterführen? Traust du dir das denn zu?« (Achtung, nur in Notfällen verwenden oder wenn man ohnehin plant, bald zu kündigen …)
- **Erweitertes Territorium vereinnahmen:** »Super, dann leg es mir in einer Stunde vor, damit ich die Präsentation korrigieren kann.«
- **Großzügigkeit walten lassen:** »Großartig, dass du ab hier übernehmen willst. Schön, dass du so weit bist.«

Kapitel 6

Die Kampfelfe

Das Waffenarsenal der Wunder: Überraschungsmomente und ihre Wirkung

Es gibt ein Bild in der Gesellschaft, wie Frauen sich zu verhalten haben. Meist ist das eher passiv als aktiv, eher defensiv als aggressiv und eher stumm als schreiend. Warum sonst heißt der berühmte Hashtag, der sich dem Thema Gewalt gegen Frauen widmet, #Aufschrei? Weil unser Geschlecht dazu erzogen wurde, im Stillen zu leiden.

Natürlich gibt es auch die anderen – die, die sich nicht unter Kontrolle haben, die in blinde Raserei verfallen, panisch werden oder um sich schlagen, ohne zu wissen, wen genau sie eigentlich treffen wollen.

Was aber passiert, wenn eine Frau weder den Hulk entfesselt, noch das Häschen aus dem Hut zaubert, sondern sich ganz auf ihre innere Stärke besinnt? Wenn sie in der Lage ist, ihre Mittel so effektvoll wie möglich einzusetzen und die Energie ihres Gegenübers zu ihren Zwecken umzuwandeln? In diesem Moment entfesselt eine Frau ihre wahre Stärke. Denn im Gegensatz zu vielen Männern können die meisten Frauen auch in konfrontativen Situationen freundlich und empathisch bleiben. Heißt ja nicht, dass man sich in die Tasche stecken lässt.

Wie wir wissen, sind Frauen nicht selten die körperlich Unterlegenen. Meistens ist uns das von Beginn an klar und steht außer Frage. Wir wissen, es liegt nicht an uns, unse-

ren Fähigkeiten oder unserer Kraft. Es gibt aber Bereiche, in denen wir uns eingestehen müssen, dass wir in die Trickkiste greifen dürfen. Eine Kampfelfe braucht kein Schwert und kein Schild, um ihren Zauber zu entfalten – ihre Waffen sind andere. Sie setzt auf Wirkung statt auf Körperkraft. Ihre Stimme ist ein Flüstern, kein Schreien. Und doch ist sie in der Lage, mit dem bloßen Eintreten in den Raum alles zu verändern.

Ich erinnere mich an eine Situation in einem Wirtshaus. In Niederbayern trinkt man am Abend gern mal einen über den Durst. Wenn dann noch ein bisschen rumgegrantelt wird oder der Lieblingsfußballverein mal wieder gegen den Lokalmatador verloren hat, schwappt die Stimmung zuweilen über. Mit meinem Mann saß ich eines Abends in einer Schenke und wurde unfreiwillig Zeugin, wie sich die Herrschaften an zwei Tischen gegenseitig in Wallung brachten. Erst provozierten die einen, dann höhnten die anderen, es war eine Eskalation wie aus dem Bilderbuch.

Nach einer besonders ordentlichen Beleidigung stand einer der Streithammel auf und drohte mit der Faust in Richtung des anderen Tisches. Dort hatte man nur darauf gewartet; die anderen sprangen von den Stühlen und fingen an, nach drüben zu schreien. Es wurde lauter, aggressiver, gefährlicher. Und nur eine Minute später setzte es die erste Watschen. Die wirkte wie ein Startschuss, denn plötzlich hatten sich alle in den Haaren, schubsten, rauften, drängelten sich, und der Wirt stand da und sorgte sich um seine Inneneinrichtung. Die anderen Gäste drückten sich eng an die Wände.

Auf einmal ging die Tür auf. Zwei Polizisten betraten das Wirtshaus, ein Mann und eine Frau. Der Mann war etwas älter, mit einem großen runden Bauch und gemütlichem Backenbart. Die Frau war jung, maximal Mitte dreißig. Ihr Blick war wachsam.

Kaum dass die beiden auf der Bildfläche erschienen waren, hielten die Raufbolde inne, mit erhobenen Fäusten, die Hände immer noch am Hemdkragen des anderen. Wie bei Dornröschen, eingefroren im hundertjährigen Schlaf. Es wurde totenstill. Man spürte sofort: Hier kippt gleich die Stimmung. Leider nicht zum Guten. Denn wie so oft richtete sich die Aggression plötzlich nicht mehr gegen die ursprünglichen Gegner, sondern gegen die Amtsgewalt. Wenn die Polizisten eine falsche Bewegung machten, könnte das hier ganz schnell ganz anders ausgehen.

Einer der Prügelknaben brachte die Sache auf den Punkt.

Er rief erbost: »Was wollt's denn ihr jetzt da? Wollt's ihr euch einmischn? He?«

Der ältere Polizist sagte nichts. Doch seine jüngere Kollegin machte einen Schritt in die Raummitte hinein, stemmte die Arme in die Hüften und sagte ruhig: »Bei uns sagt's ma erst amal Griaß Gott.«

Bumm. Schweigen. Es lag eine unfassbare Spannung in der Luft. Dann: erlöstes Ausatmen. Lachen. Alle waren erleichtert. Die Streithähne ließen voneinander ab. Der Wirt spendierte eine Runde. Die Kampfelfe in ihrer Funktion als Ordnungshüterin hatte ihr Feuerwerk gezündet und die Aggressionen damit verpuffen lassen.

Wenn zwei sich streiten, kann ein Dritter den Fokus verschieben. Das habe ich nicht nur in Niederbayern erlebt, sondern auch in Leipzig, wo sich ein Taxifahrer und ein Fahrgast um die Bezahlung der Fahrt prügelten. Der eine rief: »Du musst bezahlen, du bist ein Betrüger!«, der andere schrie: »Ich hab kein Geld, lass mich los!« Ich stand ratlos auf der anderen Straßenseite und wusste nicht, was tun.

Da fielen mir die Polizistin und ihr Feuerwerk wieder ein. Ich schrie hinüber: »Feuer, Feuer! Es brennt!« Die beiden Streitenden hielten verdutzt inne und sahen sich um. Sie konnten kein Feuer erkennen. Ich zuckte mit den Schultern und spazierte davon. Als ich mich umdrehte, sah ich, dass sie voneinander gelassen hatten. Zwar diskutierten sie noch, aber sie benutzten nun ihren Mund und nicht mehr ihre Fäuste dafür.

DER EINFACHSTE ZAUBERTRICK DER WELT

Ein Mitarbeiter stürmt in Ihr Büro und fragt Sie anklagend: »Wieso darf Kollegin XY zu der Weiterbildung fahren, ich aber nicht?«

Bleiben Sie klar, bestimmt und freundlich. Lassen Sie den Angriff erst einmal ins Nichts laufen. Sie entscheiden, ob er

sie trifft oder nicht. Sie haben Ihre eigenen Zaubermittel – zum Beispiel, indem Sie den Fokus verschieben und die Aufmerksamkeit ablenken.
»Ach herrje. Ich sehe gerade, die Blumen brauchen Wasser. Ich bin gleich wieder da.«
Stehen Sie lächelnd auf, verlassen Sie den Raum. Kehren Sie zurück, gießen Sie die Blumen und wenden Sie sich dem Mitarbeiter zu.
»So. Was hast du auf dem Herzen?«
Hex-hex! Sie haben den ersten Schlag erfolgreich abgewehrt, indem Sie ihn haben verpuffen lassen und den Fokus verschoben haben – genau wie ein Magier, der dem Publikum einen leeren Zylinder präsentiert, während er im rechten Hemdsärmel ein Kartenspiel verschwinden lässt. Sie haben dabei zugesehen, wie sich Ihr Gegenüber verausgabt, und wurden nicht getroffen. Feiern Sie sich dafür.

Die Kampfelfe und ihre Schwestern, die Elben: Was können wir von Arwen aus dem Herrn der Ringe lernen?

Arwen ist die Tochter von Elrond, einem der größten Elben in der Geschichte von Mittelerde. In der Buchvorlage von J. R. R. Tolkien hat sie nur eine kleine Rolle, in den Filmen von Peter Jackson wird sie jedoch zu einer wichtigen Figur und tritt im ersten Teil mit einer beeindruckenden Szene auf. Die Hobbits haben sich aus dem Auenland aufgemacht, um zu den Elben zu gelangen und dort Gandalf und Elrond zu treffen. Dessen Tochter Arwen reitet ihnen aus dem Elbental entgegen, um sie zu warnen, denn schwarze Reiter Saurons, die Ringgeister, folgen den Halblingen. Frodo ist außerdem todkrank, nachdem er mit einem vergifteten Dolch verletzt wurde. Als Arwen die Hobbits trifft, tauchen in jenem Moment deren Verfolger auf, und eine hitzige Jagd beginnt. Die Elbin schnappt sich den verwundeten Frodo und reitet auf ihrem Pferd davon. Zunächst sieht es so aus, als könnte sie fliehen, doch die schwarzen Reiter machen schnell Boden gut. Arwen beschwört ihr Pferd, schneller zu galoppieren. Kaum dass sie den Fluss überquert hat, der die Grenze zum Reich der Elben kennzeichnet, bleibt sie stehen und wendet sich den Ringgeistern zu. Sie zieht ihr Schwert – aber nicht, um zu kämpfen. Sie weiß, dass sie in der direkten Auseinandersetzung gegen neun Ringgeister verlieren wird. Stattdessen wendet sie ihre Magie an: Sie murmelt einen elbischen Zauberspruch, und plötzlich schießt eine Flutwelle den Fluss hinunter und reißt die schwarzen Reiter mit sich. Arwen und der Hobbit bleiben unverletzt und können ins Reich der Elben reisen.

Arwen hat auf ihre Weise gekämpft und den Ringgeistern damit Paroli geboten. Im Kampf mit dem Schwert hätte sie es schwerer gehabt. Also hat sie sich für die Flucht entschieden, um in dem Gebiet, in dem sie sich wirklich auskennt, der Magie, ihre volle Wirkung zu entfalten. Sie bringt uns damit bei, dass wir die Wahl haben. Es liegt nicht nur eine Waffe bereit, sondern ein ganzes Arsenal. Und nur, weil ein anderer mit blitzender Klinge auf uns zuläuft, bedeutet das nicht, dass wir den Kampf mit dieser Waffe eingehen müssen. Man nennt das die weiche Form der Kampfkunst, denn der gegnerischen Kraft wird nichts Hartes entgegengesetzt. Vielmehr ist Ziel, die Energie des anderen gänzlich aufzunehmen, für sich nutzbar zu machen und damit zu neutralisieren.

Arwen nutzt ihre Mittel: das Wasser und ihre Magie. Sie lässt die Elemente ihres Reichs für sich arbeiten. Und zwar dort, wo sie wirken kann, auf ihrem eigenen Territorium. Das ist eine sehr schlaue und, wen wundert es, weibliche Taktik.

Was uns die Kampfelfe lehrt

1. Ein Kampf wird nicht nur mit Schwert und Schild ausgetragen.
2. Anstatt die Stimme zu erheben und eindeutige Worte zu wählen, hören wir erst einmal zu und schweigen.
3. Wir setzen der gegnerischen Energie nichts entgegen, sondern nehmen sie auf und lenken sie um.

Die Elfe ist – genau wie Arwen, die Elbin – zart und dennoch stark. Sie geht aufrecht, schwebt über den Dingen und macht sich die Energie ihrer Umgebung zu eigen. Sie nutzt, was da ist, lauert nicht wie die Jägerin, kämpft nicht mit dem Mut der Verzweiflung wie die Kriegerin, sondern wandelt um.

RAUM FÜR EMOTION

Präsenz zeigen

Lernen Sie, Ihre Wirkung voll zu entfalten und einzusetzen! Wenn Sie das nächste Mal in einen Raum gehen, tun Sie es ganz bewusst. Versuchen Sie, ohne Worte die Stimmung aufzunehmen. Beobachten Sie, den Raum, die Personen darin und auch sich selbst. Wie verändert sich die Atmosphäre mit Ihrem Erscheinen? Ein Schauspieler tut nichts anderes. Mit seinem Körper, seiner Art, wie er spricht, seiner Atmung und seiner Präsenz zieht er die Aufmerksamkeit auf sich.

Räume füllen

Für diese Übungen nehmen Sie sich bitte etwas Zeit. Schließen Sie die Augen und begeben Sie sich in eine Emotion hinein. Betreten Sie anschließend einen Raum. Spielen Sie ruhig mit verschiedenen Emotionen wie Wut, Freude, Trauer

oder was auch immer Sie ausprobieren wollen. Isolieren Sie diese Emotion, fühlen Sie sie so pur wir irgendwie möglich. Beobachten Sie sich selbst, wie zum Beispiel Ihre Freude Ihre Wahrnehmung der Umgebung beeinflusst. Nehmen Sie alles durch die Brille der Freude war. Sie werden nach und nach Dinge um sich herum entdecken, die Ihren Eindruck verstärken.
Dasselbe funktioniert mit weniger schönen Emotionen wie beispielsweise Ekel. Sie werden, wenn Sie die Ekelbrille aufsetzen, keine fünf Minuten brauchen, um zehn Dinge ausfindig zu machen, die Sie anwidern. Dasselbe gilt für Albernheit. Es gibt Tage, da kann uns fast alles zum Lachen bringen oder uns zumindest ein Schmunzeln abringen.
Wir erschaffen unsere Wahrnehmung, indem wir uns auf einen bestimmten Aspekt fokussieren und im Außen das suchen, was sich in unserem Inneren abspielt.

Übungswoche 1

Isolieren Sie für einen Tag eine Emotion und nehmen Sie mit dieser Ihre Umwelt wahr! Setzen Sie beim Aufstehen Ihre Brille mit folgenden Sehstärken auf und versuchen Sie, die Welt nur durch sie wahrzunehmen:

- sinnlicher Montag,
- stolzer Dienstag,
- wütender Mittwoch,
- lustiger Donnerstag,
- ausgeglichener Freitag,
- und so weiter.

Übungswoche 2

Vielleicht kennen Sie ja einen Menschen, der, wenn er den Raum betritt, ihn mit Licht flutet und die Stimmung darin sofort verändert. Wir alle können das! Wer möchte nicht einen solchen Magier um sich haben oder einer sein?

Halten Sie die Emotionen, egal, welchen Einflüssen Sie ausgesetzt sind. Betreten Sie Räume, zunächst kleine, dann größere, und nehmen Sie Ihre selbstgewählte Emotion mit. Versuchen Sie, sie beizubehalten und darüber hinaus auch noch auszustrahlen. Tun Sie dies schweigend. Beobachten Sie Ihr Umfeld, wie es auf Sie reagiert.

Schwieriges Meeting

Bereiten Sie sich emotional vor: Wählen Sie innerlich, wie Sie in ein bevorstehendes schwieriges Meeting gehen wollen. Welche Ausstrahlung wollen Sie haben? Wie können Sie ein Wohlgefühl für andere erzeugen und doch Ihre Emotion oder Ihren Standpunkt halten? Verbringen Sie den ganzen Tag bewusst in Ihrer Haltung. Selbst wenn Kommentare kommen, versuchen Sie, Ihre Emotion zu halten und aus ihr heraus zu argumentieren. Mit ein wenig Übung werden Sie Ihr blaues Wunder erleben und sehen, wie Sie wie von Zauberhand Menschen in eine positive Stimmung versetzen und schwierige Situationen ins Gegenteil verkehren können. Es kommt immer auf unsere Perspektive und unseren Blickwinkel an.

Mit offenen Armen

In der Schauspielschule gab es eine Übung, in der wir uns in der Mitte des Raumes positionieren sollten und von einer Invasion der Aliens, also unseren Kommilitonen, eingekreist wurden. Unsere Aufgabe war, aus dem Zentrum herauszukommen und dafür zu sorgen, dass die Aliens uns folgten. Es gab einige Mitstudenten, die liefen gegen das Bollwerk der Leiber an und kamen nicht durch. Ich stellte mich in die Mitte des Raums, breitete die Arme aus und rief: »Kommt! Kommt!« Ich ließ zu, dass die Aliens mir immer näher kamen, und als das Gedränge am größten war, schlüpfte ich unter ihnen hindurch und entfloh.

In regulären Büros sitzen zwar keine Aliens, aber andere Bedrohungen. Zum Beispiel eine Vorgesetzte, die Sie immer wieder mit ihren Fragen vor anderen bloßstellt. Lassen Sie beim nächsten Mal zu, dass die Energie des anderen über Sie hinwegrollt. Setzen Sie dieser Kraft nichts entgegen, sondern nehmen Sie sie auf und wandeln sie um:

- »Das sind genau die Fragen, die ich mir auch schon gestellt habe. Danke!«
- »Das wollte ich gemeinsam mit Ihnen erörtern. Was ist denn Ihre Meinung zu dem Thema?«
- »Gut, dass Sie es noch einmal ansprechen. Meine Gedanken hierzu sind folgende ...«

Spieglein, Spieglein an der Wand: Haltungsschulung und Blickführung

Wir haben uns in einem der vorangegangenen Kapitel bereits über Standing unterhalten. Standing und Präsenz haben einiges miteinander gemein – und beides lässt sich trainieren. Vom inneren Vorgang, den wir uns im vorigen Abschnitt angesehen haben, kommen wir nun also wieder zur äußeren Wirkung.

Sie kennen das bestimmt noch aus Ihrer Kindheit: »Stell dich gerade hin! Mach keinen Buckel! Schlurf nicht so mit den Füßen!« Früher hat es uns einfach nur genervt, heute tun wir es, ohne dass Mutti uns darauf hinweisen muss. Wir haben in der Zwischenzeit nämlich erfahren, welche Wirkung Menschen auf uns haben, die mit hängenden Schultern, eingezogenem Kopf und unsicherem Gang an uns vorbeischleichen. Manchmal treffe ich Leute wieder, die ich als viel größer in der Erinnerung hatte. Warum ist das so? Wie kann es sein, dass 1,68 Meter mal ganz groß, mal durchschnittlich und mal klein wirken? Warum wirken manche

Menschen schwer und behäbig, andere mit demselben Körpervolumen oder -gewicht nicht? Das hat immer mit unserer Außenwirkung zu tun – und natürlich der Projektion des Gegenübers. Unsere innere Haltung ist dabei immer der entscheidende Faktor. Machen Sie sich bewusst, wie Sie wirken wollen – und was Ihre Haltung in Ihrem Gegenüber auslösen kann.

KÖRPERISOLATIONSTECHNIKEN

Ich möchte Sie im Folgenden darum bitten, sich jeweils für ein paar Minuten so zu bewegen, wie in den einzelnen Übungen beschrieben. Überprüfen Sie dabei, wie sich Ihre innere Haltung jeweils ändert. Wie fühlen Sie sich?

Übung 1: Ziehen Sie die Schultern nach innen in Richtung Ihres Solarplexus. Wenn Sie gehen, führen Ihre Knie die Bewegung an.

Übung 2: Bleiben Sie in dieser Position. Als Nächstes führen Ihre Schultern die Bewegung an.

Übung 3: Schieben Sie den Kopf nach vorn. Ihre Stirn lenkt von nun an Ihre Bewegungen. Ihr Kopf reagiert auf jeden Reiz als Erstes, indem er sich hinwendet oder zurückweicht.

Übung 4: Ihr Oberkörper beziehungsweise Ihr Bauch führen jede Bewegung an.

Übung 5: Stellen Sie sich gerade hin, Schultern nach hinten, Arme locker an den Seiten, Kinn leicht nach oben. Finden Sie ganz bewusst Ihre Mitte. Halten Sie sie fest und bewegen Sie sich nun. Beobachten Sie dabei, welcher Körperteil Ihre Bewegungen führt.

Haltungsschulung und Blickführung

Stehen und Gehen im hohen Rang: Stellen Sie sich vor, dass am höchsten Punkt Ihres Kopfes ein Faden ist, der Sie senkrecht nach oben zieht. Ihr Kinn ist leicht zur Brust gesenkt, Ihre Schultern sind nach hinten gedrückt. Setzen Sie bewusst Ihre Füße auf, wenn Sie gehen. Ihr Kopf dreht sich immer als Erster in die Richtung, in die Sie Ihre Aufmerksamkeit lenken. Dennoch verlieren Sie nie Ihre Mitte.

Die »schallende« Ohrfeige

Auf der Bühne oder im Film kommt es alle Naslang vor, dass jemand einem anderen eine schallert. Stehen Schauspieler auf Schmerzen? Manche vielleicht, aber die meisten: nein. Deswegen ist es wichtig, eine Ohrfeige zwar richtig schön klingen, sie aber um Himmels willen bloß nicht wirklich auf die Wange sausen zu lassen. Kein Kampfchoreograf oder Schauspieler würde sich freiwillig *ins Gesicht* schlagen lassen. Erstens tut es weh. Zweitens kann keiner das Risiko einschätzen, das damit einhergeht. Angefangen von einem geplatzten Trommelfell bis hin zum ausgerenkten Kiefer geht da alles, wenn sich der Kollege auch nur um zwei Zentimeter vertut. Wenn es richtig blöd läuft, spielt man das Stück zweimal am Tag und hat schon nach kurzer Zeit blau geschlagene Wangen.

Es gibt in unserer Branche einen Satz: »That's your face, that's your job!« Unser Gesicht ist unsere Visitenkarte, daher wollen wir es schützen, egal ob mit Waffen oder beim unbewaffneten Kampf. Wir machen in jeder Choreografie einen Riesenbogen um das Gesicht. Denn sollte es in irgendeiner Weise dauerhaft angekratzt werden, hat der betroffene Schauspieler Pech, da fortan nur noch Horrorfilme zur Auswahl stehen, wahlweise auch der Beißer bei James Bond, Scarface oder Quasimodo. Auch der Kampfchoreograf hat ein Problem, sollte er keine Alternative vorgeschlagen haben. Es ist in vielen Ländern sogar gesetzlich vorgeschrieben, eine Lösung ohne Kontaktschlag im Gesicht zu finden.

Natürlich gibt es für jede Regel auch Ausnahmen, und

so finden sich hier und da Schauspieler, die sich tatsächlich eines auf ihr hübsches Näschen geben lassen. Diese Darsteller verletzen eine Grundregel auf der Bühne. Viel schlimmer, sie verletzen sich selbst. Darüber hinaus zerstören sie die Illusion für das Publikum und brechen einen unausgesprochenen Vertrag. Der Zuschauer ist nämlich nicht gekommen, um zu sehen, wie ein Mensch in realitas geschlagen wird. Wäre dem so, würde er einen Boxkampf aufsuchen. Er ist gekommen, um zu sehen, wie es die Darsteller echt aussehen lassen, ohne den Trick zu verraten. Sie wollen Magie und Illusion. Dafür zahlen sie.

Vor Jahren war ich in einem Theaterstück, in dem sich die Frau tatsächlich schlagen ließ. Vor Angst drehte sie den Kopf eine Sekunde zu früh weg. Dadurch sah die Ohrfeige unecht aus, und es gab keinen satten Sound. Ihrem kurzen, nicht gespielten Zucken nach zu urteilen, tat es aber dennoch weh. Die Zuschauer stiegen an dieser Stelle innerlich aus dem Stück aus. Sie tuschelten und fragten sich, ob die Schauspielerin sich tatsächlich hatte schlagen lassen. Es passierte etwas Seltsames: Das Publikum machte sich bis zum Ende des Stückes Gedanken darüber, ob es der Schauspielerin gut ginge. Nicht dem Bühnencharakter, sondern der Schauspielerin. Dabei ging es nicht nur um den eventuellen Schmerz durch den echten Schlag. Sie fingen an zu spekulieren, ob die Darstellerin das wirklich gewollt hatte oder ob sie dazu gezwungen worden war. In der Pause bekam ich ein Gespräch mit, in dem sich zwei Zuschauer darüber berieten, ob die Frau eventuell seltsam sei und den Schmerz brauche.

Egal, welche Gedanken in den Köpfen des Publikums auch aufploppten: Durch sie distanzierten sich die Zuschauer vom Spiel und erkannten die Schauspieler, nicht mehr die Charaktere auf der Bühne. Sie verloren ihre Beobachterrolle, konnten sich nicht mehr in die Geschichte hineinfallen lassen, sondern waren mit Sorgen konfrontiert und wollten Verantwortung übernehmen. Dies kam in meinen Augen einem Vertragsbruch zwischen Bühne und Publikum gleich. Die Magie war verpufft.

Kein Zuschauer will bei einem Theaterbesuch in Sorgen versinken. Ja, er will mitleiden mit der Figur, wütend, traurig und verzweifelt sein, aber er möchte sich nicht sorgen. Er will Dramen vielleicht beobachten, aber er möchte nicht Teil davon sein, da hätte er auch zu Hause bleiben und an seinen eigenen Problemen weiterstricken können.

Wenn ich an einer Theater- oder Musikhochschule Seminare in Kampfkunst gebe, ist eine der ersten Übungen, die ich mit den Studierenden absolviere, die Bühnenohrfeige. Sie besteht aus fünf Teilen: der Vorbereitung, der Aktion, der Reaktion, dem Timing und dem Sound. Der Unterschied zwischen einer Bühnenohrfeige und einer richtigen ist: Die echte Watschen wird hauptsächlich vom Schlagenden geführt. Die Bühnenohrfeige vom Geschlagenen. Das heißt, der Schlagende tut nur so, als ob er dem anderen eine zimmert.

Aber der Reihe nach. In der Kampfchoreografie sprechen wir von einem *Non Contact Strike,* wenn ein Schlag ausgeführt wird, ohne dass wir den anderen berühren. Das stellen wir sicher, indem wir für die richtige Distanz zwischen Schlagendem und Geschlagenem sorgen. Die Positionierung ist wichtig, stehen wir nämlich zu weit voneinander weg, merkt es der Zuschauer, und der Effekt ist dahin. Er beobachtet dann zwei Schauspieler, die in drei Meter Entfernung mit den Armen wedeln und so tun, als wären sie hart getroffen worden – und das ist Slapstick. Wenn nicht beabsichtigt, kann das ziemlich schnell albern werden.

Stehen die Schauspieler hingegen zu nah beieinander, und das kommt viel häufiger vor, wächst die Gefahr, dass sie sich gegenseitig verletzen. Es muss die goldene Mitte sein –

zwei Tanzbereiche, die sich zwar berühren, aber nicht überschneiden.

Auch die Positionierung zum Publikum ist von größter Wichtigkeit. Der Geschlagene steht mit dem Rücken zum Zuschauerraum, das Publikum sieht ihn nur von hinten. Stehen die Schauspieler im falschen Winkel, bemerken die Zuschauer, dass sie an der Nase herumgeführt werden. Die bestausgeführte Bühnenohrfeige der Welt bringt nichts, wenn das Publikum kapiert, dass der Geschlagene nur so tut, als wenn er sich eine eingefangen hätte - aber dazu gleich mehr.

Zuallererst: Die Schauspieler stellen Blickkontakt her. Das tun sie, um das Verletzungsrisiko auf ein Minimum zu reduzieren und um zu wissen, dass der andere gedanklich anwesend ist. Eine Bühnenohrfeige folgt einer sehr präzisen Choreografie, an die sich alle halten müssen.

Der Schlagende hebt nun die Hand. Das ist das Zeichen für seinen Partner, dass es losgeht - und das Signal für den Zuschauer, dass es gleich was setzt (Vorbereitung). Dann führt der Schlagende den Arm auf Höhe des Gesichts des Gegenübers vorbei und lässt den Schlag zur anderen Seite hin auslaufen (Aktion). Der Geschlagene schaut nur auf die Hand, der Schlagende dorthin, wo er treffen möchte. Der Geschlagene reagiert auf die Ohrfeige, allerdings erst in dem Moment, in dem die Hand des anderen sich direkt vor seinem Gesicht befindet. Das ist sein Kommando: Er dreht den Kopf in die Richtung, in der er »geschlagen« wurde, und verleiht der Watschen so einen individuellen Ausdruck (Reaktion). Hier kommt es auf die Wahl des richtigen Zeitpunkts an (Timing). Dreht der Geschlagene zu früh den Kopf, sieht der Zuschauer, dass er nicht getroffen wurde. Reagiert er zu spät, verpufft der Effekt im Nichts.

Wenn nicht wirklich geschlagen wird, wie entsteht der Eindruck einer echten Schelle? Der Geschlagene klatscht, vom Publikum unbemerkt, in die Hände (Sound), bevor er mit der Hand die geschlagene Wange berührt. Das hat folgende Wirkung: Der Zuschauer sieht, wo der Geschlagene getroffen wurde, und hört (oder denkt zu hören), dass die Ohrfeige gesessen hat.

Da sich Schlagender und Geschlagener nicht berühren, ist klar, was passiert: Nur durch die Reaktion des Geschlagenen kann der Zuschauer erkennen, wie hart die Ohrfeige war – ja, nur durch ihren Sound wird aus der Geste des anderen ein erlebbarer Schlag. Hat dieser den Geschlagenen fast von den Füßen gerissen? Oder war er sanft, eher ein Streicheln? Tat er weh? War er mehr ein nerviges Kitzeln? Oder der Auftakt zu einer waschechten Kneipenschlägerei? Allein wie der Geschlagene reagiert, entscheidet,

- ob die Bühnenohrfeige echt aussah,
- wie sich die Bühnenohrfeige anhörte,
- wie intensiv die Bühnenohrfeige ausgeführt wurde,
- welche Folgen die Bühnenohrfeige hat.

Warum erkläre ich Ihnen hier lang und breit, wie Sie eine Bühnenohrfeige ausführen? Weil ich hoffe, Ihnen damit eine Sache ganz klarzumachen: Wenn Sie von jemandem geschlagen/angegriffen/provoziert werden, zeigt allein Ihre Reaktion, wie hart der Angriff war! Also überlegen Sie sich gut, ob Sie bei der nächsten Bürorangelei die Unterlippe nach vorn schieben und zum Petzen zu Mutti (= Boss) rennen oder ob Sie Ihr Gegenüber, das Sie just getroffen hat, mit einem müden Lächeln bedenken, kurz die schmerzende Stelle abtasten und dann weitermachen. Sie haben die Wahl.

Tipps für den Umgang mit verbalen Ohrfeigen

- Nutzen Sie Ihren Wirkungsbereich und Ihren Heimvorteil, falls vorhanden. Auseinandersetzungen in Ihrem Revier können Sie, je nach Situation, souveräner werden lassen. Fremdes Territorium indes können Sie selbstständig verlassen. Sie müssen nicht darauf warten, dass der andere geht.
- Sie haben Publikum? Wunderbar! Bringen Sie sich in die beste Position, damit die Wirkung groß ausfällt. Schlagen Sie nicht blind zurück, sondern geben Sie der »Ohrfeige« Zeit, ihre volle Wirkung zu entfalten.
- Lassen Sie eine Provokation doch einfach mal so an sich abperlen. Lächeln Sie dabei und bedanken Sie sich im Geiste bei Ihrem Gegenüber.

Auch in Bezug auf das richtige Timing und den Sound können wir viel von der Bühnenohrfeige lernen. Nehmen wir einmal an, Sie werden von einer Kollegin angesprochen: »Hast du die Mail immer noch nicht beantwortet, die ich dir geschickt habe?«

Die meisten von uns reagieren vollkommen unbewusst und hastig: »Wie? Was? Äh, nein … Entschuldigung, ich dachte, das hätte Zeit, und ich hab grad so viel um die Ohren, außerdem hat mein Kleiner zu Hause die Windpocken …«

Alles. Vollkommen. Unerheblich.

Halten Sie stattdessen einen Moment inne. Warten Sie auf den richtigen Augenblick. Und sagen Sie dann, mit einer Sekunde Verzögerung: »Nein. Noch nicht.«

Wie gesagt, Sie entscheiden, ob ein Schlag sitzt oder nicht. Und was passiert, wenn Sie auf eine verbale Ohrfeige gar nicht reagieren? Hat der Schlag dann überhaupt stattgefunden? Das Publikum wird sich sofort fragen, ob es richtig gesehen oder sich die Ohrfeige nur eingebildet hat.

RICHTIG REAGIEREN

Wie können Sie sich in einer Alltagssituation auf eine verbale Ohrfeige zur Wehr setzen? Sie haben die Wahl! Erinnern Sie sich an die drei Grundtypen einer Reaktion? Sie heißen *Fight* (Kampf), *Freeze* (Einfrieren) oder *Flight* (Flucht). Alle drei Möglichkeiten sind erlaubt, auch dann, wenn wir eine verpasst bekommen:

- Flucht: » Autsch! Das hat jetzt aber wehgetan.«
- Einfrieren: »Echt jetzt?«
- Kampf: »War das schon alles?«

Übertragen auf eine Situation aus dem Leben, könnte das sein:

Verbale Ohrfeige: »Ich war vor Ihnen dran!«

- Flucht: »Sie haben recht. Entschuldigen Sie bitte.«
- Einfrieren: »Ist das so?«
- Kampf: »Danke fürs Vorlassen!«

Die perfekte Täuschung

Wie wir erfahren haben, benötigen wir, um eine Ohrfeige real wirken zu lassen, die Vorbereitung, die Aktion, die Reaktion, den Sound und das richtige Timing. Wenn alle Ingredienzien vorhanden sind, funktioniert der Trick. Manchmal sogar *zu* gut.

Eine befreundete Kampfchoreografin, Lizzy, stand kurz vor ihren Abschlussprüfungen zum *Fight Teacher* und verbrachte jeden Tag auf der Bühne, übte Punches, Ohrfeigen und Kontaktschläge. Eines Abends fuhr sie mit der Londoner Tube nach Hause, da griff ihr von hinten ein Betrunkener an den Po. Armer, dummer Mann ... Lizzy, wild wie ein verärgerter Bienenschwarm, drehte sich um und schubste den Mann ein Stück nach hinten. Das tat sie reflexhaft – eben genau so, wie sie es vom Bühnenkampf kannte. Das Wegschubsen hat vor einem ausgeführten Schlag die Funktion, die richtige Distanz zwischen meinen Gegner und mich zu bringen, damit niemand verletzt wird. Genauso tat es auch Lizzy. Sie schubste ihn von sich weg, hob die Faust zu einem sauberen Hook Punch und führte einen perfekten Schwinger aus. Man hörte ihre Faust krachend auf seiner Wange einschlagen, er drehte verwirrt den Kopf zur Seite – und staunte. Denn Lizzys Faust hatte ihn nicht getroffen. Das Geräusch der auf der Wange aufschlagenden Faust war durch Lizzy selbst entstanden, die sich während des fingierten Punchs mit der Hand auf die Brust geschlagen hatte. Eben genau so, wie man es beim Bühnenkampf lernt.

Sie sahen sich an. Der Betrunkene mit glasigem Blick, Lizzy verwirrt. *Habe ich ihn tatsächlich getroffen?*, fragte sie sich. *Was zur Hölle hab ich da grad gemacht?*

Auch dem Betrunkenen standen die Gedanken ins Gesicht geschrieben: *Ich habe ihre Faust kommen sehen, es hat geknallt, aber warum schmerzt meine Wange nicht? Ihre Schlagkraft hat doch sogar meinen Kopf bewegt!*

Und die anderen Passagiere im Waggon dachten sich: *Heftiger Schlag, voll erwischt!* Sie reagierten folgerichtig mit scharfem Ausatmen.

Selbst wenn der Schlag nur ein Bühnen-Punch war, war die Wirkung doch so glaubwürdig, dass alle Beteiligten an den Hook Punch glaubten. Lizzy war so fest davon überzeugt, wirklich zugeschlagen zu haben, dass diese Energie auf die anderen überging. Ihre Wahrheit wurde universell und für alle erlebbar.

What would Wonder Woman do?
Wie Sie richtig Wirkung erzeugen

Wenn das erste Kind auf die Welt kommt, verändert sich für ein Paar in der Regel alles. Obwohl mit einigen Monaten Ankündigung, wird über Nacht das Leben auf den Kopf gestellt; nichts ist mehr, wie es vorher war. Es überrascht nicht, dass es in einer solchen Zeit zu einigem Knarren und Knarzen im Beziehungsgebälk kommen kann. Genau wie bei meiner Freundin Nina. Die hatte vor sechs Monaten einen wundervollen, perfekten kleinen Sohn geboren, und seitdem ging es mit ihrer Ehe steil bergab.

»Lutz und ich streiten uns fast nur noch«, erzählte sie mir eines Tages, als wir uns zum Kaffeetrinken trafen. »Er sagt, ich wäre mit der Situation überfordert. Den Haushalt bekomme ich nicht hin, weil Benjamin mich so auf Trab hält. Im Bett läuft schon seit Monaten nichts mehr. Und andauernd haben wir uns wegen der Raten fürs Haus in den Haaren ...«

Traurig strich sie sich eine Strähne aus dem Gesicht. Nie zuvor hatte ich Nina so gesehen. Eigentlich war sie eine Powerfrau, doch nun saß sie gebückt vor mir, die Schultern hochgezogen, den Kopf geduckt. Es war offensichtlich, dass sie derzeit mehr einstecken musste, als sie aushalten konnte. Sie tat mir leid.

»Ich habe eine Idee. Bitte stell dich in der kommenden Woche jeden Tag für mindestens zwei Minuten in der Wonder-Woman-Pose vor den Spiegel.«

Nina sah mich an, als würde sie an meinem Verstand zweifeln. »Warum?«

»Momentan lässt du dir viel gefallen. Es ist schwer, aus der Situation heraus etwas zu verändern – und wenn Lutz gerade alles an dir blöd findet, wirst du ihn nur schwer vom Gegenteil überzeugen. Du kannst nur dich ändern. Die Won-

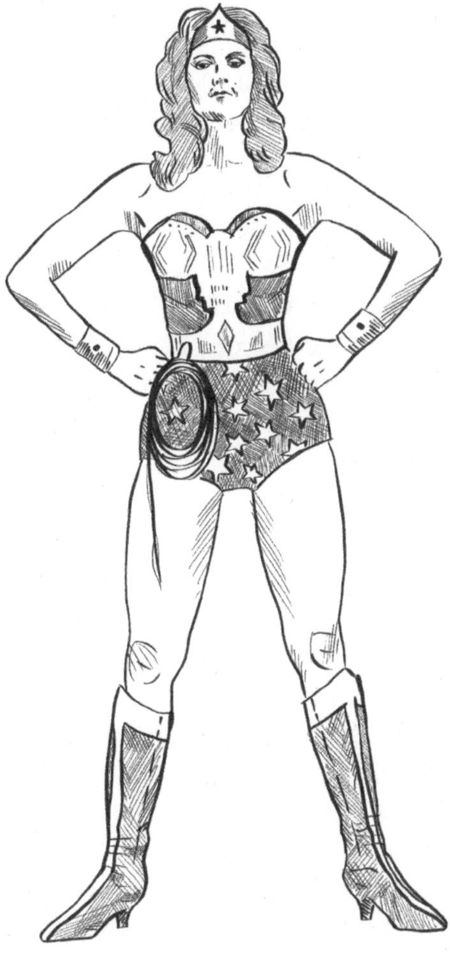

der-Woman-Pose sorgt bei regelmäßiger Übung dafür, dass dein Organismus binnen zwei Minuten 25 Prozent mehr Testosteron ausschüttet und das Stresshormon Cortisol um 30 Prozent reduziert.«

Nina sah mich fragend an. »Und das soll helfen?«

Ich zuckte mit der Schulter. »Probier es doch einfach mal aus.«

Ein paar Tage später schrieb mir Nina eine Nachricht: *Ich kann es nicht fassen! Seitdem ich die Pose jeden Tag trainiere, ist*

Lutz wie ausgewechselt. Er schnauzt mich nicht mehr an und sagt auch wieder nette Dinge. Das alles hat mit meiner Haltung zu tun. Ich stehe ihm nun aufrecht gegenüber, statt den Kopf einzuziehen. Das tut so gut!

Ich schmunzelte. Manchmal sind es die kleinen Dinge, die eine große Wirkung erzielen.

EINE FRAU VOLLER WUNDER

Wenn Sie das nächste Mal das Gefühl haben, dass Ihnen eine Situation entgleitet, wenn Sie sich unsicher oder klein fühlen, üben Sie die Wonder-Woman-Pose! Stellen Sie sich hierfür etwa schulterbreit hin, stemmen Sie die Fäuste in die Hüften und ziehen Sie den Bauch ein wenig ein. Brust raus, Schultern runter, Kopf leicht anheben. Sie können die Übung vor dem Spiegel, in der Toilettenkabine oder der Besenkammer, mit geöffneten oder geschlossenen Augen durchführen. Sie funktioniert auch wunderbar vor kniffligen Verhandlungen, nervenaufreibenden Präsentationen oder schwierigen Diskussionen. Halten Sie die Pose mindestens eine Minute, zwei sind noch besser. Atmen Sie tief durch und konzentrieren Sie sich auf Ihre innere Kraft.

Falls es in der anschließenden Situation zu einem Moment kommen sollte, in dem Sie kurz die Nerven verlieren, schließen Sie für eine Sekunde die Augen und fragen Sie sich: *What would Wonder Woman do?* Besinnen Sie sich auf Ihre Pose. Allein der Gedanke daran wird Sie beruhigen und zurück zu Ihrer Stärke führen.

Simsalabim! Paradoxe Intervention, oder: Wie wir uns die Schwiegermutter vom Leib halten

Vielleicht fragen Sie sich gerade, welche Zaubertricks Sie anwenden können, wenn Sie wieder einmal von irgendjemandem blöd angemacht werden. Es gibt eine wunderbare Methode, die in den Siebzigerjahren in der Systemischen Therapie eingesetzt wurde, um Paradoxe Verhaltensmuster und Kommunikationsstrategien aufzulösen. Erstmals beschrieben wurde die damals noch »Paradoxe Intention« genannte Methode von Viktor Frankl im Jahre 1939 und dann von anderen Therapeuten weiterentwickelt.

Mit der Methode wurde seinerzeit problematisch verstandenes Verhalten bewusst gefördert, anstatt es zu unterbinden, um festgefahrene Sichtweisen und Kommunikationsmuster zu erschüttern und so eine Problemlösung möglich zu machen. Es handelt sich also um eine bewusste »Symptomverschreibung«, die das Gegenteil von dem verordnet, was sie eigentlich erreichen will. Die Energie, die der Betroffene in eine bestimmte Tätigkeit legte, wurde also gefördert anstatt bekämpft.

Nehmen wir an, ein Patient kam zu einem Therapeuten, weil er Zwangshandlungen vollführte. In der paradoxen Intervention forderte der Therapeut seinen Schützling dazu auf, die Zwangshandlung noch häufiger auszuführen. So sollte dem Patienten die Paradoxie seines Verhaltens verdeutlicht werden. Auch in der Paartherapie wird paradoxe Intervention recht erfolgreich bis heute angewandt, etwa wenn eine Frau ihrem Mann vorwirft, im Haushalt nicht genug zu machen, und der Therapeut den Mann anweist, in der folgenden Woche auf keinen Fall auch nur einen Finger im Haushalt zu rühren.

Menschen, die unter chronischen Einschlafbeschwerden leiden, können ihre Symptome massiv lindern, indem sie sich fest vornehmen, ins Bett zu gehen und *nicht* einzuschlafen. Selbst Angstpatienten konnten mithilfe der paradoxen Intervention schon geheilt werden. Ein Therapeut forderte beispielsweise eine Frau, die sich fürchtete, in Menschenmassen zu sein, und die deswegen sogar schon in Ohnmacht gefallen war, in einer solchen Situation dazu auf, bitte *jetzt* bewusst in Ohnmacht zu fallen, so wie sie es sonst immer tat. Die Frau fing an zu lachen und sagte: »Das geht nicht!« In ihrem Unterbewusstsein manifestierte sich jedoch ein neuer Gedanke: *Wenn es nicht geht, wenn ich es will, warum lasse ich dann zu, dass es passiert, wenn ich es nicht wünsche?*

Da menschliches Verhalten nur schwer zu kontrollieren und nur bedingt vorherzusehen ist, wird die paradoxe Intervention in der Therapie heute nur noch selten eingesetzt. Für den Hausgebrauch eignet sie sich jedoch ganz ungemein. Sie setzt überraschende Impulse und arbeitet oft mit Humor, was auch verfahrene Situationen aufzulösen vermag.

Die Faustformel für paradoxe Intervention lautet: machen, was man partout verhindern will. Es gibt zahlreiche Beispiele, wie und wo man paradoxe Intervention sehr erfolgreich und höchst unterhaltsam einsetzen kann. Ich schildere zwei.

Zunächst ein Beispiel aus dem Freundeskreis. Eine Freundin weint sich wieder mal bei Ihnen aus, weil ihr Partner sie nicht genügend wertschätzt. Sie kennen das Gespräch in- und auswendig, Sie haben es nämlich schon an die fünfzehn Mal geführt. Was können Sie anders machen, um das Verhalten Ihrer Freundin zu verändern? Sie könnten sich dafür entscheiden, dieselbe Platte wie bei den letzten fünfzehn Malen aufzulegen, sie zu bedauern und zu bemitleiden, sie zu trösten, ihr zu sagen, dass auch nicht alles schlimm sei, und so weiter.

Oder: Sie machen genau das Gegenteil davon. Sagen Sie Ihrer Freundin: »Du hast absolut recht. Dein Mann ist ein Widerling. Einfach unerträglich und nicht auszuhalten. Ich bewundere deine Charakterstärke. Wie du es mit so einem Scheusal aushalten kannst!« Simsalabim – binnen weniger Augenblicke wird Ihre Freundin zum größten Fürsprecher des Partners werden und ihre Aussagen von vorhin relativieren. Wetten?

Auch Schwiegermütter und Konsorten eignen sich für die paradoxe Intervention, vor allem dann, wenn sie zu allem eine Meinung haben. »Na, hier könnte mal wieder geputzt werden!« kann mithilfe der Methode ein für alle Mal beseitigt werden: Wenn Ihre Schwiegermutter beim nächsten Besuch die Wohnung betritt, zeigen Sie gleich auf den bereitgestellten Putzeimer, das Kehrblech und die Lappen und sagen Sie: »Ich hab schon alles vorbereitet für dich. Du sollst dich doch wohlfühlen.« Sie werden sehen, Ihrer Schwiegermutter werden vor Überraschung erst einmal die Worte fehlen, bevor sie sich trefflich über Sie aufregt. Allein über die Sauberkeit Ihrer Wohnung wird es bei den kommenden Stippvisiten garantiert nicht mehr gehen.

Kapitel 7

Die Schützin

Auf den Punkt

Zugegeben, es soll ein Buch von und für Frauenheldinnen sein. Tatsächlich gibt es in der Film-, Theater- und Literaturgeschichte aber so wenig Heldinnen, dass es nicht leicht ist, für jeden Typus ein Vorbild zu finden.

Wir können uns bei den Herren der Schöpfung bedienen. Hier finden sich einige herausragende Beispiele, vor allem bei den Bogenschützen. Robin Hood oder Wilhelm Tell können mit Pfeil und Bogen so gut umgehen wie kaum einer vor und erst recht keiner nach ihnen. Sie nehmen ihr Ziel ins Visier. Und, sehr wesentlich, verfolgen es. Leider ist es immer noch so, dass sie sich damit leichter tun als so manche Frau, die Kinder, Küche und Karriere unter einen Hut zu bekommen versucht. Der Wissenschaft zufolge liegt es uns in den Genen: zielorientiertes männliches Schauen und peripheres weibliches Wahrnehmen.

Doch es gibt auch Ausnahmen. Zum Glück.

Die Schützin: Was können wir von Katniss aus *Die Tribute von Panem* lernen?

Um sie herum: Kampfgetümmel. Schwerter, die auf Glieder sausen; Klingen, die Kehlen aufschlitzen; Äxte, die Schädel spalten. Die Schützin steht meist erhöht oder verborgen

im allumfassenden Kuddelmuddel. Sie kann auf die Ferne mit ihrem Bogen treffen, indem sie in den Himmel schießt, Flugbahn des Pfeils, Bewegung des Zielobjekts und Windstärke einberechnend. Oder sie holt im Nahbereich den heranpreschenden Angreifer in der letzten Sekunde von den Füßen. Sie hat aber nur einen Schuss, einen einzigen Moment. Wenn der vorbei ist, war's das. Kommt jemand in ihren Distanzbereich hinein, muss sie sich entweder binnen Sekunden zur Kriegerin wandeln oder sich auf ihren letzten Atemzug vorbereiten.

Wie gelingt es ihr, der herannahenden Bedrohung so ruhig und gelassen gegenüberzustehen? Sie darf nicht zu früh den Pfeil von der Sehne schnellen lassen, aber auch nicht zu spät. Sie muss die richtige Distanz wählen, das Bewegungsmuster des herannahenden Ziels erfassen, das richtige Timing erkennen und abwarten können, gleichzeitig keinesfalls zögern – und dann natürlich ins Schwarze treffen.

Katniss aus *Die Tribute von Panem* ist der Prototyp dieser Schützin. Das Buch und der gleichnamige Film spielen in einer nicht näher definierten dystopischen Zukunft. Die Vereinigten Staaten von Amerika wurden durch Kriege und Naturkatastrophen zerstört, die diktatorische Nation Panem hat sich aus den Trümmern erhoben. Um das reiche Kapitol liegen die armen Distrikte, in denen die Menschen ausgebeutet werden, um den Reichen ein schönes Leben zu gestatten. In den jährlich stattfindenden Hungerspielen treten aus jedem der zwölf Distrikte ein Junge und ein Mädchen an, die mittels Los bestimmt werden. Die vierundzwanzig Kandidaten, auch Tribute genannt, bekämpfen sich in einer Freilichtarena bis auf den Tod. Der einzige überlebende Kandidat gewinnt die Hungerspiele.

Die Bogenschützin Katniss wird nicht durch das Los für die Spiele ausgesucht – sie meldet sich freiwillig, um ihre Schwester vor dem sicheren Tod zu bewahren. Unter den Tributen, von denen sich einige ihr Leben lang schon auf den Kampf in der Arena vorbereitet haben, ist sie eine der wenigen, die nicht blutrünstig das Schwert schwingen oder verzweifelt mit dem Leben abschließen. Ihr einziges Ziel ist das Überleben. Sie hat eine hervorragende Beobachtungsgabe und geht zielgerichtet vor, anstatt dem Gegner einfach auf die Nase zu hauen. Katniss weiß: In Bezug auf Stärke sind ihr die anderen allesamt überlegen. Doch die Bogenschützin ist clever und wird gern unterschätzt. Sie verbraucht wenig Pfeile und fast noch weniger Wörter. Doch wenn man in ihr Visier gerät, wird es schwer, ihr zu entkommen.

Das erfährt auch Präsidentin Coin, als sie am Ende der

Trilogie Katniss darum bittet, den abgesetzten Tyrannen auszuschalten. Er symbolisiert das alte System, das Böse – doch Coin steht ihm in Sachen Machthunger in nichts nach. Als sie Katniss auffordert, den alten Diktator zu töten, um anschließend selbst die Macht zu ergreifen, braucht Katniss nur einen einzigen Pfeil, um das Schicksal von Panem in eine vollkommen andere Richtung zu drehen.

Eine Studie untersuchte, wie sich das von Katniss verkörperte Frauenbild auf jugendliche Männer und Frauen auswirkte. Vorrangig wurde die Wahrnehmung des »schwachen Geschlechts« in der erstarkten, kämpferischen und entscheidungstragenden Rolle untersucht. Die Forscher fanden heraus, dass nach dem Kinobesuch vor allem bei den jungen Männern ein klarer Unterschied in ihrem Rollendenken festzustellen war. Vor dem Film waren sie häufiger nicht überzeugt von der Frau, die mit Pfeil und Bogen die Menschheit gegen das Kapitol verteidigt, doch diese Haltung änderte sich nach Ansehen des Films. Sie fanden es mit einem Mal gut, dass eine Frau für sich und andere eintritt, ja bis zum Äußersten geht. Einige der Befragten wünschten sich sogar selbst eine Gefährtin, die so selbstständig sein kann.

Was uns die Schützin lehrt

1. Gut Ding will Weile haben! Nicht immer ist es schlau, sich sofort in den Kampf zu stürzen – vor allem dann, wenn die anderen die besseren Waffen haben.
2. Fokussieren statt Streuen: Lieber ein einziger Pfeil, der sitzt, als eine Gewehrsalve ins Nichts.
3. Der richtige Moment entscheidet über das beste Ergebnis.

Ins Visier nehmen

Wir haben in den vergangenen Kapiteln gelernt zu entscheiden, Provokationen zu erkennen und abblitzen zu lassen – nun geht es um unser Ziel. Wo wollen wir mit uns und unserer Kraft hin? Wofür wollen wir unseren Kampfgeist einsetzen? Oft verlieren wir uns in kleinen Scharmützeln des Lebens, anstatt unsere große Schlacht zu schlagen. Aber was wollen wir wirklich? Wo gehören wir hin? Was ist unser Ziel – was ist knapp daneben und was vorbei? Auf einer Zielscheibe würden wir das erkennen. In unserem Alltag sehen wir oft leider nicht so klar. Aber wir können uns die Zielscheibe zur Hilfe nehmen und lernen, unsere Gedanken wie Pfeile abzuschießen. Zu fokussieren und damit ins Schwarze zu treffen.

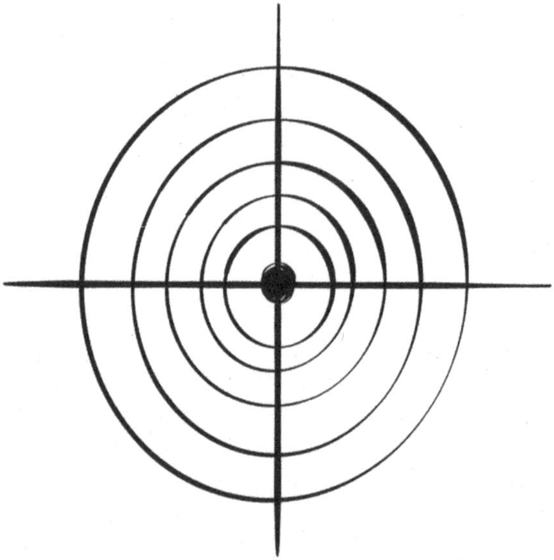

Ziel ist es, die Mitte zu treffen. Nach Möglichkeit bei jedem Schuss, aber wir wollen es nicht gleich übertreiben. Ein Schuss nach dem anderen ...

Jede von uns hat Ziele im Leben, auch wenn wir sie manchmal aus dem Blick verlieren. Nicht immer erreichen wir diese Ziele direkt, sondern müssen uns annähern. Wir erreichen Etappenziele – diese sind mit den Ringen um den Mittelpunkt einer Zielscheibe vergleichbar. Gehen Kugel, Pfeil oder unsere Bemühungen dorthin, ist es zwar kein Volltreffer, aber nur knapp daneben und noch nicht vorbei. In den meisten Fällen ist das ein guter Anfang.

Wer zielen will, muss wissen, warum er treffen möchte. Was steht hinter dem Ziel? Nehmen wir an, Sie verfolgen das Ziel, einen Ratgeber zu schreiben. Bevor Sie auch nur einen Handschlag tun, sollten Sie sich darüber Gedanken machen, warum Sie das wollen. Erhoffen Sie sich Aufmerksamkeit? Eine neue Einnahmequelle? Oder ist es Teil Ihrer persönlichen Selbstverwirklichung? Definieren Sie immer, was Sie sich von dem Erreichen des Ziels versprechen. Dann sind Sie nämlich in der Lage, nicht nur einen einzigen Pfeil zu schießen, sondern sich langsam dem Mittelpunkt anzunähern. Beispielsweise, indem Sie festhalten, welche Möglichkeiten Sie außerdem haben, Aufmerksamkeit, Einkommen oder persönliche Selbstverwirklichung zu erreichen. Visualisieren Sie, auf welchem Weg Sie außer mithilfe einer Buchpublikation zu diesen Zielen gelangen.

Kleiner Leitfaden fürs Anvisieren

Ins Visier nehmen: Definieren Sie Ihr Ziel in einem Wort.

Nahbereich abklären: Definieren Sie den Grund, warum Sie dieses Ziel erreichen wollen, in einem Satz.

Zwischenziele formulieren: Jeder Ring führt Sie näher zu Ihrem Ziel, von außen nach innen.

Verschossen haben wir, wenn wir außerhalb des äußersten Rings treffen, wenn Kugel oder Pfeil das weiße Papier durchschlagen oder die Scheibe gar nicht erst treffen. Wenn das passiert, sollte man sich vielleicht noch einmal überlegen, ob man überhaupt treffen *wollte*.

Wenn wir uns auf das Ziel konzentrieren, gibt es zwei Faktoren, die wir beachten dürfen:

1. Was ist mein Ziel?
2. Warum möchte ich es treffen/erreichen?

Haben wir keine Antwort auf die zweite Frage, werden wir nicht treffen, egal wie klar uns das Ziel vor Augen steht.

Hierzu ein Beispiel. Nehmen wir einmal an, Ihr Ziel ist, in einem Jahr im Chefsessel der Firma zu sitzen, für die Sie arbeiten. Ihr Ziel ist klar – aber was ist Ihre Motivation? Vielleicht ist es Rache, weil Sie der Meinung sind, ein paarmal im Beförderungsringelreihen übergangen worden zu sein? Oder es ist Trotz, weil Sie es den anderen zeigen wollen? Wenn Sie von Grund auf kein rachsüchtiger oder trotziger Mensch sind, wird Ihre Motivation in einem starken Konflikt mit Ihrem Ziel stehen. Sie werden nicht treffen, egal, wie gut Sie anvisieren, wie sauber Sie fokussieren, wie richtig Sie atmen. Und sollte es doch gelingen, wird es Sie unglaublich viel Mühe kosten. Die Waffe wird Ihnen sprichwörtlich zur Last fallen. Wenn unsere Motivation eine negative und keine positive ist, werden wir immer am Ziel vorbeischießen.

INS SCHWARZE TREFFEN

Definieren Sie ein Ziel, das Sie verfolgen. Treffen Sie mit einem einzigen Wort. Definieren Sie auch Ihre Beweggründe in einem kurzen, klaren Satz (maximal 11 Wörter)!
Gelingt es Ihnen, Ihr Ziel und Ihre Motivation in einem Satz und einem Wort zu formulieren, ist klar, wo Sie hinmöchten.

Gelingt es Ihnen nicht, dürfen Sie sich erst über Ihr wirkliches Ziel und Ihre Motivation klarwerden.

Fragen Sie sich:

- Fühlen Sie sich mit Ihrem Ziel und Ihrer Motivation wohl? Wenn ja, dann gehen Sie zur nächsten Übung.
- Wenn nicht, fragen Sie sich, was Sie an Ihren Antworten stört. Würden Sie sich wirklich wohlfühlen, wenn Sie Ihr Ziel erreichten, ist es tatsächlich *Ihr* Ziel? Ist die Motivation, aus der heraus Sie handeln, eine für Sie positive oder gespeist von alten Ängsten, dass Sie etwas beweisen oder aushalten müssen?
- Ist Ihre Motivation für Sie ganz persönlich ein wirklich »guter Grund«?

Wird die Position kurz vor dem Feuern zu lange gehalten, ermüdet der Arm. Auch das Ziel gerät aus dem Fokus, denn der Atem wird unruhig. Wenn Sie schon zu lange angelegt haben, setzen Sie das Gewehr oder den Bogen noch einmal ab. Legen Sie erneut an, wenn Sie wissen, was Sie wollen – und warum Sie es wollen. Der Moment, in dem Sie schießen, wird kommen. Seien Sie für diesen Fall vorbereitet.

Katniss ist eine hervorragende Schützin, aber Wilhelm Tell legt noch mal eine Schippe drauf. Oder eher: einen Apfel. Denn seine Aufgabe ist, ein solches Obst vom Kopf seines Sohnes zu schießen. Wir schreiben das Jahr 1291. Der tyrannische Landvogt Gessler herrscht mit eiserner Hand über den Schweizer Kanton Uri. Er zwingt seine Untertanen zum Beispiel, einen Hut auf einer Stange, die er auf dem Marktplatz von Altdorf hat errichten lassen, beim Vorbeigehen zu grüßen.

Wilhelm und sein Sohn Walter kommen auf den Marktplatz. Tell grüßt den Hut auf der Stange nicht, weil er das für Unsinn hält – und wird prompt von den Soldaten des

Landvogts festgenommen. Selbiger kommt alsbald vorbei und will Tell zwingen, sich seinem Erlass zu unterwerfen. Tell denkt jedoch nicht dran. Deswegen wird Walter geschnappt und an eine Linde gestellt. Mit der Armbrust soll der Vater nun den Apfel auf dem Kopf des Sohnes treffen. Er zittert – schießt er knapp vorbei, ist sein Sohn tot, schießt er gar nicht, stirbt er selbst. Doch er trifft den Apfel. Walter ist frei. Und der Landvogt fragt: »Wofür war der zweite Pfeil, den du bereitgelegt hast?« Tell antwortet ehrlich: Wenn er den Apfel nicht getroffen hätte, wäre der zweite Pfeil in des Landvogts Brust gegangen. Es ist die falsche Antwort, denn Gessler lässt Tell ins Verlies werfen. Schade.

Katniss steht im dritten Teil der *Tribute-von-Panem*-Trilogie vor ähnlicher Wahl: Sie hat den Auftrag von Präsidentin Coin erhalten, den alten Herrscher zu töten. Als sie ihren Pfeil anlegt, begreift sie, dass sie benutzt wird – und dass auch die neue Herrscherin nur Angst und Schrecken verbreiten und vielleicht sogar noch schlimmer sein würde als die alte Macht. Deshalb trifft Katniss' Pfeil am Ende nicht den alten Senator, sondern die junge Präsidentin. Wäre Tell so klug gewesen wie Katniss, hätte er mit dem einen Pfeil, den er hat, gleich den Landvogt ausgelöscht und sich nicht zwischen Apfel, Linde und Sohnemann entscheiden müssen. Anhand von Katniss und Tell erkennen wir, wie unterschiedlich die Blickwinkel von Mann und Frau sind: Er ist fokussiert, blendet alles andere aus, geht zielgerichtet vor und trifft sein Ziel. Sie hat einen größeren Aufmerksamkeitsbereich und nimmt auch das Außen wahr. Deshalb trifft sie eine Entscheidung für das Allgemeinwohl, er eine persönliche. Zum Glück, möchte man meinen, sind die Geschlechter so verschieden. So kann jeder vom anderen noch was lernen.

Tell zeigt uns Frauen sehr eindrücklich, wie wichtig es ist, klar zu fokussieren. Stellen wir uns nur einmal vor, der gute, alte Schweizer hätte sich nicht auf den Apfel, sondern auf das Leben seines Sohnes konzentriert. Wie bei allem anderen auch geht die Energie immer dorthin, wo wir sie hinlenken. Denken wir an alles Schlechte, was eintreten kann, werden wir wenig überrascht sein, wenn genau das passiert. Stattdessen hat sich Tell auf die Aufgabe konzentriert. Er hat ausgeblendet, was von diesem Schuss abhängt.

»Ich will ihn nicht treffen, ich will ihn nicht verletzen!« Kennen Sie solche Gedanken nicht auch? Und was meinen Sie? Sind Sie, wenn Sie solche Gedanken haben, noch bei Ihrem Ziel? Natürlich nicht – Sie widmen Ihre Aufmerksamkeit stattdessen Ihren Ängsten. Sie malen sich aus, was im schlimmsten Fall alles passieren kann, und sorgen so dafür, dass es eintritt. Wenn Sie denken: »Hoffentlich werde ich nicht krank!«, beschäftigen Sie sich mehr mit dem Krank- als mit dem Gesundsein. Und werden garantiert krank, denn dort, wo Sie Ihre Gedanken hinlenken, lenken Sie auch Ihre Energie hin. Denken Sie stattdessen positiv: »Ich bin und bleibe gesund!« Keine Verneinung, kein Worst-Case-Szenario. Alles gut.

Bei Wilhelm Tell liegen Motivation und Ziel sehr eng beieinander: Wenn er sich nur um Millimeter verschätzt, geht's ins Auge. Er muss das Leben seines Sohnes in Gefahr bringen, um ihn zu retten. Es geht nicht darum, *etwas* zu treffen, sondern nicht das Falsche zu treffen. Tells Motivation gilt seinem Sohn – das Ziel jedoch ist der Apfel.

Auch wir lassen uns von den Menschen, die uns nahestehen, oft aus unserer Fokussierung herausholen. Sie nehmen es persönlich, wenn wir ihnen nicht mehr unsere gesamte Aufmerksamkeit schenken, sondern den Apfel anglotzen. Tage, Wochen, Monate.

Der Sohn kann auch als Sinnbild für unsere eigenen Ängste verstanden werden, zitternd unter dem Apfel stehend. Wie oft irritieren wir uns selbst und richten den Blick auf das Problem, nicht auf die Lösung?

ÄPFEL STATT BIRNEN

Fragen Sie sich:

- Was ist Ihr Apfel (Ziel)?
- Wer oder was ist Ihr Sohn (Motivation)?
- Wer oder was brachte Sie in diese Lage?
- Was lenkt Sie davon ab, Ihr Ziel zu treffen?
- Wie können Sie die Situation lösen?

Im Bühnenkampf stoße ich immer wieder auf diese Problematik: Wenn ich mich zu stark auf meinen Partner oder Gegner und seine Aktionen konzentriere, treffe ich ihn, anstatt an ihm vorbeizuschlagen. Beim *Bob-and-Weave*-Schlag schaut der Schlagende den Geschlagenen wie immer zu Beginn einer Choreografie an, dann blickt er zum Haaransatz seines Opfers. Sein Blick bleibt dort, auch wenn der andere unter dem Schlag durchtaucht. Gerade zu Beginn passiert es aber immer wieder, dass der Schlagende das Gesicht des Partners fokussiert und mit dessen Bewegung mitgeht. Folglich gehen aber nicht nur die Augen, sondern sein ganzer Körper inklusive geballter Faust dahin, wo er hinsieht: ins Auge.

Unser Körper folgt, wenn wir unsere Gedanken in eine Richtung lenken. Sie kennen das vielleicht noch aus der ersten Fahrstunde. Sie schauten in den rechten Außenspiegel oder über die Schulter in den toten Winkel – und schon lenkten Sie wie von Zauberhand in die Richtung, in die Sie sahen.

Und so kommt es, dass wir beim *Bob-and-Weave* unserem Bühnenpartner einen hübschen Schwinger verpassen oder am Bordstein entlangkratzen. Es dauert eine ganze Weile, bis wir die Aktion unseres Körpers von der Blickrichtung trennen können. Genau wie unser innerer Fokus, den wir von unserer schlimmsten Befürchtung isolieren wollen.

Nicht immer geht es so glimpflich ab. Wenn wir anlegen

und zielen, wollen wir unser Ziel erreichen, aber was damit noch einhergeht, können wir vorher oft nicht wissen.

Zwischenziele und Endziele

Manchmal erreichen wir unsere Ziele nicht, und das frustriert. In vielen Fällen ist das der Augenblick, in dem wir aufgeben wollen. Vollkommen unnötig, denn wir verwechseln sehr oft Zwischenziele mit Endzielen. An einem Zwischenziel zu scheitern ist jedoch noch lange kein Grund, das Endziel aus den Augen zu verlieren. Denn es gibt noch viele weitere Möglichkeiten, ein Endziel zu erreichen.

Stellen Sie sich vor, Sie möchten eine Angewohnheit loswerden – zum Beispiel das Kaffeetrinken, das Zu-spät-ins-Bett-Gehen oder das Nie-Widersprechen. Sie nehmen sich vor, sich zukünftig anders zu verhalten: Sie werden auf Tee umsteigen, um 22 Uhr das Licht ausknipsen und sich auf die Hinterbeine stellen, wenn Ihnen etwas nicht passt. Ein paar Tage klappt es, und Sie fühlen sich super. »Warum hab ich das nicht schon viel früher gemacht?«, fragen Sie sich.

Und dann kommt er: der Moment, in dem Sie versagen. In Ihr altes Muster zurückfallen. Einen Cappuccino bestellen. Bis nach Mitternacht vor dem Fernseher hängenbleiben. Den blöden Büronachbarn gewähren lassen, anstatt etwas zu sagen.

Sie fühlen sich schlecht, und mit großer Wahrscheinlichkeit stellen Sie nicht nur Ihr Vorhaben, sondern auch sich selbst infrage. »Wenn es mir nicht gelingt, meinen Plan länger als fünf Tage durchzuziehen, warum lasse ich es dann nicht ganz bleiben?« Im Bild der Schützin: Nachdem Sie vier Pfeile erfolgreich auf der Zielscheibe versenkt haben, ging einer daneben. Ist das ein Grund, gleich den Bogen an den Haken zu hängen?

Natürlich nicht! Sie haben ein Zwischenziel nicht erreicht, einen Pfeil verschossen - mehr nicht. Ja, es fühlt sich so an, als ob Sie Ihrem Endziel damit niemals näher kommen würden. Zwischenziele sind jedoch nicht mehr als gute Vorsätze und haben die Kraft, Sie in handfeste Krisen zu stürzen.

Endziele definieren das, was Sie sich eigentlich wünschen: gesund sein, geliebt werden, sich wie ein ehrbarer Mensch verhalten. Endziele erreicht man auf unterschiedlichen Wegen. Und wenn ein Weg versperrt ist, suchen Sie eben einen anderen. Eine gute Schützin hält sich nicht an dem einen verschossenen Pfeil auf. Sie zieht den nächsten aus dem Köcher und visiert neu an. Ihr Scheitern juckt sie nicht, denn sie hat das Endziel im Fokus.

Sie können das auch mit Biathleten vergleichen, die an der entscheidenden Schießstation zweimal danebenschießen. Werfen die ihr Gewehr hin und setzen sich heulend in den Schnee? Nein. Sie beißen die Zähne zusammen, gehen in die Strafrunde, wenn es sein muss, und konzentrieren sich beim nächsten Mal besser. Ich erinnere mich an einen Biathlon-Wettkampf bei den Olympischen Spielen von Turin 2006 im Massenstart der Frauen. Vorneweg lief die Schwedin Anna Carin Olofsson, Kati Wilhelm war auf Platz 2. Eigentlich keine Aussicht auf eine Medaille hatte Uschi Disl, die im bisherigen Wettbewerb enttäuscht und sogar bei der Staffel nicht nominiert worden war - zum ersten Mal überhaupt. Nach dem ersten Liegendschießen war sie auf Platz 10 und musste in die Verfolgungsjagd. Dann lief es plötzlich wie von allein: Disl blieb im zweiten Schießen fehlerlos und fand sich auf dem dritten Platz wieder. Ein packendes Finale im letzten olympischen Rennen ihres Lebens begann. Disl rannte (zum Teil abseits der Loipe im Tiefschnee) nicht nur gegen die Konkurrenz, sondern vor allem gegen sich selbst an. An Schießstand 3 und 4 machte

Merke

Man unterscheidet Zwischen- und Endziele anhand folgender Kriterien:

- Man hat viele Zwischenziele – aber nur wenige Endziele.
- Zwischenziele kann man »bündeln«, sie dienen einem gemeinsamen, höheren Zweck. Endziele stehen für sich.
- Es gibt mehrere Zwischen- oder Etappenziele, um ein Endziel zu erreichen.
- Zwischenziele kann man mit folgender Formel überprüfen: Warum möchte ich ein Ziel erreichen? Wenn Sie mit »Ich mache das, um …« antworten, handelt es sich um ein Zwischen- und nicht um ein Endziel.
- Die meisten Endziele haben damit zu tun, wie Sie leben und sein möchten – sie beschreiben das Leben, das Sie führen wollen, geben eine Richtung und kein festes Ergebnis vor und sind demnach unspezifischer als Zwischenziele. Endziele ähneln Ihren Idealen, Zwischenziele sind die Schritte, die Sie diesen Idealen näher kommen lassen.
- Viele Endziele erreichen Sie nie, denn sie stehen für Ihre grundsätzliche Haltung und Ihre Ideale. Trotzdem verfolgen Sie sie, solange Sie leben.

sie jeweils einen Fehler – ich erinnere mich noch gut an ihr Gesicht, wie sie es beinahe belustigt verzog, den Kopf schüttelt, tief durchatmete und sich in die Strafrunde aufmachte. Dann rannte Disl um ihr Leben und holte tatsächlich sogar noch Teamkollegin Glagow auf Platz vier ein. Die machte den Weg frei und schrie ihr hinterher: »Hol dir Bronze!« Das ließ sich Disl nicht zweimal sagen. Sie flog nur so die Hänge hinauf und ging am Ende als Drittplatzierte aus dem Rennen. »Bronze fühlte sich heute wie Gold an«, sagte sie später über ihren Sieg. Mich beeindruckt bis heute, wie schnell es Ausnahmesportlern wie Uschi Disl gelingt, einen Fehlschuss abzuhaken und sich auf die nächste Zielscheibe zu konzentrieren.

ENDZIEL VISUALISIEREN

Notieren Sie sich Ihre Ziele. Schreiben Sie alles auf, was Sie erreichen wollen, egal, wie unwahrscheinlich es ist. Gehen Sie die Liste anschließend durch und unterscheiden Sie die Zwischenziele von den Endzielen. Sie werden dabei feststellen:

- Sie haben nur wenige Endziele und sehr viele Zwischenziele.
- Wenn Sie an einem Zwischenziel scheitern, gerät Ihr Endziel dadurch nicht in Gefahr.
- Ihre höhergestellten Werte, also Endziele, sind es, für die es sich zu leben lohnt.

Wenn Sie bei der Verfolgung Ihrer Endziele auf ein Hindernis stoßen, handelt es sich oft nur um ein Zwischenziel, das Sie nicht erreichen. Erinnern Sie sich daran, dass Ihnen noch viele andere Möglichkeiten offenstehen! Treten Sie einen Schritt zurück und fragen Sie sich: *Was versuche ich eigentlich zu erreichen? Worum geht es mir im Grunde? Was ist das große Ganze? Und wie komme ich auf anderem Wege dorthin?* Vielleicht können Sie sich sogar einige Zwischenziele sparen? Überlegen Sie mal, warum Sie die Beförderung unbedingt haben wollen. Wegen des Geldes? Oder weil Sie sich erhoffen, mehr Wertschätzung in Ihrer Firma zu spüren? Gibt es noch einen anderen Weg, diese Wertschätzung zu erhalten? Muss sie aus Ihrer Firma kommen? Oder vielleicht aus einem Hobby, das Sie sehr lieben? Möglicherweise sind es auch Sie selbst, die Ihnen die meiste Wertschätzung entgegenbringt.

Endziele kann man nicht so erreichen wie Zwischenziele. Fünfzehn Kilo weniger zu wiegen sind ein Zwischenziel, denn man wünscht es sich, um etwas anderes zu bekommen: attraktiv, gesund, sportlich sein. Es gibt aber unterschiedliche Wege, dorthin zu kommen – dafür muss man nicht Kleidergröße 38 tragen.

Zwischenziele sind SMART, also **s**pezifisch, **m**essbar, **at**traktiv, **r**ealistisch, **t**erminiert. Endziele nicht – sie gelten oft ein Leben lang und werden nur selten verändert.

WIE WIR ANVISIEREN, ZIELEN UND DURCHZIEHEN

Schreiben Sie ein Zwischenziel auf, das Sie binnen eines Jahres erreichen wollen – und das Endziel, dem Sie damit näher kommen möchten. Haben Sie keine Angst davor, es zu Papier zu bringen. Selbst wenn Sie Ihr Zwischenziel nicht erreichen, sind Sie keine Versagerin, sondern einfach noch nicht so weit gekommen, wie Sie wollten. Das ist okay. Aber besser gescheitert als niemals versucht, oder?

Achten Sie darauf, dass Ihr Ziel SMART bleibt: **s**pezifisch, **m**essbar, **a**ttraktiv, **r**ealistisch, **t**erminiert. Also zum Beispiel: »Innerhalb eines Jahres werde ich jeden Tag fünf Minuten nach dem Aufstehen Yoga machen.« Visualisieren Sie Ihr Ziel immer wieder an. Mehrmals am Tag, wenn es sein muss, bis die allmorgendliche Yogaeinheit in Fleisch und Blut übergegangen ist. Schreiben Sie Ihr Ziel auf, sprechen Sie es sich vor wie ein Mantra. Fühlen Sie in sich hinein – genau wie ein Schauspieler, der sich in einen Charakter hineinversetzt.

Rechnen Sie damit, dass Sie Ihr Ziel eines Tages erreichen. Oft genau dann, wenn man nicht mehr damit rechnet. Halten Sie auch dann durch und machen Sie weiter.

Übung macht den Meisterschützen

Sie nähern sich Ihrem Ziel Schritt für Schritt, Schuss für Schuss. Bleiben Sie dran! Werfen Sie von mir aus Ihren Lippenstift ins Korn, aber niemals die Flinte. Wir können nicht gleich ins Schwarze treffen. Auch Robin Hood und Wilhelm Tell haben geübt. Das können wir definitiv von den Männern übernehmen: »Hat es nicht funktioniert? Dann versuchst du es halt noch mal!«

Bevor Sie nun die Waffe anlegen, möchte ich Sie darum bitten, sich vier Schritte zu vergegenwärtigen:

1. Welches Kaliber wird benötigt? Oder auch: Wie viel Energie/Kraft wollen Sie aufbringen?
2. Wie müssen Sie stehen, damit Sie treffen? Welche Sicherheitsvorkehrungen sind vonnöten, um niemanden in Ihrer Nähe zu erwischen? Wie erlangen Sie Stabilität? Wie können Sie ausblenden, was Sie noch irritiert?
3. Ist es der richtige Zeitpunkt, um den Schuss abzugeben? Ist Ihr Ziel schon nah genug? Bewegt es sich? Sind Sie bereit?
4. Trauen Sie sich den Schuss zu? Und damit auch, Ihr Ziel zu erreichen?

RICHTIG ZIELEN LERNEN

Beantworten Sie die oben genannten Fragen und tragen Sie Ihre Antworten auf der Zielscheibe ein!

Aus dem Schießtraining kennen wir das *Grouping*. Damit wird der Abstand zwischen den abgefeuerten Schüssen bezeichnet. Je enger beieinander, desto besser. Mit dem *Grouping* trainieren Schützen ihre Stabilität, den Stand und die Fähigkeit, ein Ziel gleichmäßig oft zu treffen.

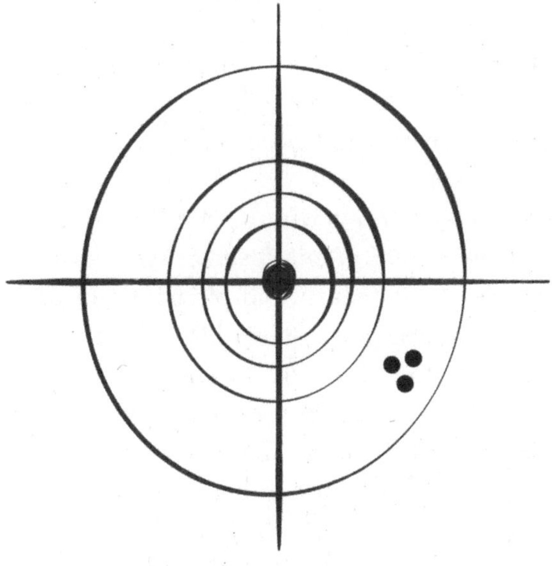

Master of Desaster in dieser Disziplin war der Legendenheld Robin Hood, der seinen ersten Pfeil mit dem zweiten spaltete. Das ist ein formidables *Grouping*. Oder man schießt durch das erste Loch noch einmal hindurch.

Vielleicht haben Sie noch nicht ins Schwarze getroffen, aber ein gutes *Grouping* erzielt? Nehmen Sie das wahr, stellen Sie sich noch einmal auf und optimieren Sie Ihr anvisiertes Ziel. Schauen Sie dahin, wo Sie hinwollen. Wir können möglicherweise nicht gleich unser Ziel erreichen, aber ein gutes *Grouping* stoppt unseren Angreifer auf jeden Fall.

So gelingt der perfekte Schuss

- Malen Sie sich Ihr Ziel auf!
- Falls es ein bewegliches Ziel ist: Lernen Sie den Bewegungsablauf kennen!
- Üben Sie! Sie sollten in der Lage sein, Ihre Waffe schnell anzulegen und routiniert zu halten.
- Bleiben Sie ruhig. Immer.

Was tun, wenn Sie es auf einmal mit zwei Zielen zu tun haben? In Afrika können es zwei alte Büffel sein, die auf Sie zurennen, im Bürodschungel Kollegen, die es gemeinsam auf Sie abgesehen haben. Lassen Sie sich dadurch nicht aus der Ruhe bringen.

Bei zwei Zielen können wir uns oft nicht entscheiden, auf welches wir den ersten Pfeil abschießen. Das Ergebnis ist, dass wir in die Mitte feuern und niemanden treffen. Wenn Sie nicht gerade mit einer Schrotflinte hantieren, die weit streut und alles Mögliche trifft, wird das garantiert nichts.

Jedes Tier hat sein eigenes Bewegungsmuster. Beobachten Sie das Verhalten Ihrer Gegner. Dann fokussieren Sie sich auf das Ziel, das von Ihnen gesehen weiter entfernt ist, auch wenn sich das nicht natürlich anfühlt, weil Sie den näheren Aggressor zuerst beseitigen wollen. Es ist eine Übung, keine echte Bedrohungssituation aus der afrikanischen Steppe. Bleiben Sie dabei! Übersetzt in die Bürosituation heißt das: Visieren Sie zuerst den weniger wichtigen Gegner an und entsenden Sie Ihren Pfeil. Haben Sie getroffen, widmen Sie sich dem nächsten Ziel.

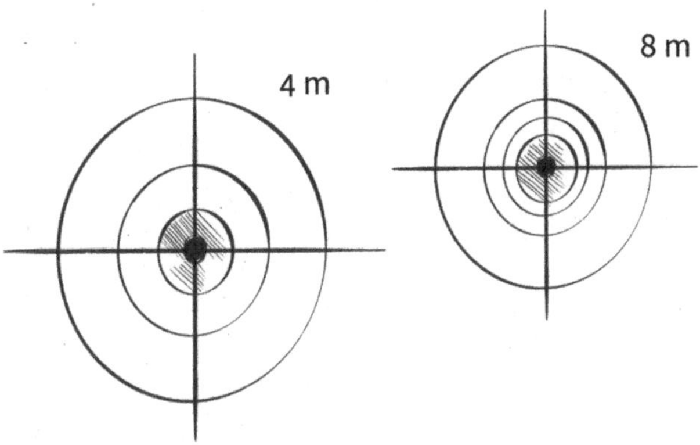

Ladehemmung: Auf das Unkalkulierbare vorbereitet sein

Selbst wenn wir das Ziel im Auge haben, unser Standing und auch sonst alles stimmt, kann es zu einer Fehlfunktion der Waffe kommen. Sie drücken den Abzug, und nichts passiert. Nun heißt es schnell sein! Werfen Sie die Patrone aus der Kammer und laden Sie nach.

Auf Ihren Alltag übertragen bedeutet das: Bereiten Sie sich auf das Unvorhersehbare vor und kalkulieren Sie es ein. Jammern Sie nicht herum, wenn der erste Schuss nicht kommt. Atmen Sie tief durch, legen Sie neu an und fokussieren Sie. Angenommen, Ihr Laptop schmiert kurz vor dem wichtigsten Vortrag Ihrer Karriere ab – und die Präsentation ist dahin. Wie können Sie Ihre Rede trotzdem halten?

Oder stellen Sie sich vor, Sie lassen Ihre Tasche mit allen Unterlagen für das Meeting in der U-Bahn liegen. Wie können Sie Ihre Idee auf einem Blatt kurz und klar darstellen und punkten? Verlassen Sie sich auf das, was in Ihrem Kopf ist – und haken Sie das Unglück ab. Solche Dinge passieren! Kalkulieren Sie das stets mit ein und vertrauen Sie Ihrer Zielsicherheit.

Ein einziger Pfeil, oder: Verschieß dein Pulver nicht zu früh!

Nicht immer können wir nachladen. Manchmal haben wir nur einen einzigen Pfeil, und der muss sitzen. Und als ob das noch nicht genug wäre, haben wir meistens nur den Bruchteil einer Sekunde Zeit, um eine Entscheidung zu treffen.

In meiner Ranger-Ausbildung in Afrika haben wir gelernt, mit dem Gewehr umzugehen. Das Großkaliber ist nicht für die Jagd gedacht, sondern als absolut letzte Instanz, falls man draußen im Busch von einem Tier angegriffen wird und sich oder die Gäste schützen muss. Wir haben gelernt, erst im allerletzten, nicht mehr zu vermeidenden Moment zu schießen. Warum? Um dem Tier die Chance zu geben, noch abzudrehen, und selbst treffsicher zu sein. Je näher das Ziel, desto leichter ist das. Warnschüsse sind folglich überflüssig.

Ein frei abgefeuerter Warnschuss birgt das Risiko, irgendwo unkontrolliert einzuschlagen. Oder sogar jemanden zu verletzten, den wir vielleicht gerade nicht auf dem Radar haben, da unser Fokus auf der Bedrohung vor uns liegt. Auch kann der Warnschuss wie ein Bumerang zu uns zurückgeschleudert werden, sollte er an einem Gegenstand abprallen.

Wir wollen dem Angreifer die Möglichkeit geben, immer

noch abzudrehen, sich anders zu entscheiden. Denn wir möchten niemanden verletzen. Der Angreifer will es letztendlich auch nicht. Eventuell reizt genau dieser Warnschuss zu einem Angriff.

Wenn wir zu früh auf den Abzug drücken, kann es sein, dass wir unseren Angreifer schwer verletzen. Nun erst recht angestachelt, rennt er, um sein Leben kämpfend, auf uns zu. Oder er ergreift die Flucht und krepiert elendig, falls wir ihn fatal getroffen haben.

Während der Angreifer auf uns zukommt, haben wir beim Nachladen einen *Riflejam*. Bedeutet: Wir können die zweite Patrone nicht nachladen, haben unser Pulver schon verschossen. Das ist die schlechtmöglichste Lage, in der man sich befinden kann. Denn was jetzt tun? Wir können uns nicht mehr verteidigen. Das kann bei einer Bürokollegin, die schnaubend auf uns zurennt, noch einigermaßen glimpflich ablaufen, aber bei einem Löwen ...

Schützenhilfe: *Stand your ground! Don't flinch, follow through!*

Ich stehe irgendwo in Afrika, das Gewehr seitlich am Körper. Hinter mir fragt der Instructor: »Are you ready?«

Ich nicke. Yes, ready.

»In your own time.«

Er startet den Geländewagen, und ich gehe langsam los. Plötzlich schießt aus dem Nichts ein Löwe auf mich zu. Ich springe einen Schritt nach links, befördere mein Gewehr auf meinen Oberschenkel, lade. Währenddessen schreie ich nach hinten zu den Touristen: »Stand still. Lion!«

Das Gewehr ist geladen, ich nehme es in den Anschlag. Dann stehe ich, atemlos. Und stehe, und stehe. Der Löwe kommt näher. Vier Meter, drei Meter, zwei Meter – Schuss.

Der Rückschlag des Gewehrs wirft mich einen kleinen Schritt nach hinten. Der Löwe geht zu Boden, ich habe ihn getroffen.

Ich lade nach. Zweiter Schuss. Lade nach. Gehe in einem großen Bogen um den Löwen herum, der anderthalb Meter von mir entfernt liegt. Währenddessen spreche ich zu den Gästen. »Lion down. Stay were you are! I check corneal reflex.«

Ich tippe mit dem Gewehrlauf in die Augen des Löwen.

»Lion is dead«, sage ich zu den Gästen, drehe mich mit dem Mündungslauf in eine sichere Richtung, also 45 Grad nach vorn, weg vom Löwen, lade nach und sichere das Gewehr. Mein Adrenalin ist am Anschlag.

Das Gute daran: Es war nur eine Prüfungssimulation.

Der Instructor stoppt den Motor, der den Schlitten mit dem Pappkartonlöwen mit zwanzig Stundenkilometern auf mich hat zurennen lassen. Gemeinsam gehen wir zum Papplöwen, der Instructor überprüft die Einschusslöcher. »Good, you killed him straight away.« Er kreist das Schussloch ein. Es liegt im Zielbereich, der oben am Kopf des Löwen markiert ist. Sechs Zentimeter breit, vier Zentimeter hoch. Ich hab ihn genau in der Mitte getroffen.

Ein Stein fällt mir vom Herzen. Die Schießprüfung habe ich bestanden. Ich war unglaublich aufgeregt, denn auf die Distanz bin ich nicht gerade gut am Gewehr. Alles ab zwölf Meter ist kritisch, und wenn ich zu lange Zeit zum Anvisieren habe, mache ich meistens Blödsinn, lasse den Lauf des Gewehrs nach unten wegkippen oder antizipiere den Schuss und folglich den Rückschlag, was eine Katastrophe ist. Ich denke zu viel nach. *Treffe ich mein Ziel? Bitte, lass es mich treffen!* Ich mache mir dann über alles Gedanken, meinen Stand, die Bewegung, ob ich das Gewicht richtig verteilt habe und so weiter. Heute hatte ich keine Zeit. Ich musste darauf vertrauen, es richtig zu machen. Ich habe das Training der letzten Tage gut umgesetzt, habe in einer irren Geschwindigkeit geladen, anvisiert – und getroffen. Weil ich keine Zeit hatte nachzudenken, und weil ich vertraute. Nicht nur ein Gewehr kann demnach eine Ladehemmung haben. Oft sind wir es selbst. Und es ist wichtig, sie zu überwinden.

Stand your ground: Bleib stehen!

Stehe für das ein, was du möchtest. Sieh dein Ziel an, auch wenn es auf dich zurennt. Ein Löwe, die böse Schwiegermutter, egal was. Bleib stehen! Weglaufen ist sinnlos. Jedes Tier (und manchmal sogar die Schwiegermutter) ist schneller als wir, und bei Katzen wird hier auch noch der Jagdreflex aktiviert, sollten wir so dumm sein, wegzulaufen. Wir warten darauf, dass es abdreht und wir es nicht töten müssen. Ein Löwe (und hier ganz sicher: auch die Schwiegermutter) dreht meistens aber erst auf den letzten zwei Metern ab.

Don't flinch: Nimm nichts vorweg!

Das tun wir oft: den Schuss oder einen Ausgang vorwegnehmen. Wir entschuldigen uns, bevor wir überhaupt angegriffen haben. Rechtfertigen uns ohne Grund. Als wüssten wir, was auf uns wartet, als würden wir vorbeugen wollen. *To flinch* bedeutet auf Deutsch »zurückweichen«, in Bezug auf Gewehre: die Waffe leicht nach oben zu ziehen, weil wir den Rückstoß erwarten, uns körperlich hineinlegen, ihn antizipieren. Wir gehen mit dem Oberkörper leicht nach vorn und sind dann, wenn es drauf ankommt, ein Stück zu tief, um gut treffen zu können. Das ist schlecht. Wir verfehlen unser Ziel. Und das nur, weil wir den Ausgang, den Schuss, vorweggenommen haben.

Im Bühnenkampf beobachte ich diese Haltung in einer geplanten Choreografie bei Kontaktschlägen häufig, vor allem bei Schlägen oder Kicks auf den Bauch. Das Opfer reagiert zu früh auf den Schlag, da es die Choreografie kennt. Es nimmt die Hände vor, klappt vorneüber, und dann erst kommt der Schlag. Das macht nicht nur den Effekt kaputt, das ist auch gefährlich. Denn wenn wir nach vorn kippen, präsentieren wir nicht die Bauchmuskulatur, sondern unseren Rippenbogen. Wenn der Schlag dort landet, wird es richtig unangenehm. Oder die Hände sind zwischen Bauch und schlagendem Knie – auch alles andere als schmerzfrei. Für die Schauspieler ist es beinahe am schwierigsten, einen Kampf oder eine Schlägerei jeden Abend neu zu erleben und die Szene, die sie kennen, nicht vorwegzuspielen.

Im Leben jenseits der Bühne handeln wir ähnlich. Bevor eine neue Situation auch nur richtig angefangen hat, bedienen wir uns schon an unserem reichen Erfahrungsschatz und wiederholen bereits Erlebtes. Egal, wie sich die neue Situation hätte entwickeln können: Es kommt gar nicht dazu. Wir haben schon antizipiert, den Rückstoß einkalkuliert, müde abgewunken. Uns wie auch dem Schauspieler darf gesagt werden: Jede Vorstellung ist neu, jeder Abend ist anders, und das Publikum hat das Stück noch nie gesehen. Der Ton des Kollegen wird heute vielleicht ein bisschen aggressiver sein, ein Wort fällt ins andere, und plötzlich ist er einen halben Meter zu weit weg. Es sind winzige Nuancen, die dafür sorgen, dass wir als Schauspieler wachbleiben – wenn wir sie denn wahrnehmen – und das Stück nach der dritten Vorstellung nicht zum Possentheater wird. Ein zusätzlicher Augenaufschlag, ein Wort zu viel oder eines vergessen, und plötzlich kommt wieder Leben in die Bude. Der Darsteller erlebt das Stück tatsächlich zum ersten Mal. Der Zuschauer seinerseits merkt, dass an diesem Abend nur für ihn gespielt wird. Für den Schauspieler ist das die größte Aufgabe: sich voller Vertrauen immer wieder neu darauf einzulassen. Auf das, was gerade geschieht, und nicht das, was er erwartet.

Im Alltag geht es uns genauso. Wir sind dazu aufgefordert, uns immer wieder neu einzulassen und nichts vorwegzunehmen.

Follow through: Zieh es durch!

Vielleicht das Schwierigste überhaupt: Ziehen Sie durch, wofür Sie sich entschieden haben. Sie müssen schießen, so oder so. Es hilft dem Gegner nicht, wenn Sie es nur halbherzig tun. Das verletzt ihn, und die ganze Sache zieht sich in die Länge. Man kann das mit einem Heftpflaster vergleichen, das man *ganz langsam,* Härchen für Härchen, oder mit einem schwungvollen Rutsch von der Haut zieht. Wenn wir schießen, können wir es nicht halbherzig, eventuell oder »ein bisschen« tun. Genauso wenig, wie wir ein bisschen schwanger sein oder uns ein bisschen für etwas entscheiden können. Also: Bogen spannen und Vogel abschießen!

Kapitel 8

Die Knappin

Die Kampf-Azubine – auf dem Weg zur Ritterin

Kriegerin, Jägerin, Kampfelfe, Schützin … Sie haben bereits einige Charaktere kennengelernt und hoffentlich das ein oder andere von ihnen erfahren, was Sie für sich anwenden können.

Es gibt eine Kämpferin, die alle Fähigkeiten der bisher aufgezählten in sich vereint. Kein Wunder, dass es so lange dauert, eine echte Ritterin zu werden. Die Ausbildung ist hart und dauert Jahre. Dazu kommt, dass es sowohl in der echten Historie als auch in der Kulturgeschichte nur sehr wenige männliche Ritter gab, die sich bereit erklärten, eine Frau in den Knappenstand zu erheben und auszubilden. Denn nur so wird man eine echte Ritterin: indem man jahrelang einem anderen den Schild hinterherträgt.

Schildknappen hießen im Mittelalter junge Männer, die das Waffenhandwerk von einem bereits geschlagenen Ritter erlernten. Die Ausbildung war weitreichend, ging sie doch über das bloße Kämpfen hinaus. Ritterschaft war und ist nicht nur eine Fähigkeit, die man erwirbt, sondern bezeichnet vor allem eine Einstellung zum Leben. Nicht umsonst spricht man von ritterlichem Verhalten. Damit ist gemeint, dass sich Personen anständig, fair und ehrenhaft benehmen. Das wirft natürlich die Frage auf, wieso Männer meinen, erst einmal eine Ausbildung hierfür zu brauchen – aber das ist vielleicht ein anderes Thema.

Die Hex muss weg, der Dreck muss weg

Mit vierzehn kam ich in eine neue Schule. Ich freute mich, denn ich hatte keine Ahnung, welcher Horror dort auf mich wartete.

Während meine Mitschüler sich für Boygroups begeisterten, hatte ich auf meinem Rucksack den Namen meiner Lieblingsgruppe *Enigma* stehen. Indianisch angehauchte Synthesizerklänge wie »Return to Innocence« erfüllten anstelle von Schmachtfetzen à la »I swear« meine Kopfhörer. Dazu trug ich Kleidung im Ethno-Chic und Parka anstatt Schlaghosen, Plateauschuhe und bauchfreie Tops. *Jeder nach seiner Façon!*, war mein Credo. Ich fand es spannend, wie unterschiedlich wir waren.

Außerdem setzte ich mich intensiv mit anderen Kulturen, Religionen und Lebensweisen auseinander. Stundenlang übte ich im Wald das lautlose Anpirschen, suchte nach Tierspuren und lernte, wie man auf feuchtem Untergrund ein Feuer anzündet. Dadurch entging mir irgendwie, dass ich anscheinend nicht ins Raster passte – und unangenehm auffiel. Vor allem einem: Hans Mustermann.

Eines Tages stand ich beim Haushaltsunterricht in unserer Schulküche und schnitt ein Gemüse. Mir gegenüber fünf Jungs, die mit einem Besen gegen meine Schuhe stupsten und spotteten: »Die Hex muss weg, der Dreck muss weg!«

Zu Beginn lachte ich mit, da ich davon ausging, dass wir miteinander rumalberten. Bald merkte ich aber, dass es wirklich ein Spaß war – allerdings gegen mich gerichtet. Ich verstand nicht, warum.

»Jetzt lacht sie auch noch mit! *Aijaijai iaiaia, return to innocence!*«, begann einer von ihnen, sein Name war Kai, zu trällern. »Jaja, der Indianerhäuptling hilft dir jetzt auch nicht weiter, der ist schon lange tot!« Er grinste böse.

Ich hatte einen Kloß im Hals, verstand ich doch überhaupt nicht, was hier vor sich ging. Ich hatte keinen der Jungs angegriffen, verletzt oder überhaupt Kontakt zu ihnen gehabt. Also stand ich da und war sprachlos.

Kai rief: »Da fällt dir nichts mehr ein, he? Diese Welt, von der du ständig träumst, die gibt es nicht! Magie, Zauber, Wald, Natur ... Blödsinn! Wölfe gibt es bald auch keine mehr, die werden alle abgeschossen. Schaut sie euch an, die Hex!«

Ich war zutiefst getroffen. Nicht nur von dem Angriff gegen mich, sondern auch von der Weltanschauung meines Mitschülers. Waren das seine Gedanken? Wirklich?

Über Wochen diente ich als Zielscheibe des allgemeinen Gespötts. Am Anfang wehrte ich mich, indem ich versuchte zu diskutieren, es war jedoch zwecklos. Also wurde ich immer stiller und beobachtete nur noch, anstatt etwas zu sagen. Der Rest der Klasse blickte verschämt weg, egal wie hart die Attacken der Jungs gegen mich ausfielen.

Es war immer dasselbe: »Die Hex muss weg, der Dreck muss weg! Jetzt guckt sie wieder und sagt nichts. Du glaubst, dass du etwas Besonderes bist mit deinen großen Augen und dem grünen Schlangenblick.«

Von allen Seiten versuchten sie mich aus der Reserve zu locken oder zu verletzen, und sie erzielten nicht nur einen Treffer. Oft konnte ich nichts erwidern, war sprachlos, verletzt, ängstlich und vor allem traurig. Ich fühlte mich grundverkehrt auf dieser Welt, und ich wusste einfach nicht, wie ich reagieren konnte.

Und doch wusste ich, dass ich am Grundlegenden nichts würde ändern können. Ich wollte weder mich noch meine Art, die Welt zu sehen, anpassen. Zwar kostete es mich Mut und Überwindung, jeden Morgen in meine unkonventionelle Garderobe zu schlüpfen und mich somit wieder in Gefahr zu begeben, doch tief in meinem Inneren war mir klar, dass auch andere Klamotten nichts daran geändert hätten. Ich war zum Opfer auserkoren worden. Und wenn das so war, wollte ich mich wenigstens in den Dingen, die ich am Körper trug, wohlfühlen.

Nach vier Monaten des Mobbings sollte jeder in der Klasse ein Referat halten, das Thema durften wir frei wählen. Ich beschloss, mich zur Wehr zu setzen, und zwar öffentlich. Ich nahm mir das Thema Hexenverfolgung vor und las alles, was mir zu dem Thema in die Finger kam.

Je näher der Tag rückte, desto größer wurde meine Aufregung. Am Morgen des Referats stand ich in der Mädchentoilette und zitterte. Mir war schlecht vor Angst. Was für eine blöde Idee war das nur gewesen?! Ausgerechnet Hexenverbrennungen. Damit machte ich doch alles nur noch schlimmer!

Als der Gong zur Stunde schlug, öffnete ich mit zitternder Hand die Tür der Mädchentoilette, ging den Gang hinunter und trat ins Klassenzimmer ein.

»Katrin, worüber wirst du referieren?«

Ich sah erst den Lehrer an, dann die Jungsclique. »Hexenverbrennungen«, sagte ich mit klopfendem Herzen und beobachtete, wie für den Bruchteil einer Sekunde die Jungs erschrocken zu mir blickten und dann verschämt den Blick abwandten.

Ich fing an. Zuerst mit wackliger Stimme, dann nach und nach sicherer. Als mein Referat zu Ende war, stellte der Vorlauteste aus der Clique eine provokante Frage, die ich jedoch lässig beantworten konnte. Ich war sehr gut vorbereitet. So leicht konnte der mir nichts anhaben. Ich rechnete damit, dass die Jungs mich jetzt noch mehr auf dem Kieker haben würden. Das Risiko hatte ich einkalkuliert. Aber zumindest hatte ich meine Stimme wiedergefunden und mich zur Wehr gesetzt.

Zu meiner größten Überraschung und, ich gebe es zu, auch Genugtuung, passierte jedoch genau das Gegenteil. Sie ließen mich in Ruhe, von einem Tag auf den anderen. Ihre Worte hatte ich trotzdem noch lang im Ohr: »Diese Welt, von der du ständig träumst, die gibt es nicht!« Wie oft hat mich dieser Satz verunsichert und zweifeln lassen?

Heute weiß ich es besser. Es war ein langer Weg, und manchmal wollte mich der Mut verlassen. Tief in mir verspürte ich aber immer die Gewissheit, dass »meine Welt« irgendwo existiert. Heute, wenn ich in der Wildnis Afrikas tagelang schweigend, lauschend und schleichend mit anderen Rangern einen Elefanten traile und wir nachts im Dunkeln den Löwen zuhören, auf einer Anhöhe sitzend, unter uns das wilde Afrika, weiß ich: Jeder Moment des Zweifelns war es wert.

Trotzdem trug ich meine Verwundung jahrelang mit mir herum. Immer, wenn ich auf größere Gruppen traf, war eine Unsicherheit und Angst in mir. Ich befürchtete, dass alle gegen mich wären. Auch wenn mein Verstand wusste, dass es nicht so war. Die Angst, es würde von vorn beginnen, begleitete mich, bis ich mich eines Tages durch einen glücklichen Umstand davon lösen konnte.

Nachtwache

Während ich diese Zeilen tippe, unterstreicht das Schreibprogramm das Wort »Knappin« mit einem roten Strich. Das Wort existiert allem Anschein nach gar nicht – ergo kann es auch keine weiblichen Ritterinnen in Ausbildung geben, richtig? Sieht man sich die Literatur-, Theater- und Filmgeschichte an, stimmt das leider. Frauen werden keine Ritterinnen, höchstens in Kinderbüchern oder bei *Game of Thrones*. Aber in dieser Serie wird mit so mancher Erwartungshaltung gebrochen (etwa, dass man das Personal einer Serie nicht samt und sonders abschlachten darf … *well!*), daher wundert es nicht, dass eine der wenigen Ritterinnen, die man derzeit medial bewundern darf, Brienne von Tarth ist, auf die ich im folgenden Kapitel noch einmal genauer eingehen werden.

Im Laufe der acht Staffeln *Game of Thrones* bekommt Brienne einen eigenen Knappen, Podrick, den sie zum Ritter ausbildet. Über ihre Ausbildung erfährt der geneigte Leser oder Zuschauer leider wenig. Schauen wir uns also an, wie der Weg zum Ritter auf männlicher Seite verläuft.

Die mittelalterliche Ritterausbildung betrug sage und schreibe vierzehn Jahre. Genau genommen musste man nämlich erst einmal Page werden, meist im Alter von sieben Jahren, mit vierzehn wurde man dann Knappe. In den sechs bis sieben Jahren der Knappschaft musste der Knappe, so er denn lang genug überlebte, verschiedene Dienste verrichten. Es war seine Aufgabe, seinem Herrn beim Anlegen der Rüstung zu helfen, sich um die Rösser zu kümmern und die Waffen in Schuss zu halten. Meist endete die Knappschaft mit einer Zeremonie, in der dem Adjutanten ein geweihtes Schwert überreicht und er in den Stand des Ritters erhoben wurde.

Die Nacht vor dem großen Ereignis verbrachten die Ritter-Anwärter in einer Kapelle oder an einem anderen heiligen Ort, um sich auf den Schlag am nächsten Tag vorzubereiten. Während der Nachtwache, die sie leisten sollten, waren sie dazu aufgefordert, sich noch einmal mit sich selbst, mit all ihren Schwächen, dunklen Seiten und auch ihrer Angst auseinanderzusetzen. Das alles bitte schön im Dunkeln, maximal mit dem Licht einer Kerze.

Warum sollten sie das tun? Waren vierzehn Jahre Plackerei nicht wahrlich genug? Konnte man nicht davon ausgehen, dass junge Männer, die ihr Leben lang nichts anderes getan hatten, als sich auf die Ritterschaft vorzubereiten, wussten, dass sie es *wirklich* wollten?

Lieber auf Nummer sicher gehen. Und so kam es, dass sich die Knappen in der Nacht vor dem Schlag zum Ritter in Kontemplation üben durften. Dafür blieben sie wach – die ganze Nacht lang. Denn die Ritterschaft bedeutete Verantwortung, Gefahr und Entbehrungen. Würden sie allen Versuchungen widerstehen können, die am Wegesrand auf sie lauerten? Alle unlauteren Angebote ausschlagen, die ihnen durch ihre exponierte Position immer wieder gemacht wurden? Würden sie sich stets gut und recht ent*scheiden* oder sich auf die dunkle Seite der Macht schlagen?

Ein Leben als Ritter bedeutete Reichtum und Wohlstand, aber auch Kampf und Krieg. Ritter mussten an vorderster Front stehen, sich vor die anderen stellen, tapfer sein, auch wenn es die meisten der anderen nicht mehr waren, sterben für einen guten Zweck oder auch nur aus Loyalität zu ihrem König. Gut also, wenn man sich sicher war, diese Aufgabe bewusst gewählt zu haben.

Und jetzt mal Hand aufs Herz: Vermutlich sind Sie in Ihrem Leben noch nicht allzu oft zur Ritterin geschlagen worden. Aber kennen Sie solche Nächte nicht auch? Sie knien zwar nicht allein auf dem kalten Boden einer Kapelle, den in der Luft sichtbar gewordenen Atem vor der Nase, mit steifen Knien und gefühllosen Beinen. Vermutlich haben Sie sich auch keine vierzehn Jahre Ihres Lebens auf diesen einen entscheidenden Moment vorbereitet. Aber sicher haben Sie sich schon um die eine oder andere Nacht gebracht, indem Sie sich schlaflos auf der Matratze von links nach rechts warfen und versuchten, Ihrer Gedanken Herrin zu werden: *Schaffe ich das? Bringe ich die nötigen Voraussetzungen mit? Bin ich die Richtige?*

Während einer Nachtwache, wenn wir also die Nacht »durchwachen«, drehen und wenden wir uns im Bett, die Gedanken fahren Karussell, und es stellt sich keine Ruhe ein. Wir nicken kurz weg, schrecken wieder hoch, die Minuten fühlen sich wie Stunden an und rasen gleichzeitig davon. Und mit jedem Versuch, in den Schlaf zu finden, gelingt es uns weniger. Wir scheitern an einem menschlichen Grundbedürfnis, an etwas, was selbst Babys gelingt: dem Einschlafen. Den Blick zum Wecker wagen wir nicht mehr, zu viel Sorge haben wir vor seiner vorwurfsvollen Aussage.

»4.30 Uhr schon, und immer noch wach. Den morgigen Tag überstehst du *nie!*« Die Gedanken in unserem Kopf halten uns vom Schlafen ab. Wir schlagen uns mit den Dingen herum, die wir erledigen müssen, Herausforderungen, denen wir uns nicht gewachsen fühlen. Die Gewissheit, dass wir für all das, was vor uns liegt, jetzt auch noch übermüdet sind, macht das Chaos erst richtig perfekt.

Aber ist Schlaflosigkeit wirklich so ein großes Problem, wie wir immer denken? Die Gesellschaft erwartet von uns, dass wir fit und ausgeschlafen sind, voller Power und Lebenskraft stecken. Da wir es meistens nicht sind, reibt sich die Pharmaindustrie die Hände. Nicht wenige greifen aus lauter Angst, nicht in den Schlaf zu finden, zu Schlafmitteln – sie wollen ein- und durchschlafen und für den nächsten Tag bereit sein. Doch damit drücken sie weg, was in ihnen gärt: Gedanken.

Was wäre, wenn diese Gedanken nicht unterdrückt und weggeschoben, sondern erhört würden? Was passierte, wenn wir das, was in unserem Kopf vor sich geht, nicht als Bedrohung verstünden, sondern als Chance? Unser Unterbewusstsein sagt nämlich gerade sehr deutlich: *Achtung, hier gibt es ein Problem! Hör mir mal zu und stopf nicht gleich wieder Tabletten in dich rein, okay?*

Gedanken können wir oft nicht fassen, klar benennen oder beschreiben. Sie sind nicht sichtbar, sondern wabern in uns und um uns herum, am liebsten im Dunkeln, es sind flüchtige Gestalten. Doch sie gehören zu uns. Sie haben Kraft – denn sie werden zu unserer Wirklichkeit. Wenn ich mir etwas sehr stark vorstelle, am besten wiederholt und mehrfach, zeigt mein Körper eine echte Reaktion. Er kann zwischen einer Situation, die ich tatsächlich erlebe, und einer Situation, die ich mir intensiv und bildlich vorstelle, nämlich nicht unterscheiden und schüttet dieselben Hormone und Botenstoffe aus. Man kann sich also hervorragend in Stress hineinversetzen, einfach nur, weil man sich in all die furchtbaren Dinge hineinsteigert, die im Laufe eines Tages so passieren können. Gleichzeitig hilft die Vorstellung von einem paradiesischen Strand ganz ungemein, das allgemeine Wohlbefinden zu steigern. Entscheiden Sie selbst, welche mentale Fototapete bei Ihnen an der Wand hängen soll.

Wenn Ihnen die Gedanken beim nächsten Mal den Schlaf rauben, ärgern Sie sich nicht, sondern freuen Sie sich. Sie erhalten gerade eine Nachricht aus einem unbekannten Universum: Ihrem Unterbewusstsein. Es fordert Sie auf, sich mit Ihnen auseinanderzusetzen, und macht Sie mithilfe der Schlaflosigkeit darauf aufmerksam. Wann soll sich das Unterbewusstsein auch sonst zu Wort melden? Tagsüber sind Sie so vielen Einflüssen und Impulsen ausgesetzt, dass Sie es nicht hören würden, wenn es mit einem Megafon und neonfarbenen Transparenten vor Ihnen stünde.

Schlaflosigkeit ist, sofern sie nicht chronisch oder krankhaft wird, ein vollkommen natürlicher Prozess. Als wir noch in Höhlen lebten und das Feuer unsere Existenz sicherte, gab es bereits Nachtschichten. Abwechselnd war je ein anderer aus der Gruppe dran, dafür zu sorgen, dass die Glut nicht erlischt. Und ein Auge auf die äußere Umgebung zu haben, um etwaige Angreifer tierischer oder menschlicher Natur frühzeitig abzuwehren. Es war unsere Aufgabe, wach zu bleiben. Jetzt können wir daraus lernen: Wenn wir heute wieder einmal kein Auge zumachen, haben wir eine Aufgabe zu erfüllen.

Was also tun? Aufstehen! Raus aus den Federn. Denn mal ehrlich, die Angst vor den Konsequenzen der schlaflosen Nacht ist viel größer als die tatsächliche Auswirkung. In der Nacht denkt man, der folgende Tag sei nicht zu bewältigen. Aber er ist es. Ich kenne das von mir. Oft sind es nicht einmal die schlechtesten Tage – vor allem dann, wenn ich nicht darüber nachdenke, wie wenig ich in der Nacht geschlafen habe. Ich bin an diesen Tagen, die auf eine schlaflose Nacht folgen, oft sehr konzentriert.

Das war nicht immer so. Ich habe vielleicht keine vierzehn Jahre Ausbildung zur Ritterin hinter mir, war aber oft genug nicht bei mir oder habe mir nicht zugehört. Ich habe mich meiner Schlaflosigkeit gewidmet, anstatt auf den Grund vorzudringen, warum ich schlaflos bin.

In der Behandlung von psychischen Erkrankungen kann Schlafentzug sogar helfen. An Depressionen Leidende haben oft das Problem, dass ihre negativen Gedanken sie vom Schlafen abhalten. Therapeuten reagieren mit verordnetem Schlafentzug darauf: Eine Nacht wird durchwacht, in der nächsten darf der Patient »normal« schlafen. Studien zufolge können so bei 60 bis 70 Prozent aller depressiven Patienten eine positive Wirkung gezeigt werden. Man vermutet, dass die Schlafzyklen am Morgen depressionsverstärkend sind. Durch die Wachtherapie, ergo den Schlafentzug, werden diese Zyklen unterbrochen, und das wirkt sich positiv auf den Gemütszustand des Patienten aus.

Auch das Militär setzt in der Ausbildung seiner Soldaten gezielt provozierten Schlafmangel ein. Die durch die Müdigkeit verursachte Apathie und Erschöpfung sorgt dafür, dass der Soldat die normale Leistung nicht mehr erbringen kann. Nur durch Selbstdisziplin und den Zusammenhalt der Gruppe können Aufgaben noch erledigt werden – der Soldat erfährt also, wie weit ihn seine pure Willenskraft bringen kann, selbst wenn sein Körper schon aufgeben will.

Klar, Schlafmangel wird auch als Foltermethode eingesetzt und ist in dieser Funktion nicht zu unterschätzen. Frischgebackene Eltern wissen sehr genau, wovon ich gerade spreche. Wer permanent zu wenig schläft, fördert außerdem psychische Erkrankungen, das Risiko, an Diabetes oder Adipositas zu erkranken, Herzerkrankungen, Muskelschmerzen und ein geschwächtes Immunsystem. Wie bei allem anderen gilt auch bei Schlafentzug: Die Dosis macht das Gift. Sie müssen es ja nicht wie der Brite Tony Wright machen, der 2007 für 266 Stunden wach blieb und damit einen sehr fragwürdigen Weltrekord aufstellte. Aber eine Nacht wird schon gehen – oder?

NACHTWACHE HALTEN

Stellen Sie den Wecker auf vier Uhr. Stehen Sie auf, ohne das Licht anzumachen. Bewegen Sie sich im Dunkeln, maximal mit einer Kerze oder Kopflampe. Bereiten Sie sich einen Tee zu und nehmen Sie am Tisch oder auf der Couch Platz. Setzen Sie sich zwei Stunden in die Dunkelheit und warten Sie ab, was passiert.

Auf unseren Wanderungen durch den afrikanischen Busch muss immer einer Wache halten. Wenn ich geweckt werde, denke ich jedes Mal: »Herrje, muss das jetzt wirklich sein?!« Im Dunkeln, nur beleuchtet vom schwachen Licht meiner Stirnlampe, stolpere ich hinter einen Busch, um mein Geschäft zu verrichten. Und ja, dieser Toilettengang ist ausdrücklich erlaubt – nicht wie zu Hause im Bett, wo man den Gang aufs Klo bis zum Äußersten versucht hinauszuschieben. Man hat ja Angst davor, nicht wieder einzuschlafen.

Im Busch ist genau das mein Ziel: nicht wieder einschlafen. Also mache ich mir einen Kaffee am Gaskocher oder an der Feuerstelle, setze mich etwas abseits von den anderen und wache über ihren Schlaf. Ich konzentriere mich auf das, was ich höre und im Dunkeln erkennen kann. Alle zehn Minuten schalte ich die Lampe ein und leuchte einmal rundherum, um zu sehen, ob sich uns irgendetwas nähert.

Am Anfang meiner Ausbildung war ich jedes Mal froh, wenn ein Feuer brannte, vermittelt es doch den Eindruck, Schutz zu bieten. Als es eines Tages hieß, in der folgenden

Nacht könnten wir kein Feuer machen, fürchtete ich mich zunächst. Zwei Stunden allein im Dunkeln standen mir bevor. Doch nach nur fünfzehn Minuten entdeckte ich, wie herrlich es war, da im Stockdusteren zu hocken. Die Zeit verging wie im Flug. Langsam kroch das Grau über den Horizont, und meine Gedanken wurden sichtbar, genau wie die Umgebung um mich herum. Auch Ideen nahmen Gestalt an, und plötzlich war in meinem Kopf eine die Dunkelheit durchdringende Klarheit. Ich kam auf Gedanken, die ich nicht für möglich gehalten hätte, und zwar leicht fröstelnd im Dunkeln. Ich war müde, aber gleichzeitig hellwach.

Bei den Soldaten ist es als »Kanonenfieber« bekannt, wir kennen es unter dem Begriff »Lampenfieber«, im Spitzensport nennt es sich »Vorstartangst«, im Englischen »pre start fear«. Wir nennen es »Get-Ready-Syndrom«. Sehr passend, ringt es dem Ganzen doch eine positive Komponente ab. Was geschieht in solchen Momenten im Organismus? Unser Körper bereitet sich auf den Augenblick des Wettkampfs vor, gern auch schon Stunden oder Tage, bevor es losgeht. Manche Sportler leiden so sehr an den Symptomen, dass sie sich übergeben müssen.

Wikipedia schreibt dazu: »Stress als körperliche und geistige Anspannung angesichts einer unmittelbar anspruchsvollen Aufgabe ist eine im Laufe der Evolution entwickelte natürliche Reaktion, deren Sinn ursprünglich darin lag, in einer gefährlichen Situation beim Überlegen zu helfen, indem die Nebennieren Adrenalin und Noradrenalin ins Blut entsenden und den Organismus auf Flucht oder Kampf vorbereiten.«

Wenn wir uns bewusstmachen, dass sich unser Körper und unser Geist auf eine herausfordernde Situation vorbereiten wollen, können wir besser damit umgehen. Wir machen uns warm. Ihre Schlaflosigkeit gehört auch zu den

Symptomen des »Lampenfiebers« und ist nichts anderes: Ihr Körper macht sich schon mal bereit für den Ernstfall. Vertrauen Sie ihm.

ACHTUNG, FERTIG, SCHLAFLOS!

Ready!

Wenn Sie das nächste Mal schlaflos im Bett liegen, hören Sie genau hin. Lassen Sie sich von dem Gefühl der Hilflosigkeit überrollen und drücken Sie es nicht weg! Versuchen Sie, zum wirklichen Grund der Angst vorzudringen. Sehen Sie sich diese dunkle Gestalt genau an. Denn was heißt »schwarzsehen«? Es bedeutet, dass wir die Umrisse noch nicht genau erkennen können. Blicken Sie ins Dunkle, bis sich die Dinge scharfstellen.

Stehen Sie dann auf, verlassen Sie das Schlafzimmer und suchen Sie sich einen Platz, der Ihnen guttut.

Steady!

Stellen Sie sich für Ihre Nachtwache bewusst den Wecker, stehen Sie auf und gehen Sie raus an einen Ort, den Sie sich vorher ausgesucht haben, oder wandern Sie durch Ihre Stadt. Wie verändert sich Ihre Wahrnehmung durch die nächtliche Stimmung? Wie fühlen Sie sich? Welche Gedanken kommen in Ihnen hoch?

Go!

Wiederholen Sie diesen Vorgang drei Nächte in Folge. Sie werden bei der Arbeit etwas übermüdet sein, aber in diesen Morgen-/Nachtstunden wird eine tiefe Klarheit in Ihnen entstehen. Sie sind den anderen sprichwörtlich ein paar Stunden voraus.

Warum vierzehn Jahre gerade genug sind

Seit zwei Jahren war ich nun in der Schauspielschule. Mit dem Erarbeiten einer Rolle kam ich so weit zurecht, und ich genoss es, mich in Figuren hineinzuversetzen und mit ihnen zu verschmelzen.

Auf dem Lehrplan für das neue Semester stand: »Kabarett mit Lisa Fitz«. Die Aufgabe, die sie uns in der ersten Stunde für das Semester stellte, war hart. Wir sollten uns in der Rolle »Ich selbst« vor die Gruppe stellen und einen Schwank aus unserer Jugend erzählen.

»Es geht darum, mit einer Geschichte aus der eigenen Biografie Spannung zu erzeugen. Lustig muss es nicht unbedingt sein«, erklärte Lisa Fitz und fügte hinzu: »Aber wenn es lustig ist, hab ich auch nichts dagegen.«

Mir wurde angst und bang. Mich nackt, so wie ich war, ohne Zwischenwand, als »Ich« vor eine Gruppe zu stellen, war für mich zu diesem Zeitpunkt unvorstellbar. Ich verfiel in Schnappatmung. Lisa Fitz bot uns an, sie bei Problemen mit der Aufgabe anzusprechen. Ich wollte eigentlich nicht die Komische mit dem Problem sein, doch schließlich nahm ich mir ein Herz.

»Frau Fitz? Es tut mir leid, aber ich weiß nicht, wie ich mit der Aufgabe umgehen soll. Das ist so ziemlich meine Urangst, mich vor andere hinzustellen und Persönliches zu erzählen. Und lustig bin ich schon einmal gar nicht.«

Lisa Fitz schaute mich interessiert an. »Okay. Weißt du denn, woher diese Angst bei dir kommt?«

Und wie ich das wusste. Plötzlich war ich wieder vierzehn Jahre alt und sah vor mir die fünf Jungs, die mir das Leben zur Hölle machten. Die mich auslachten für das, was ich war, die sagten, ich sei nichts wert und könne nichts. Vorneweg, lächelnd: Hans.

»Warum sprichst du nicht über deine Angst?«, schlug

Lisa Fitz vor. »Es muss nicht lustig sein. Erst einmal geht es darum, die Angst zu überwinden. Mach genau daraus dein Thema. Jemand, der es nicht schafft, den Mund aufzubekommen, es aber mit allen Mitteln versucht, kann urkomisch sein. Denk darüber mal nach.«

Ich bedankte mich, den Kopf voller neuer Ideen. Eine Woche später hatte ich meinen Auftritt. Er war nicht fulminant – aber der Durchbruch zu mir selbst.

Beschwingt stieg ich in die U-Bahn, um nach Hause zu fahren. Ich wusste, dass ich mit an Sicherheit grenzender Wahrscheinlichkeit niemals als neuer Kabarettstern am Himmel erscheinen würde, aber ich war über einen entscheidenden Punkt hinweggekommen und hatte mich meiner größten Angst gestellt.

Ich nahm auf einem Vierersitz Platz, mir gegenüber ein Mann in meinem Alter. Ich lächelte ihn an und dachte: *Den kennst du, Katrin, den kennst du!* Dann fiel es mir ein. Hans Mustermann. Ich traute meinen Augen nicht. Tatsache, in echt, nicht gelogen: Hans. Keine zwei Meter von mir entfernt.

Ich wartete auf eine heftige Reaktion meines Körpers. Angst. Panik. Aber nichts geschah. Ich atmete immer noch ruhig, mein Kopf blieb klar, mein Körper entspannt.

»Hi, wie geht's? Lange nicht gesehen«, sprach ich ihn schließlich an.

»Katrin! Lässig, dich hier zu sehen. Bist du auch in München? Was machst du?«

»Ich bin auf einer Schauspielschule.«

»Ja, voll krass. Ich bin Rapper, weißt du, hab heut ein Gespräch mit meinem Manager. Läuft grad nicht rund, hab 'ne Schreibblockade. Kennst du sicher auch, künstlerische Schaffenskrise. Aber ich bin auf dem Weg, ich werd groß.« Er saß da mit seiner Mütze, blonde, etwas zottelige Locken reichten ihm bis zur Schulter.

Herrje, dachte ich, *er ist ein bisschen wie Kasperl. Und dieser Typ hat mich Jahre meines Lebens so verunsichern können?*

Karma kennt keine Zeit. Und es gibt immer ein zweites Mal. Als ich aus der U-Bahn ausstieg, fühlte ich mich zutiefst befreit.

Die Metamorphose: der Schlag zur Ritterin

Den eigenen Weg zu gehen, alle Widerstände zu überwinden, sich selbst treu zu bleiben erfordert Kraft. Oft tut es weh, dieses Anecken und Anstoßen. Wie viel einfacher wäre es doch, wenn die eigenen Ecken und Kanten abgeschliffener wären ... Oder die anderen weniger irritiert, wenn man sein Ding dann eben doch so macht, wie man es für richtig hält.

Und dann kommt der Moment, an dem es sich entscheidet. Will ich wirklich anders sein? Oder doch untergehen in der gesichtslosen Masse? Möchte ich die Verantwortung übernehmen – für mich und andere?

Um *Fight Director* zu werden, bemüht man sich um eine gute Ausbildung. Am besten in England, denn dort gibt es hervorragende Kampfchoreografen. Ich befand mich am Ende meiner Zeit als Knappin und war im Begriff, zur Ritterin zu werden. Was nichts anderes bedeutet, als dass ich zwei Jahre lang bei einem sehr guten und bekannten *Fight Director* als Assistentin gedient hatte.

Ich choreografierte ein paar Szenen unter seiner Supervision an der *Royal Academy of Dramatic Arts* (RADA), was für mich sowieso einem Ritterschlag gleichkam. Jedes Jahr richtet die RADA für ihre Studierenden die sogenannten *Price Fights* aus. Es ist ihr erster öffentlicher Auftritt nach einem Jahr Studium. Erstmalig kämpfen sie unter realen Bedingungen: Kostüm, Maske, Setting auf der Bühne,

Szene und natürlich der Kampf. Es ist jedes Jahr das Highlight kurz vor Weihnachten, jeder an der RADA fiebert dem Termin entgegen.

Die Prüfung, in der die Studenten emotional aufgeladenes Schauspiel mit choreografierten Kämpfen verbinden müssen, geht den *Price Fights* vorweg. Die Studierenden beweisen damit ihr kämpferisches Können, aber auch die Fähigkeit, sich auf den Partner einzulassen, währenddessen sie Wut, Schmerz, Verzweiflung, Liebe und Hass darstellen. Sie sind vielseitig gefordert, müssen an das Publikum denken, im richtigen Winkel zum Auditorium stehen, sich an den Ablauf der Choreografie erinnern, ihre Rolle glaubwürdig präsentieren, die Emotionen darstellen und ganz nebenbei auch noch den Text fehlerfrei aufsagen. Kurzum: Es gibt jede Menge potenzieller Stolpersteine.

Am schwierigsten ist ohne Frage, das in bequemen Privatklamotten Eingeübte nun förmlich ausstaffiert zum Besten zu geben. Denn plötzlich steht man auf Acht-Zentimeter-Absätzen, trägt einen überdimensionierten Reifrock und hält eine unbekannte Waffe in der Hand. Die Bühne ist nun auch nicht mehr leer. Überall stellen sich dir mit einem Mal Barhocker, Thronsessel und allerlei Gegenstände in den Weg, die man als Schauspieler bitte nicht einfach über den Haufen rennen sollte.

Es wundert nicht, wenn ich verrate, dass alle gestresst waren: die Studierenden, die Choreografierenden, die Bühnen- und Kostümbildner. Und natürlich auch meine Wenigkeit. Meine Aufgabe war, die einstudierten Choreografien zu kontrollieren und auf das neue Bühnensetting anzupassen, den Ablauf exakt zu timen und an der richtigen Technik zu feilen.

Dann passierte das Unglück: Eine Studierende wurde krank und fiel aus. Und ich sollte einspringen.

Die Szene, die zu spielen war, stammte aus *Kill Bill* –

es war die Hochzeitsszene, in der Black Mamba, gespielt von Uma Thurman, mehr oder weniger vor dem Altar in ein Gemetzel gerät, das die gesamte Hochzeitsgesellschaft ausradiert. Ich fand mich also auf der Bühne wieder, in einem Hochzeitskleid mit Schleier vorm Gesicht, und sah faktisch nichts. In der Hand hielt ich ein stumpf geschliffenes Katana, man kennt es im Deutschen auch als Samurai-Schwert. Der *Fight Director,* der sie vor knapp einer Stunde vorbeigebracht hatte, sagte: »Nehmt euch vor den Dingern in Acht! Die sind zwar stumpf geschliffen, aber sie haben ein Eigenleben. Sie sind eigentlich nicht für den Bühnenkampf designt und laufen anders.«

Die Choreografie hatten wir zuvor in den Gängen geübt, indem wir unsere ausgestreckten Arme als Schwerter geschwungen hatten. Der Ablauf war mir also mehr oder minder geläufig, und über Nacht hatte ich mir den Text reingeprügelt. Ich war nervös.

Der Kampf begann, und die Katanas zischten nur so durch die Luft. Sie waren hervorragend ausbalanciert, es war eine wahre Freude, mit ihnen zu kämpfen. In der nächsten Phrase lief es ebenso gut, allerdings setzte ich eine Parade zu hoch, und einer der Hiebe meiner Kollegin landete folglich nicht auf meiner Klinge, sondern sauber auf meinem Ellenbogen. Ich spürte den Schlag, aber durch das Adrenalin und meine hohe Konzentration drang der Schmerz nicht zu mir durch.

Wir spielten die Szene weiter, bis plötzlich von unten aus dem Zuschauerraum die Stimme meines Ausbilders, Bret Yount, erklang: »Stopp! Katrin, bist du okay?«

Verdattert sah ich ihn durch meinen Hochzeitsschleier an. »Ja, klar, wieso?«

»Schau mal deinen Ärmel an!«

Ich blickte an meinem linken Arm hinunter. Das schöne weiße Hochzeitskleid war blutrot. Da erinnerte ich mich an den Schlag, den ich gespürt hatte. Als ich den Ärmel nach oben krempelte, sah ich, dass eine blutende Wunde an meinem Ellenbogen klaffte.

Wow, das hat gar nicht wehgetan!, dachte ich.

Meine Kollegin erschrak und entschuldigte sich wortreich. Ich winkte ab. Einer der Bühnentechniker kam und verband die Wunde. Es blutete stark, tat aber immer noch nicht besonders weh. Allerdings setzte langsam ein Gefühl der Taubheit in meinem Arm ein.

Ich ärgerte mich, denn der Schlag war nur wegen meines vorherigen Fehlers danebengegangen. Was ich aber noch schlimmer als die Wunde fand: Ich war die Assistentin des *Fight Directors* und schämte mich infolgedessen ein bisschen.

Am nächsten Tag war öffentliche Generalprobe, wir hatten also Gäste. Meine Kollegin und ich hatten den Kampf im Vorfeld noch einmal geprobt. Mein Arm war nach wie vor etwas taub, dennoch hatte alles hervorragend funktioniert, und langsam gewöhnte ich mich auch an die schlechte Sicht durch den Schleier.

Wir legten los und ließen die Katanas wieder durch die Luft sausen. Es entstand ein unheimlicher Flow, denn diese Waffen hatten tatsächlich ein Eigenleben. Es fühlte sich so an, als würden die Schwerter den Kampf vorantreiben. Sowohl meine Kollegin als auch ich nahmen die Szene ernster als je zuvor. Wir waren im Rausch und genossen jede Sekunde.

Dann, kurz vor dem Ende der Szene, passierte es. Meine Schneide krachte gegen die Schläfe meiner Kollegin, sie war in meinen Hieb hineingestolpert. Ich sah Blut aus der Wunde spritzen, erschrak, hielt inne, aber meine Kollegin gab mir das eindeutige Signal, die Szene zu Ende bringen zu wollen.

Wenige Sekunden später wurde das Bühnenlicht heruntergedimmt – die Szene war zu Ende. Das Herz sank mir in die Knie, als das Licht nach ein paar Sekunden wieder anging und ich auf dem Boden eine Blutlache sah.

Zügig gingen wir ab. Hinter den Vorhängen wartete wieder einmal ein Bühnentechniker mit Kompressen.

Meine Gedanken wirbelten. Ich machte mir schwere Vorwürfe und fragte mich, wie das nur hatte passieren können. Warum mir? Warum ausgerechnet jetzt? Es war doch so gut gelaufen! Wir hatten innerhalb von zwei Tagen die Szene im Kostüm unter Bühnenbedingungen einstudiert, ohne eine Woche Vorlaufzeit und Proben wie die anderen – und jetzt das.

Außerdem wusste ich überhaupt nicht, wie ich mich entschuldigen konnte. Es tat mir so unendlich leid. Ja, sie hatte mich am Arm erwischt, aber ich sie im Gesicht! In einer Tour spulte ich meine Entschuldigungen herunter, aber sie sagte ganz lässig: »Bret sagt immer, der Kreis des Karmas im *Stage Combat* ist sehr klein. Was du austeilst, kommt zu dir zurück. Gestern hab ich dich verletzt, heute du mich. Ich denke, wir sind quitt.«

Aber mich erleichterte diese Aussage überhaupt nicht. Ich wollte *Fight Director* werden! Es hätte mir nicht passieren dürfen. Punkt. Sie wurde in die Klinik gebracht, während ich bedröppelt hinter der Bühne saß.

Bret kam nach einer halben Stunde zu mir und sagte: »Komm, wir gehen Mittag essen. Wir haben etwas zu besprechen.«

Mir war klar, dass ich eine Standpauke erhalten würde. Wahrscheinlich würde er mir sagen, dass ich für den Job ungeeignet sei – ein Totalausfall. Ich wollte *Fight Director* werden? Lachhaft! Schade, dass mir das erst jetzt auffiel. Ich war fast fertig mit meiner Ausbildung, kurz vor der Weihe sozusagen, drei Minuten vor dem Ritterschlag. Ich rechnete felsenfest damit, dass er sagte, meine Ausbildung sei hier zu Ende und ich solle mir doch bitte woanders einen Job suchen.

Wir saßen uns gegenüber in einem thailändischen Restaurant. Als wir gegessen hatten, blickte er mich an. »Wie geht es dir?«

»Grauenvoll.«

»Wirst du weitermachen?«

Ich verschluckte mich an meinem Zitronenwasser. »Wie bitte?!«

»Ob du immer noch *Fight Director* werden willst.«

Ich sammelte mich. »Wieso fragst du das? Ich denke, wir beide wissen, dass ich nicht dafür geeignet bin. Ich habe eine Studierende verletzt. Du hast mich, so lange ich mich erinnern kann, immer darauf hingewiesen, dass so etwas zu vermeiden ist. Und jetzt ist es mir doch passiert.«

Bret sah mich mit unbewegter Miene an. »Wie hättest du es denn besser machen wollen? Habt ihr nicht genügend trainiert?«

»Doch, wir haben jede Sekunde genutzt, die wir hatten.«

Er nickte. »Das denke ich auch. Ihr habt vor zwei Tagen mit den Proben begonnen, du bist aus dem Stegreif eingesprungen. Die anderen trainieren als Paar seit Wochen täglich miteinander. Und dann noch dieser doofe Schleier. Du hast fast nichts gesehen.«

Ich schüttelte entschieden den Kopf. »Bret, du musst mich nicht in Schutz nehmen. Es war mein Fehler ...« Aber weiter kam ich nicht.

»Willkommen in der Welt der *Fight Directors!* Natürlich sagen wir euch, dass ihr euch gegenseitig nicht verletzen sollt. Aber auch wenn wir einen Kampf nur stellen, kämpfen wir. Es kann immer etwas passieren. Das sagen wir den Anfängern aber nicht. Die sollen sich nur darauf konzentrieren, Verletzungen zu vermeiden. Du bist kein Anfänger mehr. Du machst das jetzt seit vier Jahren, und heute ist der Moment gekommen, wo du dich entscheiden musst: Kannst und willst du diese Verantwortung tragen? Wirst du es aushalten, dass eventuell jemand verletzt wird, vielleicht sogar unter deiner Anleitung oder durch dich?«

Ich schwieg und knibbelte an meiner Serviette herum. Nach einer Weile, die sich wie Stunden anfühlte, sagte ich: »Dir ist das sicher nie passiert. So ein riesiger Fehler.«

Bret saß da, sah mich an und brach plötzlich in Gelächter aus. »Ich hab mein Gegenüber k. o. geschlagen. Mit einem Kinnhaken, weil unsere Distanz nicht stimmte und mein Partner dann auch noch einen Schritt nach vorn machte, in den Schlag hinein.«

Ich musste schmunzeln. Okay, das hätte mir auch passieren können.

Mein Ausbilder lehnte sich nach vorn. »Wir tun alles dafür, um Verletzungen zu vermeiden. Aber mit hundertprozentiger Sicherheit können wir Fehler nicht ausschließen.« Er grinste. »Das ist dein Tag! Um ein *Fight Director* zu sein, musst du nicht nur technisch gut sein und das Handwerk beherrschen. Du musst vor allem wissen, ob du mit der Verantwortung leben kannst. Auf diesen Moment kann ich dich nicht vorbereiten, den musst du erleben. Denk an die Ritter, die vor dem Ritterschlag eine Nacht in der Kapelle sitzen und in sich gehen müssen. Jetzt, hier, ist deine Kapelle.« Er legte die Stäbchen neben seiner Schüssel ab und stand auf. »Ich muss zurück zur Probe. Komm, wenn du so weit bist.«

SCHÖNER SCHEITERN

Manchmal muss man eine Niederlage anerkennen. Es ist nicht so gelaufen, wie man wollte, und ändern kann man an der Tatsache auch nichts mehr. Doch wir können uns kritisch damit auseinandersetzen: Was ist schiefgelaufen? Aus welchem Grund? Was könnte in der Zukunft zu einem erneuten Scheitern führen? Und wie kann ich dagegenwirken?

Problem	Warum?	Was kann ich zukünftig anders machen?
Ich habe die Präsentation nicht rechtzeitig fertigbekommen.	Ich habe mich übernommen.	Termin verschieben
	Ich habe den Geburtstag meiner Schwester parallel vorbereitet.	Privates auch mal hintenanstellen
	Ich habe drei Nächte hintereinander sehr schlecht geschlafen.	Mehr Entspannung und Ausgleich nach der Arbeit suchen
	Ich habe mich bei der Arbeit von meiner quasselnden Kollegin ablenken lassen.	In ein anderes Büro ziehen, die Kollegin um Ruhe bitten
	Ich habe falsch priorisiert.	Prioritäten konsequent von oben nach unten abarbeiten
	Ich habe den Umfang unterschätzt.	Um Hilfe bitten

Die Knappin: Was können wir auf dem Weg zu wahrer Größe lernen?

Ab dem Moment, in dem wir zu Ritterinnen werden, müssen wir auf eigenen Beinen stehen. Unsere Mentoren sind noch da, werden immer bleiben, aber fortan müssen wir uns auf uns selbst verlassen.

Wir werden Fehler machen und Schwächen zeigen. Halten wir das aus? Die anderen Ritter, Vorreiter und zukünftigen Mitstreiter werden uns hierfür nicht verurteilen. Sie vertrauen uns und unserer Kraft, haben sich bereits entschieden und unterstützen uns.

Stärke zeigen wir, indem wir nicht aufgeben, sondern wieder aufstehen und weitermachen. Wenn andere uns straucheln sehen, wenden Sie sich nicht von uns ab. Erst wenn wir liegen bleiben. Menschen, die an unserer Seite kämpfen, müssen sehen, dass wir Einsatz bringen. Niemand will einen Kämpfer in den eigenen Reihen haben, der sich nach dem ersten kassierten Schwerthieb vom Acker macht. Erst wenn wir die Schwächen des anderen kennen, ihn haben Fehler machen sehen und erkennen, wie derjenige daraus hervorgeht, werden wir uns auf ihn verlassen.

Was uns die Knappin lehrt

1. Sicherheit ist eine Illusion.
2. Man kann sich so gut vorbereiten, wie man will, am Ende kommt der entscheidende Tag viel eher, als man denkt – und ganz anders.
3. Wachstum findet nur außerhalb der eigenen Komfortzone statt.

Kapitel 9

Die Ritterin – Heroin in vielen Gestalten

Vierzehn Kerle gegen ein Meter dreiundsechzig, oder: Die Feder ist mächtiger als das Schwert

Wenn man eine Konfliktsituation gemeistert hat, denkt man: *Das passiert mir nie wieder! Beim nächsten Mal bin ich schlauer.*

In Wahrheit ist es jedoch so, dass das Leben uns immer wieder auf die Probe stellt. Denn indem wir wachsen, passen sich auch die Situationen an, mit denen wir uns auseinandersetzen dürfen. »Mehr Größe, mehr Aufgabe« lautet die einfache Faustformel. In meinem Fall: Zwei Jahre zuvor waren es noch zwei Leiterinnen der Schauspielschule gewesen. Nun sah ich mich dreizehn Gemeinderäten und dem Vorsitzenden eines Festspielvereins gegenüber.

Als ich das Projekt des Festspielvereins einige Monate zuvor übernommen hatte, war es mir so vorgekommen, als hätte sich eine Last auf meine Schultern gelegt. Man hatte mich angefragt, ein Stück für einen Ort zu inszenieren. Selbiger Ort hatte bis dato einige tausend Euro in die Entwicklung eines historischen Festspiels investiert, einen Festspielverein ins Leben gerufen, ihn mit männlichen Vorständen gefüllt, und nun ging es um die zeitnahe Umsetzung. Als mir Regie und Leitung des Spektakels übertragen wurden, hatte ich noch genau neun Monate Zeit.

Das Stück war fertig, es fehlten aber Bühnenbild, Beleuchtung, Tribüne, Kostüm, Maske und Schauspieler. Ge-

nau genommen gab es bis auf das Stück nichts. Die Arbeit, die ich mir aufgehalst hatte, hätte sich eigentlich auf mindestens fünf Rücken verteilen müssen. So jedoch war ich die Einzige, die den schweren Mantel der Verantwortung trug.

Per Handschlag war schon alles vereinbart, ich sollte

sofort loslegen. Einzig eine Sitzung des Festspielvereins musste formal mein Engagement bestätigen. Da diese erst im November stattfand und man mir sagte, es handle sich um eine reine Formalität, begann ich mit der Arbeit. Unbezahlt natürlich.

Es wurde Mitte November, und ich hörte nichts. Ich schickte eine E-Mail an den Vorstand und bat darum, mir den Vertrag zuzusenden. Außerdem schickte ich eine Ausarbeitung des Zeitplans mit allerlei Fristen mit, damit wir das Projekt noch auf die Füße bekamen. Uns lief die Zeit davon. Die ersten Castings hatte ich abgehalten, zwei von circa sechzig benötigten Darstellern standen in den Startlöchern. Aber wie ging es weiter?

Im Januar schneite eine Nachricht in mein digitales Postfach. Der Vorstand des Festspielvereins fragte mich, was ich mir als junge Frau herausnehmen würde, einen so bestimmenden Ton anzuschlagen, Vorschriften zu machen, zu drängen? Ich solle mich gefälligst dankbar zeigen, die Chance eingeräumt zu bekommen, dieses Stück zu inszenieren. Freundlicherweise hatte er die dreizehn anderen seines Kalibers in CC gesetzt. Wumm.

Ich war sprachlos – und wurde unfassbar wütend. Musste ich mir von diesen Leuten, die zum ersten Mal in ihrem Leben Theater machten, meine Berufserfahrung absprechen lassen? Als Regisseurin war es schließlich mein Job, auf Fristen hinzuweisen und Arbeiten zu delegieren.

Was unterscheidet den Profi vom Amateur? Souveränität? Gelassenheit? Im Moment war ich von beidem weit entfernt. Am liebsten hätte ich angerufen und den Typen angebrüllt, was ihm einfalle, so über mich zu urteilen und mein ehrliches Bemühen in ein derart falsches Licht zu rücken. Zum Glück ließ ich die Bestie aber nicht von der Leine, sondern tobte mich an anderer Stelle aus.

Drei Tage später setzte ich mich hin und sah mir an, worum es eigentlich ging. Der Mensch, der mir geschrieben hatte, kannte weder meine Arbeit noch mich als Person. Er war gar nicht in der Lage, sich ein Urteil über mich zu bilden. Noch dazu war es eine Amateurbühne, die mich als Fachkraft engagiert hatte, damit ich professionell unter die Arme griff.

Ich analysierte die Nachricht Wort für Wort. Auffällig war, wie oft er betonte, dass das Projekt groß und ich eine junge Frau sei. Ich sah mir auch meine eigene E-Mail an und untersuchte sie kritisch. War ich unverschämt gewesen? Nein, jedoch hatte die Nachricht sachliche Anweisungen beinhaltet und darüber hinaus eine gewisse Dringlichkeit zum Ausdruck gebracht. Ich kam zu dem Schluss, dass der Mann befürchtete, ich würde das Projekt nicht stemmen können. Ich erkannte seine Angst, ich könne es versemmeln – gleichzeitig las ich seinen Unmut heraus, sich von einer Göre wie mir herumkommandieren zu lassen.

In dem Moment, als mir das klarwurde, wusste ich auch: Das war nicht mein Problem. Die versammelte *Herr*lichkeit des Festspielvereins glaubte vielleicht nicht an mich, aber ich tat es. Und welcher Heerführer wird nicht in Zweifel gezogen, muss sich nicht, gerade zu Beginn, beweisen?

Ich hätte die Provokation hervorragend dazu verwenden können, mich selbst kleinzumachen und nutzlos zu fühlen. Vor nicht allzu langer Zeit wäre es sicher genau so gekommen. Ich gegen vierzehn Herren in gewichtigen Positionen? Nein, danke. Wollte ich mit diesen Leuten überhaupt langfristig an einem Projekt arbeiten? Welchen Sinn hatte es, Zeit, Kraft und Arbeit in etwas zu investieren, wenn mir die Auftraggeber nicht vertrauten?

Ich versuchte, das Schreiben nicht als Angriff zu verstehen, sondern selbst angesichts der Meuterei in den eigenen Reihen eine ruhige Heerführerin zu sein. Insgeheim dachte ich mir: *Wenn ihr mir nicht vertraut, dann sucht euch jemand anders, aber geht mich nicht persönlich dabei an. Noch ist euer Problem nicht mein Problem.* Mir war bewusst: Egal, ob ich das Projekt weiter betreuen würde oder nicht, es war an der Zeit, für mich einzustehen. Ich würde diese Provokation nicht auf mir sitzen lassen und mein Revier abstecken. Die alten weißen Männer sollten verstehen, dass ich mein Fach beherrsche und so nicht mit mir umgehen lasse.

Fiel es mir leicht? Mitnichten. Am liebsten hätte ich mich versteckt, meine Wunden geleckt und über die Ungerechtigkeit der Welt lamentiert. Aber ich dachte an all die anderen, die in ihre Aufgaben auch erst einmal hineinwachsen mussten, an all die Kämpfer und Kämpferinnen, die sich behaupten und beweisen mussten. Zu verlieren hatte ich nichts. Also blies ich zum Angriff und formulierte eine Nachricht, in der ich freundlich, aber unmissverständlich mein Engagement infrage stellte und der Gemeinde die Entscheidung überließ, mich aus der Verantwortung zu entlassen. Und weil mein Brieffreund so freundlich war, seine Nachricht gleich an alle zu schreiben, erwiderte ich den Gefallen – professionell und absolut im Reinen mit mir.

Einen Tag später erhielt ich Antwort. Der Vorstand des Festspielvereins schrieb, man habe im Gremium diskutiert, mich als Regie einzusetzen, und bitte mich noch einmal zum Gespräch. Außerdem stehe er mir nicht mehr als Ansprechpartner zur Verfügung, da er von allen Ämtern zurückgetreten sei.

So, so.

Ein paar Stunden später rief mich der Bürgermeister des Ortes an. Er entschuldigte sich wortreich für das bisherige Vorgehen, den Umgangston und die Komplikationen. Er erklärte mir außerdem, dass mein schärfster Kritiker am liebsten selbst die Projektleitung des Festspiels übernommen hätte und deswegen wohl ein wenig unsachlich geworden sei.

»Na ja, und dann sind Sie eine Frau, noch dazu sehr jung. Das müssen Sie verstehen. Bei uns ist noch nicht jeder so weit. Kommen Sie mal vorbei und stellen Sie sich vor, ja?«

MUT ZUR WUT

Toben Sie sich aus! Ich meine das ernst, nehmen Sie Ihre Kissen vom Sofa, werfen Sie sie herum, schreien Sie, lassen Sie Ihre gesamte Wut heraus. Wut tut gut! Denn sie weist auf unseren Schmerzpunkt hin. Wenn wir das Gefühl wegdrücken, können wir die angestaute Energie nicht nutzen. Und Wut ist eine mächtige Energiequelle.

WUT ZUR GLUT

Nachdem Sie sich beruhigt haben, formulieren Sie in einem Satz, was Sie so wütend macht und was Sie als Nächstes tun wollen. Es ist Ihre Entscheidung! Nehmen Sie die Einladung zum Kampf an oder lassen Sie es bleiben? Sie dürfen Nein sagen. Manchmal lohnt es sich zu kämpfen, aber manchmal werden wir auch auf Schlachtfelder gezogen, die nicht unsere sind. Wägen Sie in aller Ruhe ab, ob dies Ihres ist oder nicht. Nehmen Sie sich diese Zeit.

Was willst du denn? Nur dann kämpfen, wenn es sich wirklich lohnt

Im Film *Die sieben Samurais* gibt es eine besonders schöne Szene. Ein guter Kämpfer wird von einem Trunkenbold zum Kampf aufgefordert, da er sich durch die stoische Ruhe des guten Kämpfers provoziert fühlt. Der gute Kämpfer lässt sich darauf ein, nimmt schweigend eine Standposition ein und verharrt in dieser. Der andere rastet aus und beschimpft den guten Kämpfer als Feigling, da er nur dasteht und nicht angreift. Während seiner Beschimpfungen hampelt er auf seiner Position herum, schwingt die Waffe und sorgt für ein riesiges Spektakel.

Der gute Kämpfer sagt, er werde nicht angreifen, denn er wolle diesen Kampf nicht, er werde sich nur verteidigen. Er gibt dem Trunkenbold noch einmal die Chance, das Theater zu beenden, indem er sagt: »Lass uns das nicht machen, steck deine Provokation wieder ein.«

Der Trunkenbold aber will kämpfen. Er beginnt zu schreien, läuft auf den Samurai zu, wild um sich schlagend. Der Samurai macht einen Schritt zur Seite, weicht dem Angreifer aus und sagt erneut: »Ich will nicht gegen dich kämpfen.«

Der Trunkenbold brüllt, er werde ihn töten. Der Samurai entgegnet: »Du kannst mich nicht töten, also lass es gut sein.« Und wird sofort erneut angegriffen. Er weicht wieder aus, mit einem einzigen Schritt. Nun blickt er den Trunkenbold an und sagt: »Es war die letzte Warnung, hör auf, mich anzugreifen, beim nächsten Mal töte ich dich.«

Der Trunkenbold hört nicht, krakelt weiter, fuchtelt mit der Waffe. Der Samurai weicht einen kleinen Schritt aus, sein Schwert fährt nieder auf den Trunkenbold, der auf der Stelle tot ist.

Sie sehen: Weniger ist oft mehr. Der Kämpfer hat die Situation unter Kontrolle, der Trunkenbold verliert die Fassung und stirbt. Er lässt sich von seinen Gefühlen hinreißen, und die kosten ihn am Ende das Leben. Solange also kein »offensichtlicher« Angriff stattfindet beziehungsweise es in dem Angriff nicht um unser Leben geht, real wie imaginär, genügt es meistens, ruhig zu bleiben.

Die Ritterin: Was können wir von Brienne von Tarth lernen?

Die Ritterin ist mutig wie die Kriegerin, bedacht wie die Jägerin, ideenreich wie die Kampfelfe und effizient wie die Schützin. In ihr vereinen sich alle Fähigkeiten der anderen Kämpferinnen. Das ist auch der Grund, warum es so lange dauert, zur Ritterin geschlagen zu werden. Und eine Erklärung, warum es so wenige weibliche Ritterfiguren in Wahrheit und Fiktion gibt.

Natürlich, Jeanne D'Arc galoppierte schwertschwingend über den Acker. Auch Elisabeth I. hatte durchaus kämpferische Züge an sich. Aber keine ist wirklich mit dem männlichen Pendant des edlen Ritters zu vergleichen, von denen es in der Menschheitsgeschichte nur so wimmelt. Lanzelot. Siegfried. Artus. Löwenherz. Das Rollenbild des Mittelalters ist verantwortlich dafür, dass Frauen nicht zu Ritterinnen wurden.

Ausnahmen bestätigen bekanntermaßen die Regel. Einst gab es den Orden del Hacha, den Orden der Damen von der Axt, der im 12. Jahrhundert von Graf Raimund von Barcelona gegründet wurde und ausschließlich Frauen aufnahm. Namentlich diejenigen, die bei der Belagerung von Tortosa gegen die Mauren ausgeholfen hatten. Leider wirkte sich das Erfolgsrezept auf die nachfolgenden Jahrhunderte nicht aus. Deshalb trafen sich in der Zeit danach Frauen nicht mehr zum Kämpfen, Waffen-Polieren und Pläne-Schmieden, sondern allerhöchstens zum Strickkränzchen, zum Bridgespielen oder zur Tupperparty.

Die preisgekrönte Serie *Game of Thrones* tut sich nicht so schwer damit, Frauen in den höheren Stand zu erheben. In jedem der sechs Königslande hat irgendwann die holde Weiblichkeit das Sagen, entweder hochoffiziell und mit allen Würden oder im Hintergrund die Strippen ziehend.

Frauen aus Westeros werden Kämpferinnen, Königinnen, Killerinnen und mehr. Sie verschwestern sich (warum, zum Teufel, ist denn auch dieses Wort wieder unterringelt?!), tun sich zusammen, spinnen Intrigen und führen Armeen an – zumindest in den ersten Büchern und Staffeln, bis die holde Weiblichkeit wahlweise geisteskrank, größenwahnsinnig oder den Männern untertan wird. Schade, es hatte so gut angefangen.

Zurück zur Ritterin der Serie, die bis zum Ende im Vollbesitz ihrer geistigen Kräfte, ihrer Demut und Integrität bleibt. Brienne ist das einzige Kind von Lord Selwyn von Tarth. Sie entsagt als junge Frau dem höfischen Leben einer Dame und wird zu einer Kriegerin. Nach einem beeindruckenden Turniersieg ernennt sie der Herrscher des Eisernen Throns, Renly Baratheon, zum Mitglied seiner Königsgarde. Dort dient sie ihm bis zu seinem Tod und begibt sich dann in die Dienste von Catelyn Stark sowie deren Tochter Sansa. Briennes Motto lautet: »Nichts ist abscheulicher, als es zu versäumen, den zu schützen, den man liebt.«

Sie hat bedauerlicherweise eine Schwäche für ihren Feind, Jamie Lannister, mit dem sie zu einer Art Schicksalsgemeinschaft wird. Mit anderen Männern hat sie nur wenig am Hut, denn Brienne ist groß wie ein Wikinger und besticht nicht durch Weiblichkeit. Sie läuft wie ein Cowboy und hat null Komma null Humor, Charme oder Eleganz. Wenn Männer nicht über sie spotten, findet sie kaum einer attraktiv – ihre berufliche Erfüllung hat sie zu einem Leben in sexueller Bedeutungslosigkeit verdonnert, ein Schicksal, das manch heutige Politikerin teilt. Einzig der Wildlingsanführer Tormund fühlt sich sehr zu ihr hingezogen, aber das ignoriert die edle Brienne beflissentlich.

Sie ist, wie jeder echte Ritter, loyal bis in den Tod. Wem sie die Treue schwört, dem weicht sie nicht mehr von der Seite, nicht mal wenn er es anordnet. Sie spürt ihre Herren und Herrinnen auf, egal in welchem Königsland sie sich befinden, reist dafür gern mal über den halben Kontinent und taucht ganz unvermittelt aus der Versenkung auf. Dabei hat sie immer nur eines im Sinn: Ehrerbietung für denjenigen, dem sie dient.

Anhand von Brienne erkennen wir deutlich, dass die echte Ritterin eine Weiterentwicklung, ja Vervollständigung der Kriegerin ist, die in diesem Buch als erstes Beispiel kam. Während Éowyn aus *Der Herr der Ringe* noch darum buhlt, wie ein Mann kämpfen zu dürfen, hat Brienne es gar nicht mehr nötig, sich in jede Schlacht zu werfen. Sie zückt ihr Schwert, wenn es sich zu sterben lohnt - vorher nicht.

Eine echte Ritterin kämpft nicht aus Wut. Sie denkt strategisch, studiert ihren Feind und rechnet ihre Chancen aus. Sie schmiedet Allianzen, versammelt Heere und stirbt, wenn es denn gar nicht anders geht, mit der Waffe in der Hand, für den guten Zweck. Alles besser, als sich und seine Werte verraten zu haben.

Die Erde ist rund, und morgen ist auch noch ein Tag: Warum ein Rückzug nicht das Ende bedeutet

Manchmal stellen wir mitten im schönsten Kampfgetümmel fest, dass wir nicht mehr sauber kämpfen. Unsere Paraden gehen leicht daneben, unsere Angriffe sitzen nicht mehr. Der Arm schmerzt, die Konzentration lässt nach, und neben uns fallen die Krieger.

Dann gibt es nur ein adäquates Mittel: Beine in die Hand und ab durch die Mitte. Der Oberbefehlshaber schreit über das Schlachtfeld: »Rückzug! Rückzug!« Und doch dauert es ewig, bis unsere Muskeln von *Fight* auf *Flight* umschalten.

Eine Auseinandersetzung auch ohne Sieg zu beenden bedeutet keinen Gesichtsverlust - ganz im Gegenteil, es sichert unser Überleben. Nur wer voll auf der Höhe, konzentriert und ausgeruht ist, sollte es drauf ankommen lassen. Bei zu vielen Nebenschauplätzen, die die Energie rauben und den Fokus verlegen, dürfen Sie entscheiden: *Darum kümmere ich mich morgen. Oder nächste Woche. Oder nie.* Nicht jede Schlacht muss geschlagen und erst recht nicht gewonnen werden. Behalten Sie sich immer vor, eine Auseinandersetzung zu vertagen, ein Streitgespräch zu einem anderen Zeitpunkt fortzusetzen. Auch in militärischen Konflikten gibt es vereinbarte Waffenruhen. Auf die vertrauen alle Parteien, weil sie einen klaren Anfang und ein definiertes Ende haben.

FLUCHT NACH VORN

Üben Sie den Rückzug, am besten in einer noch nicht allzu brenzligen Situation. Sie können Sätze wie diese verwenden:

- »Ich würde mich gern noch weiter mit dir auseinandersetzen, muss jetzt aber los. Wollen wir morgen weitermachen?«
- »Offensichtlich kommen wir gerade nicht weiter. Ich schlage vor, wir besprechen uns in einer Stunde noch einmal.«
- »Lass uns eines festhalten: Wir sind uns gerade nicht einig. Das ist okay. Vielleicht finden wir in einer Woche eine Lösung.«

Sammeln Sie sich. Orientieren Sie sich neu. Prüfen Sie Argumente und starten Sie gegebenenfalls einen weiteren Versuch. Es gibt kein Gesetz auf dieser Welt, das Sie dazu verpflichtet, einen Konflikt JETZT UND HIER SOFORT zu einem gütlichen Ende zu bringen. Morgen ist auch noch ein Tag, und möglicherweise sogar einer, an dem Sie mehr Glück haben.

Sie haben Zeit. Nehmen Sie sich diese. Ich weiß, in unserer Welt muss immer alles sofort passieren, am besten gestern. Höher, schneller, weiter. Sogar unsere Erde beschleunigt die Umdrehungsgeschwindigkeit. Die Schule wird verkürzt, der Straßenverkehr schneller, und selbst die Brotteige haben keine Zeit mehr zu gehen, wodurch Unverträglichkeiten entstehen. Wir haben alles, aber eines nicht: Zeit.

Wie viele Menschen kennen Sie, die regelmäßig sagen: »Dafür habe ich keine Zeit!«? Stimmt das wirklich? Sind Sie vielleicht auch einer von denen? Und haben Sie keine Zeit, oder nehmen Sie sich die Zeit schlichtweg nicht?

Eines ist sicher: Zum Tod kommen wir alle rechtzeitig. Daher lohnt es sich nicht, sich vorher zu sehr zu beeilen.

Fünf Minuten zu früh ist auch unpünktlich! Ehrlich gesagt sind mir die Zuspätkommer mittlerweile lieber als die Zufrühdasteher. Und ich halte relativ wenig von Zuspätkommern.

Erinnern Sie sich an Jutta? Die mit der Flugangst, die sie irgendwann nicht mehr schick fand? Ich kenne sie von der Schauspielausbildung. Eines Abends, noch während unserer Ausbildung, veranstalteten wir eine szenische Lesung in einer Bücherei. Die Zuschauer waren alle schon da, sämtliche Stühle waren belegt, selbst um Bartische stand Publikum, und die, die keinen Platz mehr ergattern konnten, befanden sich stehenderweise irgendwo dazwischen. Um auf die Bühne zu kommen, mussten wir im Gänsemarsch durch die Horde durch. Eng aneinander gereiht bahnten wir unseren Weg und kamen auf der Bühne an, stellten uns auf und zählten durch – aber unsere Schlange war in der Mitte einfach abgerissen. Eine gute Minute verging, da tauchte der Rest der Mannschaft auf, angeführt von meiner Freundin Jutta. Die kommt auch in weniger prekären Situationen zu spät. Aber heute schoss sie den Vogel ab.

»Was hast du gemacht?«, zischte ich ihr zu.

»Da war eine alte Frau im Publikum, die wollte wissen, wo die Toilette ist«, wisperte Jutta. »Bevor ich es ihr lang und breit erkläre, hab ich's ihr eben gezeigt. Danach hat sie meine Hand gehalten und mir gesagt, ich sei so gut erzogen.« Sie grinste und zuckte mit den Schultern.

Was soll man dazu sagen? Jutta hatte sich für jemanden eingesetzt, eine Lanze gebrochen. Das Wohl der alten Dame war ihr wichtiger gewesen, als Ärger mit den Kollegen zu vermeiden. So viel Ritterlichkeit trifft man heute nur noch selten.

»Du hast recht. Und ob wir nun eine Minute früher oder später anfangen, ist doch egal, wenn es um eine inkontinente Blase geht«, erwiderte ich leise.

»Wenn wir alt sind, werden wir uns freuen, wenn es so nette Leute wie uns gibt.«

Von der Ritterin zum Heerführer

Wir haben geübt, uns für uns selbst und unsere Sache hinzustellen, sie zu verteidigen und gegen jeden Widerstand standhaft zu bleiben. Wenn wir nun Dinge von größerer Wichtigkeit für uns und die Welt stemmen wollen, wie Pippi Langstrumpf ihr Pferd, brauchen wir: Mitstreiterinnen, Verbündete, Tommys und Annikas an unserer Seite. Warum? Die Antwort findet sich in einem afrikanischen Sprichwort: *Wenn du schnell gehen möchtest, geh allein, wenn du weit gehen möchtest, geh mit anderen.*

Während meiner Ausbildung in Afrika lernte ich Ben kennen. Er war lange beim Militär und kann tragen, was das Zeug hält. Ben hat bei langen Märschen Dinge in seinem Gürtel, von denen ich nicht einmal wusste, dass es sie gibt. Allerdings ist er hundsmiserabel in Sprachen. Quid pro quo: Er schleppte hin und wieder Sachen von mir, ich übersetzte. Wenn ich sagte: »Das kann ich allein tragen«, meinte er ruhig: »Das weiß ich, aber wenn ich hier bin, musst du es nicht. Schau dich an, schau mich an. Du erklärst, das kannst du. Ich trage, das kann ich.«

Zu Beginn unserer Reise stehen wir oft allein da. Wir sehen uns mit Widerworten oder den Ängsten anderer konfrontiert, versteckt in Sätzen wie: »Bist du dir absolut sicher?« Das bringt unsere eigene innere Führung durcheinander.

Neider und missgünstige Menschen gibt es überall, auch wenn ich es immer noch nicht ganz glauben kann. Mit Ende dreißig träume ich auch heute noch von einer heilen Welt, in der jeder jedem alles gönnt und wir sogar in Niederlagen freundschaftlich miteinander umgehen können. Allein die Realität lehrt mich manchmal eines Besseren, wenn ich getroffen in der Ecke sitze und mir denke: *Wow, können Menschen wirklich so sein?*

Die gute Nachricht lautet: Wir müssen nicht allein da durch. Wir sind umgeben von Leuten, die auf unserer Seite sind. Von Infanteristen, Lanzenträgern, Bogenschützen, Schwertkämpfern und erfahrenen Kriegern. Jeder, wie er kann, alle auf ihre Weise.

Wie finde ich meine Mitstreiter? Indem ich Flagge zeige, ergo meine Haltung offen kundtue. Wenn ich mich verstelle oder anders darstelle, als ich bin, dockt an dieses gezeigte Etwas das Passende an. Ein Stück, das die gleichen Ecken und Kanten hat und mit meiner gezeigten Gestalt ineinandergreift. Man denke an zwei Puzzleteile. Mit Gewalt kriegt man sie ganz sicher zusammen, aber organisch ist das dann nicht mehr. In der Folge rempelt man sich an, tut sich vielleicht sogar weh, und der andere kapiert nicht, dass man Verbündeter ist. Wie auch? Wir kommen also nicht umhin, das Visier hochzuklappen und uns zu zeigen.

Das gilt vor allem zu Beginn eines Kampfes. Damit wir

Verbündete finden und Schnittmengen bilden, dürfen wir eine Position beziehen – so zeigen wir Flagge. Wobei wir hier wieder beim Entscheiden wären: Wir dürfen frei wählen, welche Seite uns anspricht und für was wir einstehen wollen.

In meinem Heer befinden sich nicht nur Menschen, mit denen ich mich blendend verstehe. Es sind Personen darunter, die in einem bestimmten Bereich genau die Richtigen sind – in einem anderen wiederum gar nicht. Auch gibt es solche, die mich immer wieder infrage stellen, mich provozieren, mir auf den Kopf zusagen, dass meine Ideen Mist sind. Dennoch eint meine kleine Armee (neben einer Vorliebe für gutes Essen und formidablen Rotwein) eine grundsätzliche Sicht auf die Welt. Denn in dem Konglomerat aus Mitstreitern, Verrückten, Optimisten, die Welt verändernden Menschen finden sich erstaunlich viele, die gute Laune verbreiten. Es liegt jedoch auf der Hand, dass jeder dieser Menschen seine eigenen Fehler und Schwächen mitbringt. (Manche trinken zum Beispiel Weißwein. Kann man das verstehen?)

EIN HEER BILDEN

- Erstellen Sie ein Mindmap Ihrer Mitstreiter. Scharen Sie all die Menschen um sich, die Sie in Ihrem Tun oder Wirken unterstützen können.
- Zählen Sie die Stärken und positiven Eigenschaften der einzelnen Mitstreiter auf und schreiben Sie diese neben die Namen.
- Konzentrieren Sie sich anschließend auf die Schwächen und negativen Eigenschaften.
- Überprüfen Sie nun Ihre Mindmap. Stehen die Mitstreiter an der richtigen Stelle? Sind alle in Ihrem Heer geeignet, mit Ihnen in die Schlacht zu ziehen? Auf wen können Sie sich verlassen? Und wen laden Sie doch besser aus?

- Beschäftigen Sie sich abschließend mit Distanz und Nähe, die Sie zu den Personen haben wollen. Wer reitet direkt hinter Ihnen? Wer ist gut, um Ihre Flanke zu schützen? Wem trauen Sie nur halb über den Weg, erkennen aber trotzdem einen guten Soldaten in ihm? Wie können Sie auch solche Mitstreiter in Ihren Plan integrieren?

Wenn ich ein Heer bilde, versuche ich stets, in Dritteln zu arbeiten. Ein Drittel der Armee besteht aus Mentoren, ein Drittel aus Mitstreitern und ein Drittel aus einfachen Soldaten.

Mentoren sind wichtig für unsere Weiterentwicklung und unser Wachstum. Wie wir wissen, findet das außerhalb der Komfortzone statt und ist deswegen anstrengend, bisweilen sogar schmerzhaft. Ein guter Mentor zeigt mir neue Perspektiven und Entwicklungsmöglichkeiten auf und weiß genau, wie weit ich gehen kann. Mentoren sollten uns ein Vorbild sein, idealerweise können wir uns an ihnen in unserer eigenen Ritterlichkeit orientieren. Manchmal sind Mentoren Könige oder Ritter eines größeren Reichs und uns trotzdem wohlgesinnt. Sie bieten uns eine starke Schulter, an die wir uns anlehnen können. Fallen wir mal aus dem Sattel, helfen uns Mentoren wieder auf und halten sogar den Steigbügel.

Mitstreiter können Freunde, Bekannte oder Kollegen sein, die ähnliche Schlachten zu kämpfen haben wie wir. Sie stehen uns so nahe, dass sie empathisch an unseren Schlachten teilhaben, drängen sich jedoch nie in den Vordergrund und wollen uns nichts Böses. Ab und an sind wir auch Mitstreiter in ihren Schlachten – man hilft sich untereinander, eine Hand wäscht die andere.

Die einfachen Soldaten sind wichtig für die Armee, jedoch austauschbar. Es können Menschen sein, die ähnliche Interessen wie wir verfolgen, denen wir aber nicht sonderlich nahestehen. Das können andere Vereinsmitglieder zum Beispiel, Eltern aus dem Elternbeirat oder Lehrer desselben Kollegiums sein. Wir teilen eine Schnittmenge, jedoch keinen persönlichen Lebensbereich. Gut so, denn Soldaten wechseln gern mal den Lehnsherrn – je nachdem, wer am besten bezahlt.

ALLE MAL *HEER*HÖREN!

Bestimmen Sie ein Ziel, das Sie erreichen wollen. Analysieren Sie anschließend Ihr Umfeld. Wer ist Mentor, wer Mitstreiter, wer einfacher Soldat? Menschen, die Sie nicht einteilen können oder wollen, dürfen Sie getrost draußen lassen. Sie entscheiden, wer auf Ihr Blatt kommt.

In Zukunft wird es Ihnen leichter fallen als bisher, zwischen Freund, Feind und Unbeteiligtem zu unterscheiden. Ein Mentor hat nur Ihr Bestes im Sinn, ein Mistreiter meint es niemals schlecht mit Ihnen. Und wenn eine Kollegin aus dem Drittel der einfachen Soldaten die Seiten wechselt? Grämen Sie sich nicht, sondern ersetzen Sie sie.

Wenn Sie genau hinsehen, werden Sie feststellen, dass es viel mehr Menschen in Ihrem Umfeld gibt, die Ihnen zur Seite stehen, als Sie bislang vielleicht angenommen haben. Diese Menschen gab es bis jetzt auch, aber Sie haben sie nicht wahrgenommen.

Zu Beginn kann es sich komisch anfühlen, nicht mehr allein auf weiter Flur zu sein. Vielleicht ist es nach den Jahren des Einzelkämpferdaseins auch so ungewohnt, dass Sie es zuerst nicht wahrhaben wollen. Nehmen Sie jedoch das Geschenk der Unterstützung an! Sie bieten der anderen Person etwas, sonst würde sie Ihnen nicht zur Seite stehen. Hilfe anzunehmen, stellt Ihre Kraft nicht infrage. Es bedeutet, dass Sie endlich dort angekommen sind, wo Sie immer hinwollten.

Es war minus zehn Grad kalt. Ein Freund und ich standen auf dem Standstreifen der Autobahn. Es war anderthalb Stunden vor Silvester. Eigentlich wollten wir schon längst im gemütlichen Haus mit Freunden im Friaul sitzen. Da sollten wir aber heute nicht mehr ankommen. Wir warteten nämlich auf den Abschleppwagen.

Unter der Motorhaube rauchte es immer noch heraus. Die Servolenkung war im Eimer und die Stimmung ebenfalls. Ich hatte gewusst, dass mit der Lenkung etwas nicht stimmte. Immer noch nicht. Deswegen war ich ja zum zweiten Mal binnen weniger Tage in der Werkstatt gewesen.

»Mein Auto war eine Woche bei Ihnen in der Reparatur, und die Servolenkung geht wieder nicht.«

»Tja, hm, ja«, brummte der Mechaniker. Schaute in den Motorraum. Machte ein langes Gesicht. Bestellte ein weiteres Ersatzteil. »Das kommt aber nicht mehr vor Silvester an.«

»Schlecht. Ich will mit dem Wagen nach Italien.«

Er winkte lässig ab. »Kein Problem. Das geht.«

»Sicher?«, wollte ich ungläubig wissen.

»Fahren Sie nur in den Urlaub«, meinte der Mechaniker. »Wenn Sie im neuen Jahr wieder da sind, tauschen wir das Ersatzteil aus. Der Wagen fährt, nur eben wie einer ohne Servolenkung.«

»Wirklich?«

Er blies die Backen auf. »Mädchen, das passt schon. Frag nicht so viel, fahr!«

Pustekuchen. Wir waren zwar in Italien, das schon. Aber nur kurz hinter dem Brenner. Das gilt nicht.

Am ersten Werktag des neuen Jahres fuhr ich schnurstracks in die Werkstatt. Man entschuldigte sich wortreich für den Fehler, baute das Ersatzteil ein, reparierte den

Schaden – und eine Woche später fand ich im Briefkasten eine neue Rechnung mit demselben Betrag wie beim ersten Mal.

Äh … hä?

Ich sprach beim Werkstattleiter vor. »Ihr Mitarbeiter hat mir gesagt, bei der ersten Reparatur habe die Werkstatt einen Fehler gemacht, weshalb mein Auto an Silvester liegengeblieben ist. Warum soll ich die zweite Reparatur nun bezahlen?«

Der Werkstattleiter ließ sich von mir in epischer Breite erklären, was vorgefallen war: Mangel, Reparatur, Bezahlung der Rechnung, erneuter Mangel, erneute Reparatur – wieso dann erneute Rechnung? War schließlich nicht mein Fehler, wenn man hier nicht sauber arbeitete.

Ich sah dem Werkstattleiter an, dass er mir glaubte – nur zustimmen wollte er mir nicht, natürlich aus Angst, die Zeche begleichen zu müssen. Er sagte: »Das kann ich mir nicht vorstellen. Meine Mitarbeiter würden Ihnen nicht sagen, dass das Auto in Ordnung ist, wenn das nicht der Wahrheit entspricht.«

»Dann holen wir den Mann doch her«, schlug ich vor.

Er kam, und der Werkstattleiter fragte: »Haben Sie der Dame nicht empfohlen, das Auto hierzulassen?«

Der Mechaniker nickte wild. Doch, doch. Natürlich habe er dazu geraten, aber ich habe das Auto *unbedingt* wieder mitnehmen wollen.

Mit fehlten die Worte. »Vor einer Woche haben Sie sich dafür entschuldigt, dass Ihnen ein Fehler unterlaufen ist, der mir das Neujahrsfest verhagelt hat. Wieso sagen Sie jetzt nicht die Wahrheit?«

»Bleiben Sie ruhig, Frau Klewitz«, mischte sich der Werkstattleiter ein. »Wir können das doch wie Erwachsene klären.«

In Momenten wie diesen nehmen Frauen, um nicht als

hysterisch zu gelten, ihre Wut oft zurück und entschuldigen sich für die unfreundliche Art. An diesem Tag griff dieser Mechanismus, warum auch immer, bei mir nicht. Ich stellte fest, dass ich innerlich wie äußerlich ruhig war. Ich war weder lauter noch unhöflich geworden, lediglich äußerst direkt. Ich sprach das aus, was ich dachte. Wie eine echte Ritterin, die die Auseinandersetzung nicht scheut, aber auch nicht blind um sich schlägt. Die mit Köpfchen kämpft und mit Strategie vorgeht.

Warum schlug mir der Werkstattleiter dann vor, wir sollten die Sache »wie Erwachsene« klären? Weil er meinte, es sei ein Leichtes, mich durch seine Aussage in eine junge, unerwachsene Frau zu verwandeln.

Ich sah ihm fest in die Augen. »Ich bin ruhig. Und erwachsen. Auch wenn Ihnen etwas anderes lieber wäre.« Dann wandte ich mich wieder dem Mechaniker zu. »Also? Was haben Sie letzte Woche zu mir gesagt?«

Der Mann blickte mich hilflos an und sagte gar nichts mehr.

»Warum antworten Sie nicht?«

Der Mechaniker blickte zu Boden. Wieso log er? Was trieb ihn an? Er wusste doch, dass seine Behauptung nicht stimmte. Die einzige logische Schlussfolgerung war: Er hatte Angst. Vermutlich davor, gekündigt zu werden.

Ich spürte: Das wollte ich nicht, das ging mir dann doch zu weit. Aber ich wusste, Angst war in diesem Betrieb die Achillesferse.

»Warum wollen Sie für Ihren Fehler nicht geradestehen? Wird man Ihnen dann kündigen? Würde nicht für die Firma sprechen, für die Sie arbeiten. Sie sind doch ein netter, aufrechter Mensch.«

Der Mechaniker blickte mich an und blinzelte. Der Chef schnaufte. Und ich holte zum ultimativen Schlag aus.

»Überlegen Sie doch mal. Sie gestehen den Fehler ein,

und wir vergessen die Rechnung. Mein Auto läuft wieder eins a. Was denken Sie, werde ich über Ihre Werkstatt nach all dem Ärger sagen? Wow, die haben sich echt Mühe gegeben! Sie haben alles getan, um mir zu helfen. Zuverlässig, bemüht, ehrlich. Und nun überlegen Sie mal, wie meine Geschichte klingt, wenn Sie mich auf der Rechnung sitzen lassen.«

»Als ob es mir um das Geld ginge!«, ereiferte sich der Werkstattleiter.

»Sie scheinen mich misszuverstehen. Mir geht es auch nicht um Geld, sondern um Ehrlichkeit.«

Er schaute mich an. »Haben Sie die Rechnung dabei?«

Ich holte sie aus meiner Tasche und übergab sie ihm.

»Frau Klewitz, selbstverständlich erlassen wir die Kosten für die zweite Reparatur. Betrachten Sie die Angelegenheit als erledigt.«

Ich seufzte. Warum nicht gleich so?

IHR SCHLACHTPLAN

Wenn Sie sich das nächste Mal in einer Konfliktsituation befinden, schauen Sie sich den Angriff genau an und analysieren Sie ihn. Worum geht es dem anderen wirklich? Was versucht er zu verstecken? Möglicherweise unter Vorwürfen in Ihre Richtung? Auf welchen Nebenschauplatz will er Sie locken? Und wie versucht er, Sie zu verunsichern?
Nehmen Sie nichts persönlich! Nicht einmal Sätze wie: »Bleiben Sie ruhig, wir können das doch wie Erwachsene klären.« Es ist Ihre alleinige Entscheidung, ob Sie sich auf das Spiel einlassen oder nicht.

Mal ehrlich. Ich habe es satt, in einem Land zu leben, in dem alle herumtricksen. Politiker geben die Wahrheit nur noch salamischeibenweise preis. Topmanager werden nach einem Kardinalfehler mit Riesenboni zum nächsten Arbeitgeber wegempfohlen. Sportler beteuern, sie hätten wirklich rein gar nichts von den Dopingmitteln gewusst, die seien auf wundersame Weise in die Zahnpastatube gewandert. Wenn das die Vorbilder sind, denen wir nacheifern, wundert es mich nicht, dass wir zu einer Gesellschaft voller Taschenspieler geworden sind.

Ich ziehe den Hut vor allen, die den Mut aufbringen, zu ihren Fehlern zu stehen. Die sich für die Ritterlichkeit entscheiden, anstatt dem Mitstreiter von hinten in den Rücken zu fallen. Wir leben in einem solidarischen System. Als Menschen haben wir ein natürliches Interesse daran, Teil einer funktionierenden Gemeinschaft zu sein, die auf den Grundwerten der Fairness und Toleranz beruht. Warum um aller Welt versuchen wir dann, diese Gemeinschaft zu verraten?

Mit Schuld kann man lernen zu leben, mit Fehlern sowieso. Wer einem anderen den Außenspiegel abfährt und so nett ist, die Telefonnummer hinter dem Scheibenwischer zu hinterlassen, wird daran nicht zugrunde gehen. Ja, auf dem Konto sind dann halt ein paar Euro weniger. Na und? Edelmut lässt sich durch kein Geld der Welt ersetzen! Integrität sowieso nicht. Das sind unverkäufliche, ja unbezahlbare Werte. Die gibt es nicht im Restpostenmarkt, die muss man sich erarbeiten. Jeder Schnitzer ist für uns eine Möglichkeit zu wachsen. Jeder Fehler verleiht uns die Chance, uns weiterzuentwickeln. Nutzen Sie diese Möglichkeiten und Chancen! Beweisen Sie Ihre Ritterlichkeit – es hat lang genug gedauert, sie zu erwerben.

Mein Freund, die Feige

Oft höre ich von Leuten: »Wow, du bist einfach losmarschiert und hast das gemacht! Total mutig.«

Das kann ich so leider nicht unterstreichen. Meistens fühle ich mich gar nicht mutig bei meinen Kampfeinsätzen an der Front der Empfindlichkeiten – auch nicht nach meinem Schlag zur Ritterin. Mein Aufbegehren ist bis heute oft nur das Endresultat einer langen inneren Planung, die der Aktion vorausgegangen ist.

Der Witz: Meistens fühle ich mich bei eben jener Planung sehr feige. Ich frage mich, warum ich mich nicht gleich zur Wehr gesetzt habe, wie es überhaupt so weit kommen konnte und wieso in Herrgotts Zeiten es mir absolut nicht gelingen mag, sofort loszumarschieren und aufzuräumen. Nein. Frau Klewitz muss da immer erst mal drauf herumkauen.

Ich bin nicht mutig. Ich plane nur gut und mache mir über fast alles Gedanken. Für meine Ranger-Ausbildung in Afrika musste ich mir einen Schlafsack kaufen. Zwei Monate meines Lebens habe ich damit verbracht, mich zu entscheiden! Danach kam der Rucksack, da ging das Spiel von vorne los. Immer wieder bin ich im Kopf durchgegangen, was ich wie einpacken muss, für was ich vorbereitet sein muss, was geschehen würde, wenn der Rucksack bei langen Märschen doch nicht hundertprozentig sitzen würde ... Es war zum Wahnsinnigwerden! Zwischendurch dachte ich sogar: *Was für eine Schnapsidee, Katrin. Lass es bleiben, sag Afrika ab. Du kannst noch nicht mal einen Rucksack packen!*

Doch irgendwann verstand ich: Ich war nicht verrückt geworden. Ich nahm mir nur die Zeit, mich auf das, was ich nicht sehen konnte, vorzubereiten. Und zwar, indem ich es mir ausmalte, in allen Farben des Regenbogens. Wie ein Schachspieler ging ich Szenarien durch: plötzlicher Kälteeinbruch, Regenfluten, Sandstürme. Was auch immer einem Menschen in Afrika nun mal passieren kann. Ich gab dem Unsichtbaren, meiner Angst, ein Gesicht. Natürlich war es mir nicht möglich, mich zu 100 Prozent auf alles vorzubereiten – das ist bei einer solchen Unternehmung schlichtweg unmöglich, genauso wenig wie bei einem Gefecht. Ich kann trainieren, so viel ich möchte, der Ausgang bleibt ungewiss. Aber im Kopf habe ich durch die wiederkehrende Auseinandersetzung auch den schlechtesten Fall geprobt. Ich habe mein Möglichstes dafür getan, um zumindest fünf Ideen parat zu haben.

Die Feige ist ein Hindernis, das es zu überwinden gilt – oder Sie fressen sich durch, wie beim süßen Brei. Setzen Sie sich mit ihr auseinander. Sie ist kein Feind, sie bietet Ihnen eine Chance, sich etappenweise mit Ihrer größten Angst auseinanderzusetzen und diese damit zu beherrschen. Eben genauso, wie meine Mutter mir das Skifahren beibrachte. Wenn ich mal wieder oben am Hang stand und nicht losfahren wollte, meinte sie: »Du musst nicht in einem Schwung hinunterfahren. Konzentrier dich nur auf die nächste Etappe – wie bei der Tour de France.«

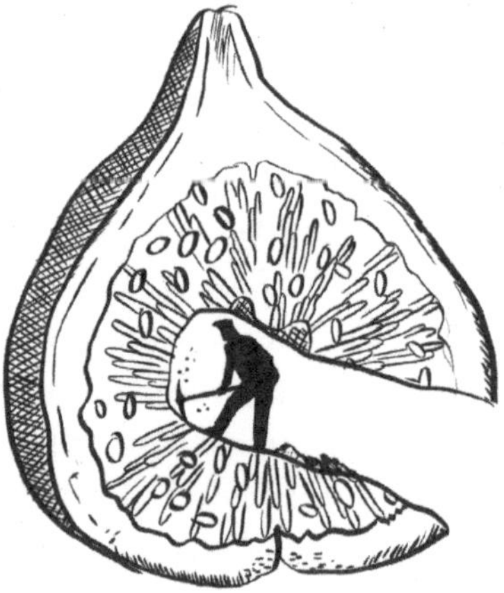

Genauso verhält es sich mit der Feige. Sie ist wie eine sehr lange und anspruchsvolle Piste, die wir hinunterkommen wollen, am besten mit Herz und Hirn, also einer großen

Portion Mut und einer guten Strategie. Es ist immer eine Frage der Perspektive – denn die Feige ist noch etwas anderes: der größte Energielieferant in der Wüste.

Die wilde Dreizehn

Auf dem Gang in das Besprechungszimmer der Gemeinde klackten meine Schuhe. Zu verlieren hatte ich nichts. Mein Brief hatte dafür gesorgt, dass ich endlich offiziell beauftragt werden sollte – und der anachronistische Vorstand in die Wüste geschickt worden war. Es blieben dreizehn Gemeinderäte, vor denen ich nun antanzen durfte.

Als ich das Besprechungszimmer betrat, blieb ich kurz stehen. Ich blickte in die Runde, atmete aus und sagte: »Guten Abend, die Herren.«

Ich wusste: Es gab noch einige unter den Anwesenden, die dasselbe dachten wie der geschasste Vorstand, es aber nur nicht sagten. Die wollte ich überzeugen. Und wenn sie es nicht zuließen: auch okay. Dann war es das mit mir und den Festspielen.

Ich hatte mir vorgenommen, mir jeden Satz anzuhören und mich zu fragen, ob er wahr war oder nicht, einmal ein- und auszuatmen, bevor ich etwas sagte, und den Dingen ansonsten ihren Lauf zu lassen. Wenn es persönlich wurde, würde ich zum Sachverhalt zurückkehren. Sollten die Herren unverschämt werden, würde ich aufstehen und gehen. Ich hatte nichts zu verlieren. Selbst wenn ich nach dieser Besprechung den Auftrag sausen ließ, würde das hier ein hervorragendes Trainingslager sein, um mich mit mehreren Gesprächspartnern auseinanderzusetzen.

Und dann fingen alle gleichzeitig an zu reden. Das Schöne an unserer Zeit: Sie konnten nicht alle zur selben Zeit mit ihrem Schwert auf mich losgehen. Zwar kann die Zunge auch verletzen, aber das Ohr ist nicht in der Lage, mehr als einen verbalen Angriff bewusst wahrzunehmen.

Nach dreißig Sekunden räusperte ich mich, erhob die Stimme und sagte: »Verzeihen Sie, meine Herren, ich beantworte gern jede Ihrer Fragen. Wenn es aber durcheinandergeht, verstehe ich nichts. Ich habe Zeit mitgebracht. Lassen Sie uns das doch in aller Ruhe klären.«

Die Gespräche wurden sachlicher. Der Ton ebenfalls. Und auch, wenn ich am Ende einer sehr langen Sitzung nicht alle für mich gewonnen hatte, war es ein Anfang.

Das Projekt dauerte alles in allem zwei Jahre. Nicht nur einmal wollte ich hinwerfen, weil ich wieder mal nicht alles, was ich brauchte, gleich bekam. Mein Bauchgefühl hatte mir gesagt: *Das wird ein schwieriges Projekt.* Das heißt nicht, dass es kein gutes Projekt war. Manchmal erkennt man erst im Nachhinein, wie wichtig etwas war – auf persönlicher Ebene zum Beispiel. Für mich wurde das Projekt zu meinem Meisterstück. Nicht in professioneller Hinsicht, sondern in persönlicher. Ich lernte, mich durchzusetzen, dranzubleiben, weiterzumachen, mit der Einsamkeit umzugehen und es doch zu Ende zu bringen. Mein Panzer bekam ein paar Dellen und Kratzer, doch ich ging gestärkt und erfahren aus den Festspielen heraus.

Mein größtes Kompliment waren demnach auch nicht der Applaus des Publikums oder die guten Kritiken, sondern der Kommentar eines Mitglieds der wilden Dreizehn, der zu mir sagte: »Tut mir leid, dass wir es Ihnen so schwergemacht haben. Es ist wirklich toll geworden. Mei, wir hatten halt auch ein bisserl Angst, das alles hier zu stemmen. Danke!«

> ### Was uns die Ritterin lehrt
>
> 1. Lassen Sie den Gegner erst mal kommen. Wer Sie herausfordern will, darf das gern tun.
> 2. Tief durchatmen! Vor jedem Satz erst einmal einatmen. Nehmen Sie die Energie mit jedem Atemzug auf.
> 3. Ihr Spiel – Ihre Regeln. Machen Sie klar, wie Kommunikation bei Ihnen abläuft. Wer sich nicht dran hält, kann gehen.

Wer bin ich und, wenn ja, wie viele?

Bevor wir uns im Bühnenkampf daranmachen, eine Choreografie zu entwickeln, setzen wir uns immer erst mit unserer eigenen Figur und der des Gegners auseinander. Wir fragen uns: Wer bin ich? Was treibt mich an? Wie kämpfe ich? Warum kämpfe ich? Und: Wer ist mein Gegenüber? Wo befinden wir uns? Was ist seine Schwäche? Was meine?

Wenn Sie lernen, sich zukünftig bereits im Vorfeld einige Gedanken über sich und Ihren Gegner zu machen, werden Sie sich weniger schnell ins Bockshorn jagen lassen. Gerade für Kriegerinnen, die gern impulsiv handeln und sich von Emotionen leiten lassen, kann es hilfreich sein, sich vor dem Zusammentreffen mit dem Vorgesetzten, dem Krisengespräch mit der besten Freundin oder der alljährlichen Diskussion mit den Eltern, warum man bitte immer noch nicht den heimischen Betrieb übernommen hat, vorzubereiten.

FÜLLEN SIE DEN CHARAKTERBOGEN AUS UND LERNEN SIE SICH UND ANSCHLIESSEND IHREN GEGNER KENNEN!

Sie

Wer sind Sie?
Für wen kämpfen Sie?
Warum sind Sie hier?
Was hat Sie hierhergebracht?
In welcher Beziehung stehen Sie zu Ihrem Gegner?
Stehen Sie in einem Abhängigkeitsverhältnis zu ihm/ihr?
Wie geht es Ihnen derzeit?
Sind Sie verwundet? Müde? Erschöpft?
Was erhoffen Sie sich?
Was wäre die beste Lösung für den Konflikt?
Sind Sie bereit, mit allen Mitteln zu kämpfen?
Haben Sie moralische oder juristische Grenzen? Wie lauten diese?
Worum geht es bei Ihrem Konflikt? Leben und Tod? Ehre? Anerkennung? Gebiet? Geld? Liebe? Familie? Rache? ...
Haben Sie den Konflikt selbst gewählt oder wurde er Ihnen angetragen?
Sind Sie von Natur aus eher impulsiv oder beherrscht?
Was haben Sie zu verlieren?
Haben Sie vorher schon einmal einen Konflikt ausgetragen? Falls ja, haben Sie gewonnen oder verloren?

Ihr Gegner

Wer ist Ihr Gegner?
Für wen kämpft er/sie?
Warum ist er/sie hier?
Was hat ihn/sie hierhergebracht?
In welcher Beziehung steht Ihr Gegner zu Ihnen?
Steht er/sie in einem Abhängigkeitsverhältnis zu Ihnen?
Wie geht es ihm/ihr derzeit?
Ist er/sie verwundet? Müde? Erschöpft?
Was erhofft er sich?
Was wäre die beste Lösung für den Konflikt – aus seiner/ihrer Perspektive?
Ist Ihr Gegner bereit, mit allen Mitteln zu kämpfen?
Hat er/sie moralische oder juristische Grenzen? Wie lauten diese?
Worum geht es bei dem Konflikt für Ihren Gegner? Leben und Tod? Ehre? Anerkennung? Gebiet? Geld? Liebe? Familie? Rache? …
Hat Ihr Gegner den Konflikt selbst gewählt oder wurde er ihm/ihr angetragen?
Ist Ihr Gegner von Natur aus eher impulsiv oder beherrscht?
Was hat er/sie zu verlieren?
Hat Ihr Gegner vorher schon einmal einen Konflikt mit Ihnen ausgetragen? Falls ja, hat er/sie gewonnen oder verloren?

Nachwort

An die Handtasche, fertig, los! Konflikte lösen mit den Waffen einer Frau

And every victory has a taste that's bittersweet.
(Dire Straits)

Liebe Leserin,
auf den vergangenen Seiten haben Sie einige (hoffentlich) neue Erkenntnisse erlangt. Ich habe Ihnen verschiedene weibliche Kämpfertypen vorgestellt, Ihnen die eine oder andere Technik zur Konfliktlösung beigebracht und vielleicht sogar Ihre Perspektive verändert. Sie sind bereit für den Kampf – aber das Schwierigste steht Ihnen noch bevor.

Das Siegen.

»Nimm dich nicht so wichtig!«

»Drängle dich nicht vor!«

»Sei rücksichtsvoll anderen gegenüber!«

Frauen werden zu einem Dasein als zweite Geige erzogen. Seit der Herr im Himmel uns aus einer Rippe Adams schuf, müssen wir uns mit den billigen Plätzen begnügen.

Eine Frau, die sich durchsetzt, schickt sich nicht.

Eine Frau, die gewinnen will, verhält sich wider ihre Natur.

Eine Frau, die zum Sieg angetreten ist, kann keine Frau sein.

Aber man(n) höre und staune: Vor Eva, geschaffen aus Adams Rippe, gab es Adams erste Frau, Lilith, gern nackt mit einer Schlange dargestellt, umrankt von Wildnis. Die war ihm aber zu unberechenbar, hatte sie doch ihren eigenen Kopf und fühlte sich verbunden mit den Wesen um sich herum. So bat Adam Gott um eine etwas zahmere Variante, Lilith 2.0, namens Eva! Eva rein, Lilith raus. So lief das.

Schluss damit, ein für alle Mal! Es ist in Ordnung, Erste zu sein. Wir stehen schließlich nicht für das letzte Stückchen Kuchen an. Hierfür haben wir gekämpft, haben uns Nächte um die Ohren geschlagen, weil wir innerlich so damit beschäftigt waren. Wir haben das Recht erworben, als Siegerin vom Platz zu gehen.

In den meisten Sportarten gratuliert man sich nach dem Wettkampf. Tennisspieler reichen sich die Hand, Fußballer gegnerischer Mannschaften trösten einander, Motorradfahrer jubeln lachend ihren Konkurrenten zu. Wie wäre eine Welt, in der wir unseren Gegnerinnen am Ende eines Kampfes für die Auseinandersetzung danken? Für die Provokation, derer sie uns würdig erachtetet haben? Für die Gelegenheit, sich aneinander zu reiben, sich zu messen, über sich hinauszuwachsen? Für die Chance, die eigenen Schwächen zu erkennen und die Stärken auszubauen? Für die Möglichkeit, zu verlieren und sich weiterzuentwickeln oder zu gewinnen und zu lernen?

Fair Play, meine Damen! Auch Siegen muss gelernt sein. Es ist das Licht, das wir fürchten, nicht der Schatten.

Überlegen Sie sich gut, welche Schlacht Sie schlagen wollen. Wann lohnt es sich für Sie zu kämpfen? Eine edle Ritterin beachtet den Bauern mit der Mistgabel gar nicht, der breitbeinig auf dem Weg vor ihr steht. Sie wischt ihn mit einer unmissverständlichen Geste beiseite und spart ihre Kräfte. Für die Gegner, die es in sich haben. Aber sie wird nie den Bauern in ihren eigenen Reihen vergessen oder ihm keine Wertschätzung entgegenbringen, um zu gewährleisten, dass er stets für sie einsteht.

Auf das Kämpfen kommt es der klugen Kriegerin nicht an. Sie hat schon genug Schlachten geschlagen und wird sich in unzähligen anderen beweisen müssen. Ihr Ziel sind

Harmonie und Diplomatie. Sie definiert sich nicht über das Blut an ihrer Klinge oder die blauen Flecken im Gesicht ihrer Widersacher. Sie wirkt, auch wenn sie keinen Finger rührt. Und außerdem: In jeder Auseinandersetzung schlummert die potenzielle Chance, als Verliererin vom Platz zu gehen. Überlegen wir also gut, mit wem wir uns messen.

Verlieren ist keine Schande, sondern eine Gelegenheit zur Weiterentwicklung. Wir wissen es im Grunde, und dennoch dürfen wir es uns immer wieder sagen: Am Ende müssen wir nur einmal mehr aufgestanden als liegen geblieben sein. Damit schließt sich der Kreis, wenn wir an den Anfang dieses Buches denken. Alles, was Sie benötigen, um sich stark und kraftvoll zu fühlen, liegt bereits in Ihnen. Nicht immer finden Sie direkt den Zugang zu Ihren Reserven, egal, ob in kleinen Alltagskonflikten oder den großen Auseinandersetzungen des Lebens. Stehen Sie für sich ein. Sie sind es sich und anderen wert.

Liebe Männer, nicht nur einmal habt ihr hier fürs Negative herhalten müssen. Wir Liliths sind ein bisschen wiederborstig, nicht so ganz gezähmt, haben unseren eigenen Kopf – aber im Grunde wollen wir Seite an Seite mit euch die Welt ein kleines bisschen schöner machen.

Kämpfen Sie gut!
Ihre Katrin Klewitz

Danksagung

An alle Mitstreiterinnen und Mitstreiter, die mich liebevoll auf meinem Weg unterstützt haben. Bei wem nun anfangen? Am besten der Reihe der auftretenden Akteure nach: Heike Fleischmann, die mal fix eine Buchidee von mir an eine Bekannte weiterleitete und den Stein dadurch überhaupt ins Rollen brachte. Frau Kopetzky, jene Bekannte, die wiederum den wichtigsten Kontakt herstellte: zu Petra Hermanns, meiner wundervollen Agentin. Petra, ohne dein unglaubliches Vertrauen und deine dich auszeichnende Hartnäckigkeit, eine andere, und zwar die jetzige Idee umzusetzen, würde ich heute hier nicht sitzen und mir überlegen, wie man eine Danksagung schreibt. Dafür, dass dieses Wahnsinnsprojekt trotz meiner Schwäche mit den Gerundiven verwirklicht werden konnte, ist Lisa Bitzer, meine unfassbar großartige Co-Autorin und »sister in crime«, verantwortlich! Du hast dich mit so viel Feingespür in meine Texte eingearbeitet und alles in Topform gebracht. Tina Voigt, meine Presseagentin, deren hinhörende Art sie auszeichnet. Ohne all die tollen Helden meines Verlags wären das dennoch alles nur Gedanken geblieben und nicht greifbar in Form eines Buches. Franziska Beyer, Lektorat Sachbuch und die Frau mit der angenehmsten Stimme der Welt. Du warst stets da, für alles Ansprechpartnerin und letzte Schräubchendreherin. Valérie Thieme, verantwortlich für den brillanten finalen Schliff an Wort und Text. Mira Schmidt, die die wunderschönen Illustrationen schuf. Sabine Niemeier, Programmleiterin Sachbuch, unter deren Verantwortung alles zusammenlief. Alle, deren Arbeit nach der Dankesrede erst richtig losgeht: Fühlt euch bitte mit eingeschlossen. Stellvertretend schon einmal: Lennart Schaefer für die individuellen Marketingideen, Sarah Werbelow für ihre Unterstützung im für mich fernen Social-Media-Universum, Ragna Sieckmann für die tolle Pressearbeit. Last, but not least: Meinem großartigen Mann! Danke für deine Unterstützung und deinen tiefen Glauben an mich. Bruderherz, danke für deinen aufhellenden Humor und deine grundsätzlich mitfühlende Lebensart. Mama, für deine Anweisung, einen Abhang nach dem anderen zu fahren. Papa, für die Lektionen, Paraden gut zu setzen. Meine Cousins, Peter und Roland, danke euch fürs Sparring bei Knödeln und Gans! Und danke an alle Gegner, Auseinandersetzer, Provokateure und Streithammel dafür, dass ich mit und an euch wachsen durfte!